U0083215

# 中國學術思想 研究輯刊

## 九　編

林　慶　彰　主編

## 第 7 冊

### 聖者的訊息
#### ——清焦循《易圖略、易通釋》研究

陳　進　益　著

花木蘭文化出版社

國家圖書館出版品預行編目資料

聖者的訊息——清焦循《易圖略、易通釋》研究／陳進益 著
— 初版 — 台北縣永和市：花木蘭文化出版社，2010〔民 99〕

目 2+240 面：19×26 公分
（中國學術思想研究輯刊 九編：第 7 冊）
ISBN：978-986-254-271-2（精裝）
1.（清）焦循　2. 易學　3. 學術思想　4. 研究考訂
121.17　　　　　　　　　　　　　　　　99014263

ISBN - 978-986-254-271-2

中國學術思想研究輯刊
九 編 第七 冊　　　　　　　　ISBN：978-986-254-271-2

# 聖者的訊息——清焦循《易圖略、易通釋》研究

作　　者　陳進益
主　　編　林慶彰
總 編 輯　杜潔祥
出　　版　花木蘭文化出版社
發 行 所　花木蘭文化出版社
發 行 人　高小娟
聯絡地址　台北縣永和市中正路五九五號七樓之三
　　　　　電話：02-2923-1455 ／傳真：02-2923-1452
網　　址　http://www.huamulan.tw 信箱 sut81518@ms59.hinet.net
印　　刷　普羅文化出版廣告事業
封面設計　劉開工作室
初　　版　2010 年 9 月
定　　價　九編 20 冊（精裝）新台幣 33,000 元　　　版權所有‧請勿翻印

# 聖者的訊息
## ——清焦循《易圖略、易通釋》研究

陳進益　著

## 作者簡介

陳進益，東吳大學文學博士，清雲科技大學副教授，1968 年出生於台北城。高中時喜歡現代文學，進了中文系，方知美好的文學世界不只有現代。大二因為毓老師的提點，明白生命當有重量，遂甘心往傳統學術深處走去，研究經學。又因想對生命清楚了知，於是研究《易經》，靜讀佛典。近年來沈浸於飲茶、品香、寫字與讀無用之書，試圖藉此親近傳統中國文人生活。除了本書之外，另著有《當僧人遇見易經——蕅益智旭易佛會通研究》，並主編《清雲中文讀本》等書。

## 提　要

　　中國《易》學傳統有漢、宋二家之分，大概言之，宗漢《易》者多論卦爻變化，主宋《易》者多講義理。二者無高下之分，只是入《易》蹊徑不同。焦循生於乾嘉年間，治《易》自有斟酌此二家長短之念，故其《易》學，觀外貌則近漢《易》家卦爻變化，究內涵又近宋《易》家多談義理，故論者人言言殊。實則焦循在《易》為聖人所作，乃聖人教人改過遷善之書的中心理念下，採取漢《易》家卦爻變化之技巧，將《易》中文字概念一一溝通縫合，達成其近宋《易》家《易》為聖人所作的理念。

　　焦循何以不管前人懷疑〈易傳〉非一人所作，而一再為《易》乃聖人之作的概念做論證呢？這與他丁卯春三月大病昏絕七日幾死，在一切皆無所知的情況下，卻仍有〈雜卦傳〉一篇往來於胸中的生命經驗極有關係。這就有如劉勰夢見孔子而作《文心雕龍》的感受是一樣的。焦循認為這是聖人要將《易》學傳承到他手中的重大提醒，因此，他一生治《易》，不論如何困難輾轉，總是能夠堅持下去。當然，他幼時上學回家，父親問他《易》辭何以重複？更是點醒他一生治學皆重觀察研究的實作精神，而不只是人云亦云不求甚解的重大關鍵。

　　在上述的時代背景與生命經驗交織下，焦循綜合了中國《易》學發展中的卦變與義理，發展出他以旁通、相錯、時行、比例與當位失道的方法，將《易》中經傳文字完全勾合，為《易》立例，寫下《易學三書》，說明聖人作《易》的一貫之旨，奠定了他在《易》學發展史中不可抹滅的重要地位，而他用盡一生力氣所追尋的"聖者訊息"也終於發生。

# 目次

# 第一章　緒　論

## 第一節　本文之研究動機、目的、方法及範圍

### 一、本文之研究動機與目的

　　余所以爲文論里堂之《易》者，乃肇因於大學時代所培養之興趣也。大三時嘗一度用力於《易經》課中，讀《易》之卦爻辭，殊不可解，參以前人之說，則又言人人殊，莫衷一是。或有如高亨先生者，全以如何說通《易》辭爲目的，將《易》視爲周時純爲卜筮而用之書，故全以追溯字之原義來解釋《易經》辭句，務使《易》辭得以用今日語言通之。其立意雖佳，且甚有助於初學了解《易》辭之義。然其言卻全不論及某卦之某爻何以爲吉？某爻何以爲凶？而卦爻變化與卦爻辭又有著什麼樣的關係？又或如《易程傳》者，以義理說《易》爲主，其亦無法將《易》辭與《易》之卦爻變化相互配合而說之。如此，豈謂《易》之卦爻變化乃無義者乎？此實無法服吾人之心，亦不合於《易》辭與卦爻並存之事實。又或有集諸家之說於一者，如孔穎達《周易正義》，則以王弼之注爲主，幾不言卦爻變化。此等言論皆對卦爻變化採取較爲漠視之態度，皆無法和《易》辭與卦畫並存之事實配合。又或有將卦爻變化與《易》辭配合言之者，然其人之解多一任己意，隨文而說，全無一完整之系統，亦無前後一貫之說。如鄭玄之言互體、爻辰，荀、虞之言升降、卦變，多隨文而言也。是以愈讀前人《易》說而《易》愈晦澀也。

　　然學者一言清之學術，則必謂爲經學之復興；一言清經學之復興，則必

提及乾嘉考據之學。而前人對清之學術所以復興之因，亦有許多不同的看法。或有以外在環境而說之者，如所謂文字獄之影響，梁任公、胡適之先生所謂的：宋、明理學的反動，大陸學者如侯外廬提出所謂的啓蒙運動說，則以經濟的觀點而論之；或有以所謂內在理路而言之者，如余英時先生〈從宋明儒學的發展論清代思想史〉及〈清代思想史的一個新解釋〉二文中，以爲前人不論以政治觀點、經濟觀點解釋清代學術所以蓬勃發展之因，皆非嚴格的歷史解釋。其認爲清代學術之所以蓬勃發展者，與宋明理學有著內在關連，它是種學術的必然發展；又或有清大教授林聰舜先生於《明清之際儒家思的變遷與發展》一書中，對於前面梁、胡、侯、余諸家之說皆做了修正與檢討。且不論此數人之說孰是孰非，由此諸人之言可知，清代爲一學術蓬勃發展之時代無疑矣！是以吾人欲求得《易》之深義，或可由清人對《易》之注解而入門矣！遂進而觀清人解《易》之說。又讀皮錫瑞先生的《經學通論》，其謂「近人說《易》，張惠言爲顓門，焦循爲通學，學者當先觀二家之書」。梁啓超先生又在《中國近三百年學術史》中，言焦循之研《易》方法，恐爲吾人解得《易》義唯一之路。於是吾觀張、焦二家言《易》之書，張氏專言虞氏《易》義，將虞翻《易》說解的十分詳盡，然其畢竟僅爲一家之說。且余又於焦循《易圖略》中見其指出虞氏說《易》之誤失處，深覺焦循所言皆有據，遂用力於里堂之《易》。而里堂既自謂其一生精力全在《易學三書》中，則吾人欲知里堂之《易》，必自《易學三書》入手，此吾所以作此文之因也。

　　里堂《易》學既爲清儒阮芸臺、王伯申讚之不已。阮謂里堂之《易》爲「石破天驚，處處從實測而得，聖人復起，不易斯言」。王則謂里堂之《易》爲「鑿破混沌，掃除雲霧，可謂精銳之兵」。而後人如皮錫瑞、梁任公等亦讚之有加。則里堂之《易》學必早爲學人所注意矣！又何須吾等小輩爲文論之。然余觀近人論里堂之《易》者，除單篇論文及偶於某書中隨文論之者外，專論里堂之《易》者，今可得見者僅有二，一爲牟宗三先生於《周易的自然哲學與道德函義》中，以〈清焦循的道德哲學之易學〉專論里堂之《易》；一爲何澤恒先生於《焦循研究》中第一章〈雕菰樓易學探析〉，專論里堂之《易》。然牟先生既已定其文之題爲〈清焦循的道德哲學之易學〉，則其專以道德哲學角度論里堂之《易》亦已明矣！是吾人於牟先生之文中，未能得見里堂《易》學之全貌，僅得以窺得里堂《易》學中含有道德哲學成分之處也。而何先生雖命其書爲《焦循研究》，且以一章專論里堂之《易》，然其精力幾乎全放在

《易學三書》之形成過程、內容簡介及版本討論上，對於里堂《易學三書》中所討論的有關《易》辭與卦爻變化的配合及其爲《易》所建立之「易例」，幾乎皆無討論，多爲泛引里堂之言而未加以仔細檢證，以致於對里堂在《易學三書》中，偶有一些筆誤及引文錯誤，或是里堂以其所謂旁通、相錯之法解《易》時所犯的一些小錯誤，皆未能正之。且牟先生與何先生皆未嘗檢證里堂論《易》時，是否有歧出其所自設之法處？其說《易》之法在其方法論下是否得以通解全《易》而無礙？僅直引里堂之文而說之。這些都無法令吾人得見里堂《易》學之全貌及其論《易》之特別處。故余所以做此文之目的，乃欲將里堂《易》學之內容做一仔細的分析，檢視其論《易》之法是否眞能通解全《易》而無礙。務使里堂《易》學全貌得以呈現出來，使吾人得以知里堂之《易》學。並且希望能藉里堂研《易》之法，求得一系統性的解《易》之路，使吾人能將《易》之卦爻變化與《易》辭合而觀之而無所滯礙，亦希望能由此得見里堂在《易》學史上的地位。

## 二、本文之研究方法及範圍

　　爲了達到對里堂《易》學能有較深入而全面的了解，本文捨棄了一些較爲近人所接受的以某種方法研究某個論題的寫作方式（如牟宗三先生以道德哲學的角度論里堂之《易》學），因爲當吾人設定了一個固定的角度後，我們僅能以這個角度去觀看一個問題，這種方法雖然可能到一些前人所未能見到的「洞見」，但同時也可能產生「洞」以外的東西皆不見的問題。而吾人既要研究一個人的某種學術，最好能先清楚認知此人的學術面目，在清楚的了解此人的學術面貌後，再進一步以某個角度論其學術的特色，應爲較妥善之方法。然余已於上文中言及里堂身後以專文論里堂《易》學者，皆無法道出里堂《易》學之眞面目，對於里堂《易學三書》中一些錯誤之處，皆未能指出而正之，則吾人既尚未能全面而深入的了解里堂《易》學面目，又如何能對里堂《易》學特色有何深入而特殊的見解呢？是以本文在探討里堂《易》學的方法上，採取了傳統的分析歸納之法，先將里堂《易學三書》所提出的一些論點，以他自己所謂的解《易》之法檢證之，若有誤則正之，且觀其誤是否足以造成里堂《易》說之自我矛盾，以致於無法解通全《易》。若有此情形出現，則里堂之《易》說將無法形成一完整的釋《易》系統，可證明里堂解《易》的嘗試失敗了。反之，若經吾人以其所定之釋《易》方法解《易》

辭與卦爻變化，皆能通之而無礙，則在最低限度上，吾人可謂在里堂所設的方法範圍內，里堂之說《易》無誤，而里堂釋《易》之法不失為吾人解《易》可行之路也。亦即如梁任公所謂「我想焦里堂帶我們走的路像是不錯，……這便是我對於整理《易經》的希望及其唯一的方法了」。〔註1〕

此外，吾人還欲在此說明的是：本文雖以傳統的分析與歸納方法，自里堂《易學三書》的內容中，檢視其所謂的治《易》之法是否有誤，並藉此以尋找出里堂在《易學三書》中所展現的意義外，更欲說明里堂《易學三書》僅代表了他對於《易經》的了解與解釋，無關乎《易》之原義。所以只要里堂在他自己所設的範圍內，完滿而徹底的解釋了《易經》，則不論其說是否合於《易》之原義，在里堂的釋《易》系統中，其論點是絕對可以成立的。至於《易》之原義究竟為何？與《易》相距數千年的我們，也僅能從前人所遺留下的資料，做一較無太大差失之猜測，而其原義、真象，是吾人永遠無法得知的。另外，本文在論里堂之《易》時，亦重視其生平所發生足以對其研《易》有所影響的事件，如幼時父親問他《易》辭何以重複出現於不同卦爻處之問題，形成了里堂日後論《易》時十分重視的問題，亦成了其一生治《易》方向之所在。而其於丁卯年得到寒疾昏絕七日，對於所有人事物皆已無所知覺，而此時〈雜卦傳〉卻在心中往來不已之事，亦造成了其更一意於《易》的結果。〔註2〕此二事在里堂治《易》中，佔有極重要的份量，是以雖有新批評論者倡導文章既經完成，則作者之意與文章之義已無涉的說法。然就方法學而言，各種方法皆無好壞之別，亦皆有其功用，而吾人在選擇時，卻仍應以適切性為首要考量。今就里堂作《易學三書》言，此二件事的確佔有極重要的地位，不言此二事，則幾不可知里堂何以如此治《易》？何以窮一生精力於《易》也？若不知里堂何以一心欲貫通《易》辭之故乃與幼年其父所問之問題有關，則如何可知里堂《易通釋》之何以成也？是以在論里堂之《易》時，吾人應採詮釋學論者所謂「任何意義的追尋、分析與詮釋的活動，無法脫離作者所處的環境背景，亦即那一時空文化」的觀點來詮釋。〔註3〕又詮釋學雖大多仍在文學問題的討論上被引用，然

〔註1〕此語可參見梁啓超先生《中國近三百年學術史》頁180。臺灣中華書局出版，中華民國76年2月臺十一版。

〔註2〕此二例皆見於里堂所著之《雕菰集》卷十六〈易通釋自序〉中。鼎文書局印行，中華民國69年9月初版。

〔註3〕此語見於鄭樹森先生所著之《文學理論與比較文學》一書中，姚一葦先生所作的序中。時報文化出版，中華民國75年10月1日初版二刷。

《易學三書》既爲里堂之作品，則詮釋學將作品與作者所處的時空背景連而觀之的論點，當然也可應用於吾人論里堂之《易》也。故吾人論里堂之《易》時，在必要處亦略提及生平，同時，在進入里堂《易》學之前，吾人亦須先將里堂所處時代的學術發展概況與《易》學發展情形，做一簡單的認識。

　　除此之外，吾人在此須將本文所研究的範圍做一說明。里堂《易學三書》在其看來爲一體三面者也，是以其乃統而命之曰《雕菰樓易學》，而後人亦將《易學三書》視爲一個整體而論之。蓋里堂既視《易學三書》爲一個整體，則《易學三書》本爲一體之說無疑。然此三書雖爲一體的，但吾人若仔細觀之，則可以區別出此三書的特色及其所代表的意義。在《易學三書》中，最先成書者爲《易通釋》，而份量最多者亦爲此書。觀此書體例，乃先將《易》辭全部打散，然後再將字辭重複或相似者置於同一小節中論之，並以其所謂旁通、相錯諸法，給予相同之意義，藉此爲《易》立例，實踐其《易》爲聖人之作，故有聖人一貫之旨的觀念。《易圖略》則是成於《易通釋》之後，《易章句》之前者。里堂於〈易圖略自序〉中已謂「既撰爲《通釋》二十卷，復提其要爲《圖略》」。〔註4〕則吾人由此可知《易圖略》乃爲《易通釋》之大綱，然其雖爲《通釋》大綱，卻有著極重要的地位與意義，蓋吾人若不先讀里堂《易圖略》而逕讀《通釋、章句》，則必無法知里堂所言爲何？更別說去研究里堂之《易》學了。是以里堂自知其《易》學之繁，故特做一大綱，供吾人入《易學三書》也。既得其鑰，則入其門易矣！此外，《易圖略》還代表一個重要的意義：即吾國人論學，多直言己意，或有解釋某說之法，然亦未嘗將之明白說出，遂使吾人讀前人之書時，生出許多麻煩。而里堂乃將其治《易》之法及其治《易》概要提舉出而別爲一書，使吾人得以知其如何解《易》。以今日眼光來看，里堂如此之作，乃爲吾國人開創出現代學術研究方法之路也。而其於數百年前的乾嘉年間即有此想法，更可見里堂研究學問之科學態度也。是故《易通釋》雖爲里堂論《易》之全部，亦爲其解《易》最仔細、最清楚之處，也是吾人了解里堂如何解《易》最詳盡之資料處。然其由《通釋》大綱所成之《易圖略》，則更加簡單明瞭的將其《易》學精華說了出來，使吾人得以見其論《易》之路徑。是以此二書在里堂《易》學中都是極爲重要的。而《易章句》乃三書中最後完成者，其體例爲隨《易》文而釋之者，不若《通

---

〔註4〕此語見於里堂之《雕菰集》卷十六〈易圖略自序〉中。鼎文書局印行，中華民國69年9月初版。

釋》之經過打散後重新整理組合也。且《章句》中凡解《易》辭之處，多簡而言之，常直言其義而不再加論述之。其因在於里堂既已在《易通釋》中將全《易》之辭所以如此、所以如彼者，詳加說明其來龍去脈，故無須再於《易章句》中詳言之矣！里堂既已在《易通釋》中將《易》辭與卦爻變化全部詳細解說完畢，且亦已提示其研《易》之法及其對前人《易》說之觀點於《易圖略》中，里堂何以要再寫《易章句》呢？余以其所以最後再作《章句》一書者，乃因吾國傳統注解經書皆以隨文附注的方式行之，其目的在於使吾人得以同時見到經文與注文，亦可減少吾人讀書時翻來覆去的麻煩。是以里堂在其《易》學體系完成之後，遂依傳統注經模式而作《易章句》。故吾人在《易章句》中所見者，皆可於《易通釋》中見之矣！且吾人於《易通釋》中所見者遠較《易章句》清晰明瞭，故余在本文中，將只討論《易圖略》與《易通釋》二書，而不論及《易章句》。然《易章句》亦有一特殊之處，即爲《易章句》的體例。一般而言，前人注《易》多將《易》之卦爻辭與小象、小象同置一處，以便吾人見傳之如何解經也。然里堂《章句》一書卻將《易》之卦爻辭獨立而置於前，將〈十翼〉全置於經文之後，先解完經文，再統一來解傳文。其所以如此安排，乃在里堂一直認爲〈易傳〉爲孔子所作。〈易傳〉既爲孔子所作，則將〈易傳〉獨立而置於六十四卦卦爻辭之後，不僅無礙於孔子解《易》之旨，吾人更可由此而見孔子注《易》時的整體之義，而不致於因將〈象、象〉二傳隨卦爻辭而附之，遂有不解孔子一貫之旨的可能也。此爲里堂《易章句》特殊之處也。當然，這樣的安排也和古本《周易》的問題有關。故本文雖僅論及《易通釋》與《易圖略》，然吾人亦可由此得知里堂《易》學全貌矣！〔註5〕

## 第二節　元、明以來之學風及清初《易》學發展概況

　　學術乃不斷發展的過程，吾人欲明某代學術發展概況，則必先知前代學術之大概，並究此二者間的相互關係，如此方可較爲客觀的了解此時代之學術發展狀況。是以吾人欲知清代學術發展狀況，則須先對元、明二代學風做一適當的了解。故吾人於此節中先略論元、明二代之學風，其次再論元代迄

---

〔註 5〕關於《易學三書》成書先後順序，本文將於第二章《易圖略分析》中詳言，
　　　　此處暫不論之。

清初之《易》學發展，看看大環境的學風與《易經》的發展有著什麼樣的關連。同時，也希望能從元代降的《易》學發展過程中，尋找出里堂《易》學之所以有著如此面貌的必然性。

## 一、元、明以來之學風

吾人論中國學術發展，必以漢、宋二代爲主。或以漢學主訓詁而宋學重義理，或謂漢人特重經學而宋人特偏思維。然此類分別實後人所爲，與漢、宋二代無涉矣！是以清人雖有如江藩作《國朝漢學師承記》爲漢、宋之學分疆，亦有如龔自珍者謂：

> 若以漢與宋爲對峙，尤非大方之言，漢人何嘗不談性道，五也。宋人何嘗不談名物訓詁，不概服宋儒之心，六也。（見《龔自珍全集·與江子屏牋》）

或以漢、宋之學全然不同，或以漢、宋之學未必如是涇渭分明。然不論如何，其論中國之學術發展乃以漢、宋二代爲代表也。而漢、宋之學所以足以表代中國學術極爲昌明的兩個時代，除了是因爲這兩個時代的學風特別鼎盛之外，更重要的是，在這兩個時代中，都出現了一個特殊的人物，一位是漢的鄭玄，一位是宋的朱熹，這兩個人分別代表了這兩個時代的學術特色，同時，也都影響了其身後數百年間的學術發展。如清人皮錫瑞即云：

> 漢學至鄭君而集大成，於是鄭學行數百年。宋學至朱子而集大成，於是朱學行數百年。（見《經學歷史·經學積衰時代》）

是以漢、宋之學在吾國學術史上，實佔有相當重要的地位。而元、明二代在時間上正好銜接著宋代，故元、明二代論學亦必受宋人影響也。吾人且觀史書所載當代學者之論著與言行，以證學術發展延續性。

### （一）宋人疑經改經之風實爲理學盛行之前導

吾人所謂宋學者，其特色約有二點：一爲疑經改經之風特盛，一爲義理之學盛行。關於疑經改經之風，可由北宋司馬光的〈論風俗劄子〉所云：[註6]

> 近歲公卿大失，務爲高奇之説，流及新進後生，口傳耳剽，讀《易》

---

〔註 6〕皮錫瑞《經學歷史》云：「宋人不信注疏，馴至疑經；疑經不已，遂至改經。移易經文以就己説，此不可爲訓者也。世識鄭康成好改字，不知鄭箋改毛多本魯、韓之説，尋其依據猶可微驗。」由此可知鄭氏雖亦或改前人注疏，然亦皆有所本，非如宋人之改經文以就己意也。

> 未識卦爻，已謂〈十翼〉非孔子之言；讀《禮》未知篇數，已謂〈周官〉為戰國之書；讀《詩》未盡〈周南、召南〉，已謂毛、鄭為章句之學；讀《春秋》未知十二公，已謂三傳可束之高閣。循守注疏者謂之腐儒，穿鑿臆說者謂之精義。

而陸游亦云：

> 唐及國初學者，不敢議孔安國、鄭康成，況聖人乎？自慶曆後，諸儒發明經旨，非前人所及。然排〈繫辭〉、毀《周禮》、疑《孟子》、譏《書》之「允征顧命」、黜《詩》之序，不難於議經，況傳注乎？
>
> （見《經學歷史・經學變古時代》）

由此二人之言可知，北宋初期學風仍延續著漢、唐以來之說而不敢稍有議論。然自慶曆年間開始，逐漸形成了一股疑經之風，且有愈來愈盛之勢。對於《易》則疑〈十翼〉非孔子之言、對於《周禮》則謂為戰國之書、對於《詩》則謂毛、鄭之注為章句之學、對於《春秋》則謂三傳可束之高閣而不觀、對於《尚書、孟子》亦多有譏語。然而，當吾人追究疑經之人之所學是否深於經書，其是否嘗用力於經文之中時，則由溫公之語可知，謂經之不可信者，多為不學無術之後生小子，書未嘗讀過幾頁，便隨人之所言而言矣！而首開宋人疑經之風者，應推歐陽修了。慶曆年間，歐陽修作〈論經學箚子〉，欲請皇帝下詔刪除唐人所定《五經正義》之注疏。雖然他的建議沒被皇帝採用，然而以他當時的政治地位與學術地位，其一言一行對士人皆有莫大的影響。而在政治立場上與歐陽修對立的新黨領袖王安石，他在學術上，卻與歐陽修有不謀而合之處。歐陽修不僅欲廢唐之注疏，甚且作〈易童子問〉言〈繫辭、文言、說卦〉以下皆非孔子所作。其卒於熙寧四年，而王安石則於熙寧八年頒《三經新義》於國子監，立於學官，做為取士之用。又謂《春秋》為「斷爛朝報」，此二者於北宋時期地位皆高，其影響力亦大，故一人倡之於前，一人應之於後，是以疑經之風盛而改經之風遂隨之而起矣！吾人當知政治對於學術之影響力，是有著舉足輕重的地位的。由是開啟了宋人研究經學與漢、唐迥然不同之道路矣！

經既可改，則經文自不可恃，更別說是前人的注疏了。也由於疑經之風的盛行，遂導致南宋有陸九淵所主張直指本心即可成聖，不必外求於書籍。而朱熹雖主道問學一路，然其亦嘗教人「半日靜坐，半日讀書」，且未嘗說明

何者較爲重要。〔註7〕是以朱子雖在經學上有著莫大的成就，對於諸經幾乎皆有著作，然經書之地位已不如漢、唐無疑矣！蓋漢、唐人論成聖成賢之道，必言及經，且幾乎視知曉經義爲唯一求得聖人之旨之路，故其論學必以經文所言爲圭臬。至於宋時，則已有如陸九淵「求諸本心」之說出，其不必以經文所言爲是，僅以自己之心所感、所想爲是，謂「孔孟之道即在吾之本心」。就整個學術發展而言，此不可謂不是一個極大的轉變。而這種想法影響所及，乃有明代之陽明學派興起，幾乎欲將書藉廢棄矣！故在宋代疑經改經風氣的前導下，理學之說遂彌漫了整個南宋。

## （二）元代之學乃朱學遺緒

理學盛自南宋程、朱，而程、朱二子雖談心性之學，亦重經學。是以雖有陸九淵倡成聖之道求諸本心即可，然南宋以來既是程、朱之學興盛，則元承南宋之後，其學受程、朱影響自是較深，此乃常情也。而吾人若觀《元史‧儒學傳》，則可知此說乃有史實可作佐證，非僅常情之推論也。《元史‧列傳》第七十六云：

> 趙復字仁甫，德安人也。太宗乙未歲，命太子闊出帥師伐宋，德安以嘗逆戰，居民數十萬，皆俘戮無遺。時楊惟中行中書省軍前，姚樞奉詔即軍中求儒、道、釋、醫、卜士，凡儒生掛俘籍者，輒脫之以歸，復在其中。……先是，南北道絕，載籍不相通，至是，復以記程、朱所著諸經傳註，盡錄以付樞。自復至燕，學子從者百餘人。……惟中聞復論議，始嗜其學，乃與樞謀建太極書院，立周子祠，以二程、張、楊、游、朱六君子配食，選取遺書八千餘卷，請復講授其中。復以周、程而後，其書廣博，學者未能貫通，乃原羲、農、堯、舜所以繼天立極，孔子、顏、孟所以垂世立教，周、程、張、朱氏所以發明紹續者，作《傳道圖》，而以書目條列於後。別著《伊洛發揮》，以標其宗旨。朱子門人，散在四方，則以見諸登載與得諸傳聞者，共五十有三人，作《師友圖》，以寓私淑之志。又取伊尹、顏淵言行，作《希賢錄》，使學者知所嚮慕，然後求端用力之方

---

〔註7〕關於宋代「尊德性」與「道問學」二者間的關連與歧出之處，可參見余英時先生所著之《歷史與思想》中的〈從宋明儒學的發展論清代思想史〉及〈清代思想史的一個新解釋〉二文中，以智識主義與反智識主義的觀點所討論出的結果。其所言已甚詳矣！此無須再贅論之。

備矣！樞既退隱蘇門，乃即復傳其學，由是許衡、郝經、劉因，皆
得其書而尊信之。北方知有程、朱之學，自復始。（〈儒學一〉頁 4313、
4314）

由《元史》此段可知，在趙復被俘之前，南北因政治關係，學術文化不得相
通。自元統一中國，趙復被俘北上之後，由於趙復本爲儒者，而南宋末所盛
之學盡程、朱一派之說，故其於宋末之時所學得者，亦皆爲程、朱之言也。
而趙復北上之後，特別受到重視，朝中重要人物如楊惟中、姚樞等人聞其說
而嗜其學，從趙復而學者亦有百餘人，一時之間，北方學術盡爲趙復一人之
說。而趙復之說吾人亦可由其所著之書得以見其大略。據《元史》所記，趙
復以爲羲、農、堯、舜、孔、顏、孟、周、程、張、朱是一脈相傳的，故作
《傳道圖》以明此學術傳承之不絕。而朱子既爲此一道統最終傳人，則其所
學、所傳者，非朱子之說爲何？再者，趙復又作《伊洛發揮》一書，特以此
標明其學之宗旨。伊洛者，即指程、朱學派也。至此，趙復之學先由羲、農、
堯、舜、孔、顏、孟、周、程、張、朱之道統說起，再作一部《伊洛發揮》，
將其學由羲、農以降縮減爲伊洛一派；接著，他覺得如此尚不能說明他的眞
正來歷，深覺朱子門人由於戰亂散於四方，而其又深信自己乃爲朱子一脈之
正統，故將見於載籍及猶可由傳聞得知爲朱子門人者，盡錄於一書中，作《師
友圖》，以此說明自己之學乃純爲朱學一派。其雖未能親炙朱子門下，然私淑
之意甚矣！由此可知，趙復之學乃全在提倡朱子之說，闡揚程、朱一派乃羲、
農、堯、舜以來道統之所在，而北方知有程、朱之學者，自趙復始也。

　　當然，一代學風不可能僅由一人提倡而風行，必有他人起而應之方可成
爲風氣。吾人由上述所引《元史》之文可知，傳趙復之學而有大名聲者至少
有許衡、郝經、劉因三人，其他未見諸史書所載者尚不知有幾。今僅以此三
人論之。許衡嘗爲國子祭酒（即今國立大學校長），將趙復所傳的《四書集註》
擴大推行，使之成爲國子監生必讀之書。又嘗爲元議學校科舉之法，其欲罷
詩賦，重經學，此議當時雖未能得行，然元仁宗皇慶二年制定科舉條列，規
定明經一科中的《四書、五經》用程、朱等人之註本。元仁宗延祐二年正式
開科取士，共取五十六人，《四書》皆用朱子《章句、集註》之說，《詩》則
以朱子《詩集傳》之說爲主，《尚書》以朱子學生蔡沈《書集傳》之說爲主，
《周易》則以程、朱之《易程傳、周易本義》爲主，而皆兼用古注疏之說。（參
見《元史・選舉志》）由此可知，許衡當時建議雖未能即時得以行之，然元仁

宗延祐二年開科取士所用之版本，則盡爲當年許衡所建議者也。吾人可由元朝取士所用多與朱子有關，得知朱學於元朝之盛矣！

除此之外，吾人尚可由元人解經多不出朱子範圍而知朱學在元代之影響力。如：

> 張頌字達善，其先蜀之導江人。蜀亡，僑寓江左，金華王柏，得朱熹三傳之學，嘗講道於台之上蔡書院，頌從而受業焉。自六經、《語、孟》傳註，以及周、程、張氏之微言，朱子所嘗論定者，靡不潛心玩索，究極根柢。……有《經說》文集行世，吳澄序其書，以爲議論正、援據博，貫穿縱橫，儼然新安朱氏之尸祝也。（《元史·列傳第七十六·儒學一》，頁4315）

> 金履祥字吉父，……及壯，知向濂、洛之學，事同郡王柏，從登何基之門。基則學於黃榦，而榦親承朱熹之傳者也。（同上，頁4316）

> 許謙字益之，……讀《四書章句集註》，有《叢說》二十卷。謂學者曰：「學以聖人爲準的，然必得聖人之心，而後可學聖人之事。聖賢之心，具在《四書》，而《四書》之義，備於朱子。顧其辭約意廣，讀者安可易心其之乎？」（同上，頁4138、4139）

> 陳櫟字壽翁，……嘗以謂有功於聖門者，莫若朱熹氏。熹沒未久，而諸家之說，往往亂其本眞，乃著《四書發明、書〔集〕傳纂疏、禮記集義》等書。（同上，頁4321）

> 胡一桂字庭芳，……初，饒州德興沈貴寶受《易》於董夢程，夢程受朱熹之《易》於黃榦，而一桂之父方平及從貴寶、夢程學，嘗著《易學啓蒙通釋》。一桂之學，出於方平，得朱熹氏源委之正。（同上，頁4322）

> 胡炳文字仲虎，亦以《易》名家，作《易本義通釋》，而於朱熹所著《四書》，用力尤深。餘干饒魯之學，本出於朱熹，而其爲說，多與熹牴牾。炳文深正其非，作《四書通》，凡辭異而理同者，合而一之；辭同而指異者，析而辨之，往往發其未盡之蘊。（同上）

> 黃澤字楚望，……蜀人治經，必先古注疏，澤於名物度數，考覈精審，而義理一宗程、朱。（同上，頁4323）

> 同恕字寬甫，……恕之學，由程、朱上溯孔、孟，務貫浹事理，以

利於行。（同上，頁 4327）

安熙字敬仲，……蓋自因得宋儒朱熹之書，即尊信力行之，故其教
人，必尊朱氏。（同上，頁 4328）

胡長孺字汲仲，……長孺初師青田余學古，學古師王夢松，夢松亦
青田人，傳龍泉葉味道之學，味道則朱熹弟子也。淵源既正，長孺
益行四方，訪求其旨趣。（《元史·列傳第七十七·儒學二》，頁 4334）

熊朋來字與可，……生徒受學者，常百數十人，取朱子《小學》書，
提其要領以示之，學者家傳其書，幾遍天下。（同上，頁 4334、4335）

以上之例，僅為《元史》所載一部分，其他未附入者尚有甚多。然吾人由上
述所舉之例，亦足以見朱學在元代的勢力了。由張達善之「朱子所嘗論定者，
靡不潛心玩索，究其根柢」，許謙之「聖賢之心，具在《四書》，而《四書》
之義，備於朱子」，陳櫟之「凡諸儒之說，有畔於朱氏者，刊而去之」，胡炳
文作《四書通》，對諸家之說與朱子之說，「凡辭異而理同者，合而一之；辭
同而指異者，析而辨之」，一直到安熙教人「必尊朱氏」，熊朋來之「取朱子
《小學》書，而教從其而學之人」。吾人隱隱可見一朱學傳統已悄然而立矣！
對前人而言，不論是漢、魏、唐、宋，其學人之言經，必以追尋經之原義為
目的，即使鄭玄之學最盛時，學人亦僅以之為重要參考，並不認為鄭玄之說
即為經之原義。故唐《五經正義》之《周易正義》乃採王弼之說，不專以鄭
氏為依歸。而宋人疑經之風甚矣，不僅不輕信前人注疏之說，且有疑經文有
誤者，如歐陽修疑〈易傳〉非孔子之作；王安石謂《春秋》一書乃「斷爛朝
報」。此皆元人前之學者，不論其對於經書所採取的態度為何，其治經必以追
尋經之原義為最終目的。然而在元代，卻有一個不同於前代學風出現，元之
學人，其治經不僅受朱子影響，甚至其論斷他人說經之是非，一切皆取決於
「合不合於朱子之說」這個標準。凡合於朱子之說者為是，與朱子之說有所
不同者則為非；是者則存，非者則去，甚至認為「聖賢之心，具在《四書》，
而《四書》之義，備於朱子」（許謙之語），以為欲得聖人之心者，唯一方法
乃為了解朱子之說矣！由此可知，在元代的學術上，不論是官府的科舉所採
定本，或是一般學人論學治經宗旨，皆以朱子之說為標準。官府與民間皆大
倡朱子之學，則朱學在元代之盛亦可見一般了。不僅如此，吾人甚至可謂由
宋末開始，吾國學術已逐漸形成一個經義的取決標準，這個標準便是朱子。
是以宋以前學人說經乃以聖人之義為依據，是在追尋聖人作經之原義；而元

人說經，則以朱子之說爲依據，是在追尋朱子之原義。元人追尋朱子說經原義之目的雖亦爲求得聖人之旨，然而在以朱子之說爲準的前題下，往往經之原義爲何已逐漸被漠視，而朱子之說爲何？反爲元人解經之最重要目的了。所以吾人以爲元人之學風實即朱學之遺續也。

### （三）明初學風仍為朱學之遺緒，自陳獻章、王陽明出而學風漸變

由上節可知，整個元朝學術幾可謂爲朱子之天下，所有學人所在意、所論辨者，是其說是否合於朱子之言，而學術上之是非公斷，亦由合不合於朱子之說爲決定標準。是以明雖承元而起，在政治上已改朝換代，然就學術而言，明初著名學者盡爲元末著名學人，元代學術既盡爲朱子的天下，則明初學術概況自亦爲朱學之遺緒。《明史・儒林傳》云：

> 原夫明初諸儒，皆朱子門人之支流餘裔，師承有秩，矩矱秩然。曹端、胡居仁篤踐履，謹繩墨，守儒先之正傳，無改無錯。學術之分，則自陳獻章、王守仁始。宗獻章者曰江門之學，孤行獨詣，其傳不遠。宗守仁者曰姚江之學，別立宗旨，顯與朱子背馳，門徒遍天下，流傳逾百年，其教大行，其弊滋甚。嘉、隆而後，篤信程、朱，不遷異說者，無復幾人矣！要之，有明諸儒，衍伊、雒之緒言，探性命之奧旨，錙銖或爽，遂啓岐趨，襲謬承譌，指歸彌遠。至專門經訓授受源流，則二百七十餘年間，未聞以此名家者。經學非漢、唐之專精，性理襲宋、元之糟粕，論者謂科舉盛而儒術微，殆其然乎。
>
> （頁7222）

此段爲《明史・儒林傳》序言，蓋所以總論有明一代學術概況也。其以明初諸儒皆承元末之學，猶爲朱學餘裔，學術之大變乃始自陳獻章、王陽明二人始也。陳獻章之學孤行獨詣，故傳之不遠而絕。而王陽明之學則顯然跟朱子所言不同，且王學又傳之久遠，門徒遍及天下，故與朱子之學判然二分而佔有一席地。不獨如此，王學流傳既盛，傳之既久，則自嘉、隆而後，篤信朱學者已無幾人矣！然朱學自南宋即逐漸佔有學術地位，至元而全盛，不論民間、官府，皆以朱子之說爲準。及至明初，則朱學仍襲捲整個學術界，觀此朱學如日中天之勢，何以王陽明、陳白沙一出而學風即爲之所變呢？此似不甚合理。白沙、陽明之學眞有如此大的魅力嗎？若有，它的魅力又在那裏呢？若不是其人之魅力問題，那又是什麼原因造成朱學由如日中天之勢，逐漸成爲窮途末路之態呢？此實爲吾人須知之者，否則如何能解釋明代學風之轉變

呢？關於白沙、陽明之學在當時是否有其超人魅力，今日已不得而知。若捨去這個不可得知的因素，究其原由，大略可由以下幾條線索觀此學風轉變之梗概。其一爲陸九淵之學爲一隱藏之伏線，其二爲朱熹主敬之學與陽明主靜之學實甚相近，其三則爲佛教禪學盛行之影響。前二者爲學術內在轉變的問題，第三者則純爲外在因素。首先我們來看看學術內在轉變因素。

宋代朱、陸鵝湖之辯極爲著名，後人論宋代學術時，朱陸異同乃爲不可不談的大問題。再者，朱子雖強調讀書的重要性，然其亦主張「半日讀書，半日靜坐」，而陸九淵雖強調直指本心的工夫，然其本身亦並非不讀書，是以此二人間雖似有大不同處，然其間亦有極相同處也。蓋朱子要人「半日讀書，半日靜坐」，是其雖以爲讀書對吾人修身成德有大作用，然亦以爲靜坐對吾人修身成德的作用也不在讀書之下，且此二者對吾人修身成德的影響，實是各佔一半的。是以朱、陸間之異與同實難一言以斷之，學人論此二者異同之文不知凡幾，本文既非專論宋代學術，則亦無須在此詳論之，僅欲提供出一條王學之所以能在明代中晚期後打敗盤據學術主流地位數百年之久的朱學，實與陸九淵之學有極大關係的線索。

其次，吾人尚能從王陽明、陳白沙二人早年所學皆受朱子影響這個有趣的現象，看出朱、王與朱、陳之間巧妙的關連，實與朱學逐漸的被取代有莫大的關係。《明史·儒林二》云：

> 獻章之學，以靜爲主。其教學者，但令端坐澄心，於靜中養出端倪。或勸之著述，不答。嘗自言曰：「吾年二十七，始從吳聘君學，於古聖賢書無所不講，然未知入處。比歸白沙，專求用力之方，亦卒未有得。於是舍繁求約，靜坐久之，然後見吾心之體隱然呈露，日用應酬隨吾所欲，如馬之卸勒也。」（頁 7262）

陳獻章之學雖主靜，然其年輕時，嘗從吳聘君學，吳聘君者即吳與弼也。吳與弼之學爲何？《明史·儒林一》云：

> 與弼年十九，見《伊洛淵源圖》，慨然嚮慕，逐罷舉子業，盡讀《四書》〔註8〕、五經、洛閩諸錄，不下樓者數年。（頁 7240）

吳與弼自十九歲起便用力於程、朱之學，對程、朱之學十分嚮慕，爲了更深入的了解程、朱之學，毅然放棄了仕宦之途，盡讀《四書》、五經、洛閩諸錄

---

〔註 8〕《明史》此處作「四子」，以其上下文觀之，此乃指「四書」也，故於其下繼之謂「五經」，吾人於此正之。

不下樓達數年之久，其醉心與用力於程、朱之學不可謂不深矣！而獻章年二十七時既從與弼學，又自道「於古聖賢書無所不講」，則獻章亦嘗用力於《四書》、五經，自無可疑。而其學所以主靜者，乃在他深覺終日讀古人之書對於成聖成賢似無直接幫助，遂捨棄由讀書入聖賢之途，轉而採取靜坐功夫。其在靜坐中體會出與遍讀群書不同之感受，且覺得靜坐比讀書較接近成聖成賢之路，是以自此之後，論學專主靜字，其教人亦只令人「端坐澄心，於靜中養出端倪」。由此可知，獻章之學乃由程、朱一路而入，其後雖轉而走向陸九淵式的靜觀本心，然其非只觀本心即有所得者，其跟隨吳與弼期間，在古學上實已立下了良好的基礎。

　　至於王陽明的情況亦與陳獻章相似。吾人可由勞思光先生在《新編中國哲學史・三上》中，據錢德洪等陽明門人所編撰之《年譜》所總結的陽明生平而得知王陽明的情況。勞思光先生云：

> 王氏自十八歲聞婁一齋論程朱之學，至二十七歲爲止，皆致力於程朱格物窮理工夫，但未能有得，遂轉習道教神仙術。然其放棄程朱之學之理由，僅在於「聖賢有分」之觀念，並非確認程朱一派理論有內在缺陷或困難。（頁404）

由《年譜》可知，陽明自十八歲由江西歸浙江，在舟中見到婁一齋而聽其論程、朱之學始，便用心於程、朱的格物之學。至二十七歲，因治朱子之學無所得，以爲成聖成賢乃有天定之命，非可強求得來，遂放棄程、朱之學，轉而他求於神仙道術中。此時陽明並非以爲程、朱之學有什麼問題，因其認爲成聖成賢有所謂命限，故程、朱之說並沒有錯，只是他自以爲自己爲命所限，即使有程、朱成聖成賢之法，亦無由入聖賢之門也。〔註9〕由以上所論可知，獻章、陽明二人早年皆嘗受業於以朱學爲宗者門下，而其所以棄朱學者，乃由於自身無法由朱子之言而入聖賢之道之故，此二人之所以主靜者，亦因其於靜坐中有所得，其後遂一心倡導靜坐一事，以爲直觀本心即可成聖成賢，是以其教人亦專主靜字。然此中有一獻章與陽明皆不自覺處，即他們雖都在靜坐中對成聖成賢之道有所心得，但他們並非完全束書不觀者，他們在年輕的時候，都嘗從學於宗主

---

〔註9〕　《明史》中雖亦有王陽明之傳，然《明史》乃清人之作，距陽明年代亦久矣！不若由陽明門人所撰《年譜》之接近陽明也。《年譜》所成之年代，可見於《王文成公全書》卷三十五〈年譜附錄〉中「嘉靖四十二年癸酉四月，先師年譜成」一條，而得知《年譜》完成之時距陽明身亡方三十五年耳，故其記錄陽明之事較《明史》所言應更爲可靠也。

朱子之說者的門下，皆嘗用力於《四書、五經》中數年，是以其中年後於靜坐中能對聖賢之道有所了悟。如此，又怎可謂其悟道全與年輕時所讀之書無關呢？然獻章、陽明二人卻反而以此證讀書於成聖成賢之道無關，只有靜坐以求本心方有益於成聖成賢之路。是以雖爲同一成長過程，吾人卻可有截然不同的解釋，而此種解釋或更與事實相近也。也由於獻章、陽明二人皆由朱子之學轉至近似陸九淵之路，故其所倡學風遂一改朱子「半日讀書、半日靜坐」之路，反因其年輕時之經驗而將讀書視爲與成聖成賢無涉，唯有靜坐以觀本心方得以成爲聖賢矣！至此，朱學便在這段轉折中，由極盛而逐漸的走向沒落之途。

　　在宋代，朱熹等大儒就曾欲極力分辨儒佛間的差異。然而，佛教並沒有在南宋諸儒的辨難中逐漸衰退，相反的，其勢力卻有愈來愈盛的趨勢，至明朝中晚期而至極盛，而儒佛之間的關係在南宋至晚明這段期間，也有著一種越辨越曖昧的趨向。由上述論陽明一段中得知，陽明十八歲時因在舟中遇婁一齋先生講程、朱之學，遂一意於程、朱之說。然頗值玩味的是婁諒先生雖對陽明講程、朱之學，而時人對婁先生之學是否眞爲程、朱之學，則頗存疑問。《明史·儒林二》即云：

> 婁諒字克貞，……其爲諸儒附會者，以程子論黜之。…其學以收心
> 爲居敬之門，以何思何慮、勿忘勿助爲居敬要旨。然其時胡居仁頗
> 譏其近陸子，後羅欽順亦謂其似禪學云。（頁7263）

婁先生論學以程子爲標準，凡諸儒解經與程子之言不合者，皆黜之。且論學之要乃以「敬」字爲主，則其自覺的要往程、朱一路走去可確定也。故其對人論學，皆談程、朱之說。是以陽明遇到婁先生時，由婁先生那裏聽來的也是程、朱一派的理論。然而時人胡居仁卻以爲婁先生之說近陸九淵，非程、朱一派，而後來的羅欽順則謂婁先生之學近於禪學。則婁先生雖自覺的想往程、朱一派走去，但其學是否眞爲程、朱一路則尚未可定。或謂胡居仁者何許人也？何以其譏婁諒之學近陸子，吾人豈可順其說而疑婁諒之學乎？《明史·儒林一》云：

> 胡居仁字淑心，……每言：「與吾道相似莫如禪學。後之學者，誤認
> 存心多流於禪，或欲屏絕思慮以求靜。不知聖賢惟戒慎恐懼，自無
> 邪思，不求靜未嘗不靜也。故卑者溺於功利，高者務於空虛，其患
> 有二：一在所見不眞，一在功夫間斷。」嘗作〈進學箴〉曰：「誠敬
> 既立，本心自存。力行既久，全體皆仁。舉而措之，家齊國治，聖

人能事畢矣。」……嘗言，陳獻章之學近禪悟。……（頁 7232）

由此段可知，胡居仁乃明代時期，自覺到所謂儒學修身之法與禪學之說極為相近而欲分辨者也。其以儒學主要先求立誠敬之道，誠敬既立則本心自存而聖人之事畢矣。禪學則以求靜為先，此時吾人若再將陽明、白沙所強調的靜字置於此處一同觀之，則胡先生所以謂「陳獻章之學近禪悟」，乃理之所當然。胡先生既為明代一位自覺與儒家言修身之法最相近者莫如禪學者，則其欲發揚儒學必先辨禪學與儒學之不同，是以其謂婁諒之學近陸子應有所據而非空言也。況較晚於婁諒之羅欽順亦謂其近禪，則其學非純近程、朱一派，至少在當時已有此論矣！

至此，吾人可知陽明十八歲自婁諒處聞得之程、朱之說，或已與程、朱之言有所差異矣！而其時胡居仁既謂婁之學近陸子，則此或為王陽明日後論學近陸九淵之伏筆也未可知。然可以肯定的是，在明代時，學人已自覺到禪學與儒學極為相近矣！而陸九淵式的儒家學說則尤近於禪家之說。由婁一諒被胡居仁認為近陸九淵，又被羅欽順認為近禪，可知佛教禪學在當時的興盛，對於陽明學派的興起與朱子學派的逐漸沒落，應該有重要的影響才是。是以陽明學派之所以能擊敗獨霸學界數百年之久的朱子學派，除了其內在學術發展因素外，如陽明、白沙年輕時皆習朱學，成為其由朱學轉化為其本人之學的潛伏因素，禪學的極盛而與陽明、白沙同主靜字之法的相近，亦有著極重要的關鍵地位。

## 二、清初學風及其《易》學發展概況

### （一）清初之學乃在陽明之學成功轉化朱學的基礎上，繼而向唐、漢、先秦求經書之原義的路上前進

論清初學風之文甚多，而清代學術所以一反宋明理學的治學方法，走向考據之學的原因，也一直被學人討論著。吾人可由余英時先生《歷史與思想》所言，得知一般學人是如何來解釋清代學風的轉變的。余英時先生云：

總結我剛才所說的幾個理論，不出兩大類：一是反滿說，這是政治觀點的解釋；二是市民階級說，這是從經濟觀點來解釋的。無論是政治的解釋或是經濟的解釋，或是從政治解釋生下來的反理學的說法，都是從外緣來解釋學術思想的演變，不是從思想史的內在發展著眼，忽略了思想史本身的生命。（頁 124）

余先生既然對前人解釋清初之學所以一反宋明理學的原因，都從所謂的「外在因素」著手，未嘗以學術思想本身的發展因素而論感到有所不足，則余先生這篇文章當然是要從所謂的「內在因素」去解釋學術思想的演變了。余先生以為思想本身既是一個不斷發展的生命體，外界因素的改變固然會影響其發展，然而思想本身的發展無疑是影響這個生命轉變的更重要的因素。〔註10〕吾人既已從前人論清初學風轉變之文得知前人對清初學風轉變的一些解釋，然而吾人在此也想提出另一個可能的解釋，那就是由上文所述宋、元、明三代學風的發展，可以看出，元、明二代論學，基本上都是圍著朱子打轉。由《元史》可知，元人論學重點在於是否合於朱子之說，及至明初亦然。到了陳獻章、王陽明後，學界似乎有了極大的轉變，宋代的陸九淵突然被人抬了出來，而主靜之學也隨之站上了主流地位。這之間的發展，可由朱、陸二人之異同論至陽明、獻章二人與朱學的關係。簡而言之，朱、陸二人間本就不是截然不同的，朱子亦言靜坐之重要。及至陽明、獻章二人，他們早年所學的也都是程、朱一派的學說，程、朱對他們的影響自然存在著。所以吾人與其說陽明學派取代了朱子學派在學術上的地位，還不如說陽明學派是轉化了朱子學派的某些說法，其背後的影子仍不脫朱子之說，只不過他們所強調的道德修養重點與朱子學派所強調的重點有所不同而已。此即為余英時先生在《歷史與思想》一書中所謂的「尊德性」與「道問學」的差別。陸、王之學的中心在「尊德性」一面，而程、朱學派所強調的是讀書亦有助於德性修養的「道問學」，此二派最終目的仍在「德性」二字也。至於王學末流與禪學幾乎合而為一，那並不是王陽明的問題，只是在朱學被轉化後，由於其所重者全在「靜」字上，已將讀書的功用完全棄置，遂轉與禪學混而為一，在陽明本身則並無束書不觀的問題。然而不論是贊成朱子之說者，或是反對朱子之說者，不可否認的，他們所言所論幾乎全在朱子一人身上。是以吾人乃謂元、明二代學人論學皆圍繞著朱子一人打轉，而朱子遂成為一個儒學的圖騰。贊成這個圖騰者，盡力的推持著這個符號；不贊成這個圖騰者，則全力的想用另一個符號取而代之。至於這個符號是否真的代表孔、孟原義，是否真的合於聖人作經真諦，反而退居於次要的地位了。是以在朱子這個圖騰佔領學界

〔註10〕有關余英時先生以思想內在因素觀點來討論宋、明、清三代的思想發展狀況，讀者可看看《歷史與思想》中的〈從宋明儒學的發展論清代思想史〉及〈清代思想史的一個新解釋〉二文。聯經出版事業公司，中華民國76年1月第十二次印行。

數百年後，清初學人一面受著國破家亡的痛苦，一面看著元、明二代論學之
主要論題，盡在討論朱子一人之說，遂起而追問朱子以前的人是如何說經的？
朱子既已被討論的這麼頻繁了，再循著這條路討論下去，似已不能再有什麼
結果。又在明朝中晚期有一些人如陳第、焦竑等從事完全不同於當時主要學
風的考證工作做先鋒，是以清人乃循此路線作了另一種嘗試，這種嘗試在清
初顧、黃、王三人舉著因明末束書不觀之風乃導致明代亡國的大旗之下，逐
漸的走向了乾嘉考據學極盛的時代。梁啓超先生在《清代學術概論》中云：

> 綜觀二百餘年之學史，其影響及於全思想界者，一言以蔽之，曰：「以
> 復古爲解放。」第一步，復宋之古，對於王學而得解放；第二步，
> 復漢唐之古，對於程朱而得解放；第三步，復西漢之古，對許、鄭
> 而得解放；第四步，復先秦之古，對於一切傳注而得解放。夫既已
> 復先秦之古，則非至對於孔孟而得解放焉不止矣！（頁6）

而清人之所以由近而推至於遠者，乃因於學界既籠罩於朱、王的爭論之下久矣！
分辨孰說近於孔、孟者，必得由經文原義的追尋一途著手，是以清代學風之所
以特重考據者，實乃元、明二代長期的學風的影響之下所必然要走的一條路也。

### （二）清初《易》學為一由近至遠的發展過程

專就《易》學發展而論，亦可看出清初學者在論《易》時，還是得自宋
人《易》說所產生的問題著手，先將宋人《易》說問題釐清之後，方可能進
一步向上追尋《易》之原義。馬宗霍先生的《中國經學史》云：

> 然考之《清通典》，順治二年所定試士之例，《四書》主朱子集註，《易》
> 主程朱二傳，《詩》主朱子集傳，《書》主蔡傳，《春秋》主胡傳，《禮
> 記》主陳氏集說。此視元明初之兼用古注疏者尚有間，蓋雖不用《大
> 全》，而實襲《大全》所本之陋也。（第十二篇〈清之經學〉，頁139）

由上述論明代學風時，已知明初學者論學仍以朱子所說爲主，仍然承續者元
代學風。及至清初，官方所採的取士之本，在《四書、易經、詩經、尚書》
皆用朱子一派之說，是以馬先生乃謂其「雖不用《大全》，而實襲《大全》所
本之陋也」。清初取士在《易經》方面既以程、朱之說爲主，則其《易》學發
展亦自宋人論《易》問題著手矣！至康熙五十四年所敕撰的《周易折中》，雖
已不全用程、朱之說，然仍以程、朱之說爲優先。此時與順治時開科取士的
「《易》主程朱二傳」，已略有不同矣！至乾隆二十年所敕撰的《周易述義》
時，對於漢、宋《易》說，已酌取其平矣！則乾隆時對於《易經》的看法，

較之以順治、康熙年間，又有更不相同的發展了。這個發展趨勢甚爲明顯，此乃爲一由宋人之說爲出發點，而漸向上推之研究過程也。這只是專就官方取士所採的版本而論，尚不足以看出整個清初《易》學發展概況。下面我們再就清初民間《易》學發展概況來論其《易》學的發展過程。

就《易經》言，首開明末清初學風的清初三家中，黃宗羲著有《易學象數論》、王夫之則有《易稗疏、易內傳、易外傳、易大象解、易考異》、顧炎武則有《易音》。據朱彝尊《經義考》引汪端臨爲《易學象數論》所作的序云：

> 《易》自有象數，而特非焦京輩所云也。姚江黎洲夫子，通天地人
> 以爲學，凡天官、地理以及九流百氏，無不精究。慨象數之失其正，
> 而爲異說所淹汩也，作《論》辨之。論其倚附於《易》，似是而非者，
> 析其離合，爲〈內編〉三卷；論其顯背於《易》，而自擬爲《易》者，
> 決其底蘊，爲〈外編〉三卷。（《經義考》，卷六十五，頁 9）

可知黃宗羲作《易學象數論》，其基本上是贊同《易》中確有象數之說的，而以象數說《易》，亦非《易》之外道也。然黃氏見前人雖有以象數說《易》者，然彼等所言之象數已非《易》之象數也，是以作此書以辨之。由此可見在清初之時，黃宗羲已首開論《易》不拘程、朱之傳矣！而王夫之所作論《易》諸書，馬宗霍則謂之爲：

> 其說《易》，不信陳摶之學，亦不信京房之術，於先天諸圖及緯書
> 雜說，排之甚力，而亦不空談玄妙附合老莊之旨。（《中國經學史》，
> 頁 141）

則王氏說《易》既不信陳摶之學，亦不信漢人京房之說，及至緯書、先天、後天諸圖，皆不信也。其論《易》又不空言義理，則其說《易》不以漢、宋之說爲是，一憑自己見解。姑不論黃、王二人所說之《易》是否合於《易》之原義，其治《易》概念，已破前人論《易》或以漢人之說爲是，或以宋人之說爲是的樊籬了。此二人者，首開清人研《易》之路也。〔註11〕

---

〔註11〕吾人雖謂明代學風全在朱子一人身上打轉，然就《易經》而言，此時已有不全以宋人之說而論之者矣！馬宗霍《中國經學史》論〈元明之經學〉云：「明人於《易》，言數者入道家，而不出陳邵；言理者近釋氏，而不越程朱。其有覺「宋易」不合去而爲「漢易」者，則有熊過之《周易象旨決錄》、陳士元之《易象鉤解》，而胡居仁《易象鈔》、錢一本《像象管見》、吳桂森《周易像象述》、魏濬《易義古象通》、趙汝楳《周易象通》，亦皆以象爲主。於是於數理外，專言象者，又自爲一派。即來知德《周易集注》，當時推爲絕學者，雖不以象名，實亦取〈繫辭〉中錯綜其數，以論象也。他若陳祖念之《易用》、張

　　王夫之雖不信宋人之「易圖」，然尙未能以專文辨之。而其時黃宗炎已著《圖學辨惑》論「易圖」之非也。此爲清人對宋代《易》說之一大突破。《經義考》云：

> 宗炎自序曰：「《易》有圖學非古也。注疏猶是晉、唐所定之書，絕無言及於此者。有宋圖學三派出自陳圖南。……上古可嘗有圖，但文字未備，畫爲奇耦，示文字之造端爾。陳氏不識古文古字，誤以爲圖也。……秦燔《詩、書》，《易》獨以卜筮得免，若有圖，亦宜不禁，胡爲偏遯而孤行方外。秦漢之時，雖有黃老之學，亦只在民間，豈有與世間隔，不通於學士大夫之理乎？此皆據其偏辭，無能強中者也。非惑與？可不辨與？作《圖學辨惑》。」（《易經》部分，卷六十五，頁 10）

宗炎對「易圖」來歷直謂爲宋人陳搏之作，其理由乃爲：《易》之傳世久矣！秦焚書時，《易》以卜筮而得以保全，若《易》本有圖，何以吾人於漢唐注疏中從未見之，卻突然在宋人《易》說中出現。又或有人以爲「易圖」乃藏於道家之中，至宋時乃被發現，則此又不通。蓋黃老之說雖不能立於廟堂之上，多於民間流傳。然道家之說又豈會只因流傳於民間，遂與所有士人不相通矣！此二辨難皆非以圖爲《易》之本有者所能解之者也，故其以爲《易》之有圖乃自宋出也。及至胡渭作《易圖明辨》，專論圖之自宋而出，而「易圖」之爲宋人所作者，自此明矣！

　　除了上述諸家外，清初以《易》聞名者尙有張爾歧《易周說略》，專以發明朱子《本義》之說爲主；朱鶴齡《易廣義略》，以《易》之義理至宋儒之後已甚明矣！然《左傳、國語》中的卜筮之法則宋儒猶未能詳言之，故作此書；毛奇齡則有《仲氏易、推易始末、春秋占筮書、易小帖、易韻、河洛圖書原舛編、太極圖說遺議》等書。其中《仲氏易》本乃毛奇齡仲兄之《易》說，而爲毛奇齡所寫下來者。毛氏自述云：

> 顧其說《易》，實有西漢以還，魏晉六朝遺法，爲宋元諸儒所未及者。余哀其志，就兄子口授諸說《易》大旨，暨各卦詁義而擴大之，爲

---

次仲《周易玩辭困學記》，又欲舍象數而專主辭，此雖似宗義理，要亦學與談空理者稍別矣！」（頁 134、135）則明人論《易》時，雖仍多主宋人《易》說，然亦已有不以宋人之說爲是者矣！這些《易》說，亦可視爲清初黃、王二氏論《易》之先聲也。

《仲氏易》。（見朱彝尊《經義考》、《易經》部份，卷六十八，頁 11）

是以毛奇齡所作之《仲氏易》，自以爲其說《易》之法乃漢、魏之法，非宋、元諸儒以義理、圖書說《易》之法也。再觀李澄中對毛氏《推易始末》一書所作的評論，李氏云：

> 《推易始末》者，西河毛氏發明《仲氏易》推移之義。蓋即前儒卦變、卦綜之說而暢之。歷載變卦、反對、六十四卦相生、本義卦變、十辟卦變、六子卦變、卦綜、乾坤主變七圖說，并載「推易」及「推易折衷」二圖說於後。（同上）

由此可知毛氏說《易》，乃以漢、魏以來卦變之說爲主，其論《易》已出宋、元人《易》說範疇。然此類以漢、魏卦變說《易》者，並非始於清初，自明朝開始，已有一些對宋人說《易》不滿者倡之矣！讀者可參看本章註 11。不過，毛氏雖以漢、魏之法說《易》，卻仍無法完全擺脫宋人以圖說《易》遺風之影響，故仍在書中作「推移、推移折衷」二圖以明其法，此雖非宋人「先天、後天」諸圖，然亦不免受以圖說《易》之風影響也。除此之外，毛氏說《易》諸書中，有一部較爲特別的著作，那便是《易韻》。以朱彝尊《經義考》所引龐塏之言，可知其書大概。龐塏曰：

> 古文多用韻，《易》、〈上下象傳〉并〈雜卦傳〉，無一不用韻者。蓋其辭類贊，贊必有韻，昔人所謂贊《易》是也。大可於韻學精晰，故著此書。（同上）

由此可知，毛氏作《易韻》一書，乃專以《易》爲韻書的角度來論《易》。而毛氏韻學功力甚深，其以韻言《易》，無異又爲研《易》之道開了一條路。在毛氏之前，清初顧炎武亦嘗作《易音》，也是以聲韻之學論《易》者。此二以聲韻之學論《易》，無疑對於乾嘉年間的焦循以假借說《易》之法，有著不少的提示作用。蓋里堂多以聲韻之學言假借之義，借此與其論《易》諸法通而用之，因而完成其一以貫之解《易》的最終目的。是以此二人以聲韻之學解《易》之法，對里堂的影響可謂不小矣！及至乾嘉年間，《易》家輩出，以「漢易」最爲聞名者有二：一爲惠棟，一爲張惠言。惠氏爲吳派開創者，有《易漢學、易例、周易述》等書，「論者謂漢學之絕者千有五百餘年，至是而粲然復章」（馬宗霍《中國經學史》語）。然亦因惠氏論學惟漢爲是，故亦不免有偏頗之譏。張氏著有《周易虞氏義》，此書乃專論虞翻之《易》，阮元稱其爲「孤經絕學」，而皮錫瑞作《經學通論》亦謂：

近人說《易》，張惠言爲顓門，焦循爲通學，學者當先觀二家之書。
（頁2）

當然，由清初至乾嘉年間，言《易》者多矣！然吾人僅以上述數人所以治《易》之法，已可發現由清初至乾嘉年間，學人在研《易》方面，雖仍不免受到宋人論《易》之影響，如官學仍以程、朱《易》說爲主，張爾歧、朱鶴齡作《易》書仍以爲義理至宋儒已明矣！張氏所作《易周說略》甚至專爲朱子《本義》一書而作也。然其時論《易》者已多自覺到專以義理言《易》之不足，且已將「易圖」爲宋人之作，非《易》之本有辨明之矣！而黃宗羲專論象數之是非，毛奇齡以漢、魏以來卦變之說而作《仲氏易、推易始末》，惠棟論《易》專以漢、魏之法爲是，張惠言《周易虞氏義》專論虞翻之《易》說者，皆已一反宋、元說《易》之風，隱然將明代以卦變言《易》爲非主流之趨勢，改爲主流者也。〔註

〔註12〕宋人說《易》而對後世《易》學影響最大者可歸納出三人：一爲陳摶的圖、一爲程頤的《易程傳》、另一則爲朱子的《周易本義》。陳摶的《易龍圖》，《宋志》中雖有記載，但今已無法見之。且陳摶雖自謂「原夫龍馬之圖，出於羲皇之代，在太古之先」（見朱彞尊《經義考》卷十六，頁1）。然陳摶「易圖」已由清初黃宗炎、胡渭等人辨出此乃陳摶一己之作，非羲皇傳之者也。故其以圖說《易》之法雖對宋、元、明三代人說《易》有極大的影響，但是對於清初以後學人論《易》已無影響矣！然此猶不失爲宋人說《易》之特色也。其次再論程頤之《易程傳》。其自序云：「……《易》有聖人之道四焉，以言者尚其辭，以動者尚其變，以制器者尚其象，以卜筮者尚其占。吉凶消長之理，進退存亡之道備於辭，推辭考卦可以知變，象與占在其中矣！君子居則觀其象而玩其辭，動則觀其變而玩其占，得於辭，不達其義者有矣！未有不得於辭而能通其義者也。至微者理也，至著者象也。……予所傳者辭也，由辭以得其義則乎人焉。」（見朱彞尊《經義考》卷二十，頁1、2）吾人由此可知：《易程傳》之作乃純言卦辭者也。程子以爲《易》雖有聖人之道四，然此四者中尤以辭最爲重要。其以爲「推辭考卦可以知變」而「象與占在其中矣」，是以程子自謂「予所傳者辭也」。其專以義理論《易》，不涉卦爻變化、象數問題的特色，在吾國的《易》學史中，有著極大的影響。在程子前有王弼者，亦專以義理言《易》，一掃漢、魏卦變、象數之說。然程子與王弼雖同以義理言《易》，其中亦有不同，此可由馮當可之言得知。其云：「王輔嗣蔽於虛無而易與人事疏，伊川專於治亂而易與天道遠。」又曰：「近有伊川，然後《易》與世故通，而王氏之說爲可廢。然伊川往往捨畫求《易》，故時有不合。又不通一卦之體以觀其全，每求之爻辭離散之間，故其誤十有五六。」（同上，頁2）且不論馮氏說程子《易傳》之誤是否爲當，吾人已可知程子與王弼二人所處之時代背景不同，其論《易》所重之處亦有所不同矣！
最後，再論朱子之《易》。據朱子自序《易學啟蒙》云：「其專於文義者，既支離散漫而無所根著；其涉於象數者，又皆牽合傅會。而或以爲出於聖人心思智慮之所爲也。若是者，余竊病焉。」（見朱彞尊《經義考》卷三十一，頁2）可

12）又有如顧炎武作《易音》、毛奇齡作《易韻》，專以聲韻之學言《易》，為學人開出一條與前人不同的研《易》之路。此時朱氏之經學已逐漸被漢、魏之學取代，而焦循既生於乾嘉年間，其言《易》雖不免以圖來表示其治《易》之法，然而其論《易》特重卦爻變化所代表的含義，且將漢、魏以來《易》家所言卦爻變化之法，加以討論而整理，不若惠棟等人，對於漢、魏《易》法多全然信之。當然。黃宗羲、王夫之等人並不認為漢、魏以來言《易》之法是完全對的，但他們尚未能像焦循一樣，對漢、魏說《易》之法，做一系統性、專門性的論辨，且在證其說之誤後，另以一更完整方法取而代之（焦氏論漢、魏《易》之誤，可參看《易圖略》卷七、卷八）。再者，在顧氏、毛氏二人以聲韻學的角度論《易》的影響之下，焦循遂開啟了假借說《易》之法，將此法配合上其論卦爻變化之旁通、相錯、時行、比例、當位失道諸法，建立了一個有系統、有組織，首尾一貫的《周易》詮釋學，也因之證明了在《易》為聖人之作的前題下，以里堂治《易》之法是可以通貫全《易》而無矛盾。

觀元、明至清初數百年間學風的發展，可以發現清初之學所以能夠很快擺脫朱子的影響，與明代陳獻章、王陽明不自覺的轉化朱子之學，進而有取而代之，有著極大的關連。而就《易》學的發展來看，自明代開始，已有對程、朱一派解《易》之法有所不滿，而向上追尋漢、魏以來說《易》之法者。如來知德專以漢人之法言《易》而為明代代表性的《易》學家，而此趨勢亦正好與理學發展中，朱學漸為陽明之學取代的趨勢巧妙的呼應著。是以清代之學愈推愈古者，乃與明代轉化朱學之趨勢有密不可分的關係，而不若一般人以為清初學風只是對宋明理學之反動而已。要而言之，由元至明乃至於清初，其學術發展實為對於朱學的承續、轉化及再轉化的一個過程。

知朱子論《易》乃欲兼採象數、義理二說，以究《易》義，其對於專以任何一法言《易》者，皆覺有所偏頗。而朱子不僅欲合象數、義理言《易》，其又於淳熙四年所著《周易本義》中，以諸圖冠其書首；淳熙十三年所著之《易學啟蒙》又以〈本圖書〉為此書四篇之首。其以為陳搏所傳之「易圖」確為聖人所傳，故亦尊而信之矣！其謂「先天之學，康節得於李之才挺之，挺之得於穆修伯長，伯長得於希夷」（同上，卷十六，頁 2）。是故朱子治《易》乃以前人說《易》之法融於一爐也，其既不辨圖說乃陳搏一己之作，非《易》所原有；又於卦爻變化上不甚言之，故雖有將前人說《易》之法作一總合之意，然觀其《易》說，實無法達到此目的也。

以上三人可代表宋代《易》學的特色。綜而言之，宋人說《易》對後人之影響可以程子之義及朱子之合圖書、義理、象數三者治《易》之法為代表，然皆與漢、魏《易》家以卦爻變化言《易》有所不同也。

# 第二章 《易圖略》之分析（一）焦循《易》學方法論

## 第一節 《易圖略》成書動機及其目的

焦循〈易圖略敘目〉曰：

> 既撰爲《通釋》二十卷，復提其要爲《圖略》。凡圖五篇、原八篇，發明旁通、相錯，時行之義，論十篇，破舊說之非；共二十三篇，編爲八卷，次《章句》後。……嘉慶癸酉十一月冬至前五日，焦循書於半九書塾之倚洞淵九容數注《易》室。〔註1〕

---

〔註 1〕《雕菰集》卷十六〈易圖略自序〉云：「既撰爲通釋二十卷，復提其要爲圖略，凡圖五篇、原八篇，發明旁通、相錯、時行之義；論十篇，破舊說之非。共二十三篇，編爲八卷，次通釋後。」《雕菰樓經學叢書》手稿本頁285〈易圖略總目〉前有一段不完整之序，言其亦作「八卷次通釋後」。再者手稿本與《皇清經解》庚申補刊本之〈易圖略序〉末皆有「嘉慶癸酉十一月冬至前五日，焦循書於半九書塾之倚洞淵九容數注《易》室」之語，而《雕菰集》之〈易圖略自序〉末則有「嘉慶癸酉十一月冬至前五日」之語，是此三序皆成於嘉慶癸酉十一月冬至前五日也。然則何以《皇清經解》庚申補刊本作「次章句後」，而《雕菰樓經學叢書》手稿本及《雕菰集》皆作「次通釋後」（手稿本原作「次通述後」，進將述字塗去改爲釋字）？除此之外，手稿本之〈易圖略自序〉與《皇清經解》庚申補刊本及《雕菰集》中〈易圖略自序〉內容，尚有不同之處。如手稿本「余以此三事說《易》，亦祖氏之歲差、傅氏之定朔也，同志者益加密焉，余之所深冀也。」（手稿本原爲「生吾後者益加密焉」，後又將「生吾後」三字塗去，改爲「同志」。）而《雕菰集》與《皇清經解》本皆作「余以此三事說《易》，亦祖氏之歲差、傅氏之定朔也，知我者益加密焉，余之所深冀也。」此三篇自序成於同時，應爲同篇文章，何以三篇文章內容

---

由此文可知，《易通釋》與《易圖略》二書皆成於嘉慶癸酉年間（即嘉慶十八年），且〈易圖略敘目〉既云：「既撰爲《通釋》二十卷，復提其要爲《圖略》。」則《易通釋》之成書又較《易圖略》早矣！焦循又於《雕菰樓經學叢書》頁

兩兩互異？（《雕菰集》與手稿本皆作「次通釋後」，而《皇清經解》本則作「次章句後」；又《雕菰集》與《皇清經解》本皆作「知我者益加密焉」，而手稿本則作「同志者益加密焉」；再者，手稿本與《皇清經解》本之序末皆作「嘉慶癸酉十一月冬至前五日，焦循書於半九書塾之倚洞淵九容數注《易》室。」而《雕菰集》則僅有「嘉慶癸酉冬至前五日」之語。此不知何故也？何澤恒先生於《焦循研究》頁 19 中謂：「而焦氏叢書本《雕菰樓易學三書》之以《章句‧圖略‧通釋》先後爲次，疑亦當定於丁丑；而今本〈易圖略自序〉所謂『次《章句》後』，乃此時所追改也。」其又於同頁之注 43 加以說明之，謂：「焦氏叢書本《雕菰樓易學三書》以《章句‧圖略‧通釋》爲次，乃里堂晚年所定；稿本頁 13～17 有〈雕菰樓易學總目〉，同於叢書本可證。惟《皇清經解》所收三書以《章句‧通釋‧圖略》爲次，則無以解《圖略》自序『次《章句》後』之語，（案《經解》《圖略‧通釋》兩篇自序同叢書本；惟《章句》則有目無序，與叢書本不同，參注 37。）蓋非里堂之本意。」然則若眞如何先生所言，今本〈易圖略自序〉所謂「次《章句》後」乃丁丑年所追改者，則《雕菰集》亦丁丑年所成之書，（《雕菰集》之目錄後題有「既成編，爲目錄一卷如右。嘉慶二十二年，歲次丁丑，二月九日，江都焦循手定於半九書塾之雕菰樓。」）何以《雕菰集》中之〈易圖略自序〉亦作「次《通釋》後」，而非何先生所謂丁丑年所改之「次《章句》後」？又何先生謂「焦氏叢書本《雕菰樓易學三書》以《章句‧圖略‧通釋》爲次乃里堂晚年所定；稿本頁 13～17 有〈雕菰樓易學總目〉，同於叢書本可證。」此語亦待商確。蓋手稿本之〈雕菰樓易學總目〉並未有年月之記載，不知此爲焦循何時所寫。且手稿本所錄焦循《易》學之內容錯亂不堪，實未可以此證叢書本以《章句‧圖略‧通釋》爲次之無誤。再者，《皇清經解》所收三書以《章句‧通釋‧圖略》爲次，雖無以解《皇清經解》本所收之《圖略》序「次《章句》後」一語，卻正足以解手稿本及《雕菰集》中《圖略》序「次《通釋》後」一語；且阮元於嘉慶二十一年（即丙子年）所撰之〈江都焦氏雕菰樓易學序〉中亦云：「焦氏之《易》之爲書也，曰《章句》十二卷，曰《通釋》二十卷，曰《圖略》八卷。」而英和於嘉慶二十二年（即丁丑年）所撰之〈江都焦氏雕菰樓易學序〉亦言：「《雕菰樓易學》四十卷，凡《章句》十二、《通釋》二十、《圖略》八。」則《易學三書》之次序爲何？依今日所見資料，實無法論斷之。況依手稿本、《雕菰集》之〈易圖略自序〉及阮元、英和二人之〈江都焦氏雕菰樓易學序〉之言，皆以《圖略》在《通釋》之後，則遽然論斷今日所見之《易學三書》以《章句‧圖略‧通釋》之次序排列爲是者，何以釋此四處之言乎？蓋資料不足之時，當並存所有可能之情況，而未可以妄加揣測也。今以較客觀立場言，謂《圖略》在《通釋》之後者，則以成書先後之次第言；謂《圖略》在《通釋》之前者，則依焦氏叢書本《雕菰集易學》及手稿本頁 13～17〈雕菰集易學總目〉之以《章句‧圖略‧通釋》爲次者也。至於何者爲里堂所認定之次序，已無從查證矣！

19〈易章句敘目〉云：

> 歲癸酉所爲《易通釋》、《圖略》兩稿粗就而足疾時發，意殊倦，《章句》一編未及整理之也。甲戌夏，宮保芸臺阮公自漕帥移師江西，過里中問循所爲《易》何如？因節錄其大略郵寄請教。宮保今歲書來，極承過許，且言質之張古愚太守亦詫爲奇，索見完本。於是五月間令門人子弟寫《通釋》、《圖略》共二十八卷。既畢，因取《章句》草稿手輯之，凡五月始就，用爲初稿，俟更審之也。時嘉慶乙亥冬十二月除夕燈下焦循記。

由此可知，既云：「歲癸酉所爲《易通釋》、《圖略》兩稿粗就而足疾時發，意殊倦，《章句》一編未及整理之也。」則《易章句》成書又較《易通釋》、《易圖略》二書晚矣！且里堂又於〈敘目〉末云：「嘉慶乙亥冬十二月除夕燈下焦循記。」而嘉慶乙亥年即爲嘉慶二十年，則可知《易章句》較《易通釋》、《易圖略》晚兩年矣！是《易學三書》成書次序爲先《通釋》、次《圖略》、再次爲《章句》。然則里堂何以在完成《易通釋》之後再另著八卷《易圖略》呢？其於〈易圖略敘目〉中雖云：「既撰爲《通釋》二十卷，復提其要爲《圖略》。」然則何以要「復提其要」呢？蓋《易通釋》之體例乃是將《周易》（包括經與傳）逐字逐句加以解釋，而解釋之法即焦循於〈易圖略敘目〉中所謂：「余學《易》所悟得者三，一曰旁通、二曰相錯、三曰時行。」再加上比例、升降與假借說《易》之法，遂將《周易》經傳逐字逐句連成一氣，而成就其「一以貫之」的思想。〔註 2〕由此可知，《易通釋》乃里堂治《易》方法之試驗與實踐之處，故其於〈易通釋自序〉中云：

> 循既學洞淵九容之術，乃以數之比例求《易》之比例，向來所疑，漸能理解。初有所得，即就正於高郵王君伯申，伯申以爲精銳，鑿破混沌。用是憤勉，遂成《通釋》一書。丙寅，以質歙縣汪君孝嬰、南城王君實齋，均蒙許可。然自以全《易》衡之，未敢信也。

---

〔註 2〕 焦循於《易學三書》中，直言「一以貫之」之處多矣！如：《易圖略》頁 12
云：「旁通之義即由一索、再索、三索之義而推。索即摩也，剛柔相摩即吾與
爾靡之靡，一以貫之者也。」頁 158 云：「然則筮《易》之法與聖人作《易》
之指，一以貫之矣！」然則里堂何以自信以「一以貫之」之法解《易》無誤？
蓋其以爲「《易》爲聖人之作也」。如其云：「伏羲設卦，辭自文王始繫之，孔
子作繫辭傳。」（《圖略》頁 142）又云：「夫《易》者，聖人教人改過之書也。」
（《圖略》頁 157）而此種「一以貫之」的解經態度，亦即爲貫穿《易學三書》
之中心觀念也。

里堂何以「以全《易》衡之，未敢信也」？蓋《易通釋》雖為《易學三書》中最早完成且篇幅最大之書，然而此時里堂尚未能完全相信自己之治《易》方法無誤。至其後易稿四度，〔註3〕至嘉慶十八年十一月完成之定稿已歷七年矣！此時方自信其治《易》之法乃合於聖人之義無誤，遂有提《易通釋》之要的《易圖略》一書出。再者，《易圖略》非僅為《易通釋》之大要，此書更為里堂自述其《易》學觀念及其論歷代《易》家治《易》方法之處（即《易圖略》中之「八原」與「十論」）。故此書實為里堂《易》學之門戶也，不讀此書則無法深知里堂治《易》之法與其對歷代《易》家治《易》方法之看法；不先讀此書，則《易通釋》、《易章句》二書將不可知矣！

故里堂著《易圖略》之動機乃在解釋其於《易通釋》中釋《易》之法，使讀焦氏《易》學者能由此書而窺其堂奧。並藉《易圖略》中「八原」、「十論」論述其對歷代《易》家《易》說之看法，藉此說明自己對於《易經》之基本態度，而此一基本態度實為焦循治《易》之原動力也。不知焦循治《易》基本態度，則無法知其何以會有旁通、相錯、時行、升降、比例諸法出？何以焦循會以假借之法釋《易》？此數法之運用僅有一目的：蓋為說明「《易》為聖人之作」也。故釋《易》當以「一以貫之」的態度，而在里堂看來，前人《易》說之所以當、所以不當，皆與此一觀點有關也。

## 第二節　焦循治《易》方法分析

《雕菰樓易學三書》以《通釋》最早完成，則《通釋》為里堂《易》學之基無疑。而《圖略》既為里堂寫完《通釋》後「復提其要」而成之書，則《圖略》為里堂《易》學之門戶亦無疑矣！故吾人欲觀里堂《易》學堂奧，必自《圖略》始。

---

〔註3〕〈易通釋敘目〉云：「丙寅，以質歙縣汪君孝嬰、南城王君實齋，均蒙許可。然自以全《易》衡之，未敢信也。丁卯，春三月，遘寒疾，垂絕者七日，昏瞀無所知，惟〈雜卦傳〉一篇往來胸中。既甦，遂壹意於《易》。明年，以訟事伺侯對簿，改訂一度。己巳，佐歸安姚先生秋農、通洲白先生小山，修葺郡志，稍報業。庚午，又改訂一度，終有所格而未通。身苦善病，恐不克終竟其事。辛未，春正月，誓於先聖先師，盡屏他務，專理此經，日坐一室，終夜不寐。又易稿者兩度。癸酉二月，自立一簿，以稽考其業，歷夏迄冬，庶有所就，訂為二十卷。」由此段可知焦循著《易通釋》，自其初完之稿後，又分別於「戊辰」、「庚午」及「辛未至癸酉間」，共將《通釋》一書修改四次。

## 一、《易圖略》內容簡介

　　《易圖略》一書共分八卷，卷首有焦循於「嘉慶癸酉十一月冬至前五日，書於半九書塾之倚洞淵九容數注《易》室」之〈易圖略敘目〉一篇，此篇即《雕菰集》之〈易圖略自序〉。〔註4〕焦循於此篇自序中暢言其治《易》之法、之所由來，卷一至卷五依序爲〈旁通圖〉、〈當位失道圖〉、〈時行圖〉、〈八卦相錯圖〉與〈比例圖〉。焦循以此五圖說明其治《易》之法，並於每圖之後附以一篇文字說明之。卷六共分八篇，分別爲〈原卦〉、〈原名〉、〈原序〉、〈原象象〉、〈原辭上〉、〈原辭下〉、〈原翼〉、〈原筮〉。此八篇乃里堂藉旁通、相錯、時行諸法，說明自己對《周易》六十四卦之卦畫、卦名、卦序，〈易傳〉中之象、象，經中之卦爻辭、〈十翼〉之問題及《周易》與卜筮之關係的看法，充分的表述了里堂自己對於《周易》經傳中各種問題的看法。卷七、卷八各有五篇議論性文章，分別爲卷七的〈論連山歸藏〉、〈論卦變上〉、〈論卦變下〉、〈論半象〉、〈論兩象易〉，卷八的〈論納甲〉、〈論納音〉、〈論卦氣六日七分上〉、〈論卦氣六日七下〉、〈論爻辰〉，此十篇文字乃意在「破舊說之非」，〔註5〕充分的表達出里堂對於前人《易》說的看法。《易圖略》既可視作里堂《易》學之大綱，亦爲里堂發表自己對於前人《易》說的看法處，實爲了解里堂《易》學及其治《易》基本態度之鑰也。

## 二、焦循《易》學方法論分析

　　〈易圖略敘目〉謂：

> 既撰爲《通釋》二十卷，復提其要爲《圖略》，凡圖五篇、原八篇，
> 發明旁通、相錯、時行之義，論十篇，破舊說之非，共二十三篇，
> 編爲八卷。

〔註4〕對於《雕菰集》〈易圖略自序〉與《皇清經解》〈易圖略敘目〉的差異，參見本文〔註1〕。除〔註1〕所言之差異外，此二篇自序尚有一不同處。即：《皇清經解》之〈易圖略敘目〉云：「余初不知其何爲相錯，實測經文、傳文，而後知比例之義出於相錯。」而《雕菰集》之〈易圖略自序〉作「余初不知其何爲相錯，實測其經文、傳文，而後知比例之義出於相錯。」〈敘目〉作「實測經文、傳文」，〈自序〉作「實測其經文、傳文」，此又爲此二篇同時完成之〈易圖略敘目〉、〈易圖略自序〉之另一差異處也。

〔註5〕〈易圖略敘目〉云：「既撰爲《通釋》二十卷，復提其要爲《圖略》，凡圖五篇、原八篇，發明旁通、相錯、時行之義；論十篇，破舊說之非。共二十三篇，編爲八卷。」

則「五圖」與「八原」爲里堂治《易》方法的說明與應用，而「十論」乃爲破前人《易》說所作也。故分析《易圖略》時，亦應將「五圖」、「八原」、「十論」分別論之，以期更能深入的了解《易圖略》。而自序乃作者申明著作此書之目的與主旨，則論此書時，尤應自此書之自序始。

## （一）〈易圖略敘目〉之意義

焦循於〈易圖略敘目〉開頭即言：

> 余學《易》所悟得者有三，一曰旁通、二曰相錯、三曰時行，此三者皆孔子之言也。孔子所以贊伏羲、文王、周公者也。

此段當視爲焦循治《易》宣言。蓋里堂以爲《易》爲伏羲、文王、周公諸聖人所作，而孔子以〈十翼〉贊之者也。〔註6〕而其所悟得之旁通、相錯、時行，皆可於〈易傳〉中尋出，〔註7〕里堂以爲《易》既爲聖人之作，當依聖人之言以治之。聖人之言自何處可得？蓋自〈易傳〉及其他各經中可得也。〔註8〕故其於自序中首言「《易》爲聖人之作」，而其治《易》之法亦自聖人來。里堂說明了自己對《易經》的基本態度及治《易》之法的由來後，接著便闡述其如何悟得此等治《易》方法的過程。里堂曰：

> 夫《易》猶天也，天不可知，以實測而知。七政恒星，錯綜不齊，而不出乎三百六十度之經緯；山澤水火，錯綜不齊，而不出乎三百八十四爻之變化。本行度而實測之，天以漸而明；本經文而實測之，

---

〔註6〕 里堂於《易圖略・原翼第七》篇首直言：「孔子晚而好《易》，讀之韋編三絕而爲之傳，名之曰〈十翼〉，亦謂之贊《易》。」

〔註7〕 旁通二字見於〈文言傳〉中。〈文言傳〉云：「大哉乾乎！剛健中正，純粹精也；六爻發揮，旁通情也。」（見《十三經注疏》頁16）相錯二字見於〈說卦傳〉。〈說卦傳〉云：「天地定位，山澤通氣，雷風相薄，水火不相射。八卦相錯，數往者順，知來者逆。是故《易》、逆數也。」（見《十三經注疏》頁183）時行二字見於《周易》中者有：〈彖下傳〉云：「遯亨，遯而亨也。剛當位而應，與時行也。」（見《十三經注疏》頁85）「艮、止也。時止則止，時行則行，動靜不失其時，其道光明。」（見《十三經注疏》頁116）「小過、小者過而亨也。過以利貞，與時偕行。」（見《十三經注疏》頁134）焦循既認爲〈易傳〉乃孔子所作，而〈易傳〉中又有旁通、相錯、時行諸字，故言旁通、相錯、時行諸法乃孔子之言也。

〔註8〕 焦循深信〈易傳〉爲孔子所作，而諸經亦爲聖人所作，聖人之意乃可「一以貫之」者。里堂以爲經既爲聖人之言，則解聖人之言自應由記錄聖人之言之書中，找出相同或相似之處，互相參酌，方能得聖人之意。故里堂解《易》多自〈易傳〉或其他經書中找證據也。

《易》亦以漸而明。非可以虛理盡，非可以外心衡也。（見〈易圖略
敘目〉）

里堂此段乃在說明：治《易》之法猶如測天之法，天須由實際的觀察方能得
其實，不可僅憑空想，妄加揣測。則治《易》之法亦必須由整部《易經》中
找出，並且須加以不斷的觀察，反復的測試，方能漸知《易經》之實也。此
爲里堂治《易》、釋《易》之基本理念。由於里堂具有此種基本理念，故其釋
《易》必以經傳之文互釋之也。若釋《易》之法非自經傳中來，即非自聖人
之言而來，則猶如「欲知天而不以實測之法測之」，是妄也。亦即其所謂「虛
理、外心」也。然則吾人如何能自經傳中得聖人治《易》之法呢？在里堂看
來，便只有「實測」一途。因里堂以爲「《易》猶天也」，天須實測方能得之，
則《易》亦然。而里堂本人所悟得治《易》之法，更是由實測而來，故益信
此言之不差。其於〈敘目〉曰：

余初不知其何爲相錯？實測經文、傳文而後知比例之義出於相錯。
不知相錯，則比例之義不明。余初不知其何爲旁通？實測經文、傳
文而後知升降之妙出於旁通。不知旁通，則升降之妙不著。余初不
知其何爲時行？實測經文、傳文而後知變化之道出於時行。不知時
行，則變化之道不神。未實測於全《易》之先，胸中本無此三者之
名，既實測於全《易》，覺經文、傳文有如是者，乃孔子所謂相錯；
有如是者，乃孔子所謂旁通；有如是者，乃孔子所謂時行。測之既
久，益覺非相錯、非旁通、非時行，則不可以解經文、傳文，則不
可以通伏羲、文王、周公、孔子之意。十數年來，以測天之法測《易》，
而此三者乃從全《易》中自然契合。

里堂自謂本無成見，本無旁通、相錯、時行之法於胸中，此三法之所出，乃
出自於里堂實測全《易》經文而後得也。既實測全《易》無誤後，乃發現旁
通、相錯、時行三法實出於孔子〈易傳〉之言也。又一再反復以旁通、相錯、
時行諸法測於《易》而無誤後，則益覺非此三法不足以解《周易》經傳之文。
不解經傳之文，則不足以通伏羲、文王、周公、孔子諸聖人之意也。由此觀
之，里堂之所以自信其治《易》之法無誤者，除了得自於其實測經文無誤外，
更由於里堂認爲《周易》經傳本皆羲、文、周、孔之言也，而聖人之旨乃「一
以貫之」者，故當里堂以旁通、相錯、時行諸法實測經文而可「一以貫之」
之後，不僅益信其治《易》之法無誤，更加相信「《易》爲聖人之作」也。當

里堂說完自己的《易》學態度與其治《易》之法後，又曰：

> 譬如郭守敬生劉洪、祖沖之、何承天、傅仁均、一行之後，悟得歲
> 時消長不用積年日法，非能越乎前人，亦由前人之說而密焉耳。夫
> 祖沖之立歲差，傅仁均立定朔，當時泥古者驚爲異說，余以此三事
> 說《易》，亦祖氏之歲差、傅氏之定朔也。知我者益加密焉，余之所
> 深冀也。（同上）

則里堂自知其治《易》之法或將受許多人質疑，甚且可能有直斥其爲異說者，
故舉祖沖之、何承天諸人，昔時嘗被指爲異說的「歲差、定朔」，而今卻被奉
爲的當之說爲例，來說明若己之《易》法被視作異說，亦猶如祖氏、傅氏當
年之情狀而不足爲奇也。只待生於其後有如郭守敬之於祖氏、傅氏者，能由
里堂治《易》之說而益加密焉，使世人知其說之不誣，是里堂自信其《易》
學乃眞能得聖人之意者也。吾人居今世而**觀此言，豈能**不爲里堂之有先見之
明而嘆乎！〔註9〕

---

〔註9〕 里堂沒後，論其治《易》之是非者甚夥。清人郭嵩燾於《養知書屋集卷七‧
周易釋例序》中言：「焦氏循《易通釋》，其辭博辯不窮，而頗疾其舍本義
而專意於互卦，參伍以變，錯綜其數，未聞錯綜其言也。焦氏之弊，在『以
《易》從例』。」民初大儒熊十力先生於其大著《讀經示要》中言：「焦氏
之書貫穿六十四卦、三百八十四爻，而以旁通、相錯、時行及比例，以說
明之。其於全《易》，蓋無一辭一字不參伍錯綜之，以求其通者。以爲《易》
之辭皆文在於此而意通乎彼。如人之絡與經連貫，互相糾結，鍼一穴而府
藏皆靈，其所得固在是，而短亦見焉。」（卷三，頁44）又言：「總之，焦
循之《易》，拘拘於卦與卦、爻與爻之比例，全書字字求其勾通縫合，穿鑿
太工，而超悟卻太缺。」（卷三，頁46）其又於《原儒‧原學統》中云：「焦
循承漢人之卦之說而異其運用，本荀、虞旁通與升降之意，而兼用比例之
法，以觀其會通，其於大《易》全經之辭，無有一字不勾通縫合，焦氏之
自得者在此，而其技亦盡於此矣！……焦氏實宗『漢易』，雖不必以術數家
之說作根據，而其方法確是『漢易』。」（頁153）近人如黃壽祺於《易學群
書平議》云：「循所破漢儒卦變、半象、納甲、納言、卦氣、爻辰之非，咸
能究極其弊。至其所自建樹之說，則又支離穿鑿，違於情理，實有較漢儒
諸術過之而無不及焉者也。……初觀其法似密，實按其義皆非，牽合膠固，
殆過於虞翻遠甚，而竟不自知其謬，豈非明於燭人而暗於見己乎？」（頁
100、101）李鏡池《周易探源‧周易卦名考釋》云：「大概最能從形跡上去
推求的，當以焦循爲第一。焦循要把卦畫的象、位、德與文辭一齊貫通了
來說，唯其求通，往往牽連附會。」（頁290）王瓊珊《易學通論》云：「焦
子爲《易經》之蠹蟲而已矣！彼終身藏於經中，全經遂百孔千瘡，斷爛不
可讀矣！」（頁126）另有荀生作〈焦循學述〉云：「論者於里堂，皆推服其
《易》學之深，殊不知其於《易》，往往捨本義而專意於互卦，實非漢人家

### （二）「五圖」之簡介與分析

《易圖略》卷一至夯五分別爲〈旁通圖、當位失道圖、時行圖、八卦相錯圖、比例圖〉，焦循作此五圖之目的乃在於：藉著圖形的變化，使讀《易學三書》者，更能明白其《易》法完全由《易》卦之變化而來，非憑空之言也。而此「五圖」亦即爲里堂《易》學方法之圖示處與說明處也。研究里堂之《易》，必先從其治《易》之法始，而里堂窮其一生於《易經》中所悟得之精華者，亦在此矣！

#### 1、旁通圖

旁通之法乃里堂說《易》諸法之本也，故於《易圖略》中列爲卷一，置於「五圖」之首。

#### （1）何謂旁通

所謂旁通，乃是指《易經》六十四卦中，卦與卦、爻與爻之間的互動情形。而這種互動關係是在一定的條件中，依循著特定的法則方能形成，《周易》六十四卦，卦卦皆依此條件、原則而形成互動時，此種互動方式謂之旁通。

#### （2）旁通之基本條件

旁通二字見於〈文言傳〉。〈文言傳〉云：

> 大哉乾乎！剛健中正，純粹精也；六爻發揮，旁通情也。

里堂據此言旁通之法出自孔子。因里堂認爲〈易傳〉乃孔子所作，其於《易圖略》卷一云：

> 凡旁通之卦，一陰一陽兩兩相孚，共十二爻。有六爻靜，必有六爻動。既濟六爻皆定，則未濟六爻皆不定。

據此而言，則里堂所謂旁通，乃是指「凡兩卦之六爻互異」者，故《周易》六十四卦中，凡兩卦之六爻皆異者，便爲旁通之卦。如此，則六十四卦，卦卦各有自己所旁通之卦矣！此爲旁通之基本條件，若無此條件限制，則六十

---

法。予謂其不朽處，正在能運冥想之天才，推究《易》理，施之於人生，精博闊通，密合無間，自成一家之言耳。」以上諸人所言雖略有不同，斥之者謂其爲「經之蠹蟲」，贊之者謂其能「推究《易》理，施之於人生，精博闊通，密合無間，自成一家之言」。然不論斥之者或贊之者，皆以爲里堂所言《易》義非《易經》之原意，此必爲里堂所不肯也。里堂早知其《易》學必引起不同論斷，故於〈易圖略敍目〉中云：「知我者益加密焉，余之所深冀也。」希望生於其後而知其《易》者，能如郭守敬替祖氏、傅氏雪當年被視作「異說」之冤也。

四卦，卦卦皆可互異，旁通之說便毫無意義了。

（3）旁通二法則

①爻之已定者不動，未定者動

旁通基本條件既已確立，則兩旁通卦之爻又如何互易呢？兩卦共有十二爻，爻與爻之間的移動，亦有其法則，筆者謂之爲「旁通二法則」。里堂於《易圖略》卷一云：

> 凡爻之已定者不動，其未定者，在本卦，初與四易、二與五易、三與上易。本卦無可易，則旁通於他卦，亦初通於四、二通於五、三通於上。成己所以成物，故此爻動而之正，彼爻亦動而之正，未有無所之自正不正人者也。枉己未能正人，故彼此易而各正，未有變己正之爻爲不正，以受彼爻之不正者也。

里堂此段所言，可分作兩部分來看。其一爲「凡爻之已定者不動，其未定者動」與「故此爻動而之正，彼爻亦動而之正，未有無所之自正不正人者也。枉己未能正人，故彼此易而各正，未有變己正之爻爲不正，以受彼爻之不正者也」。此處里堂所謂定與不定、正與不正者，即指「初、三、五爻之爻位爲陽，二、四、上爻之爻位爲陰」。亦即一卦六爻，若某爻之爻位合於此法則，則此爻里堂謂之「已定、正」；若一卦六爻，有某爻尚未符合此原則，則里堂謂此爻爲「未定、不正」。如乾卦六爻皆爲陽爻，坤卦六爻皆爲陰爻，吾人依「初、三、五爻之爻位爲陽，二、四、上爻之爻位爲陰」此法則來看，則乾卦之二、四、上爻爲「未正、不定」之爻；坤卦之初、三、五爻亦爲「未定、不正」之爻也。此爲旁通之第一條法則。

②初與四易、二與五易、三與上易

里堂云：

> 其未定者，在本卦，初與四易、二與五易、三與上易。本卦無可易，則旁通於他卦，亦初通於四、二通於五、三通於上。（同上）

此段則爲旁通第二條法則，亦即凡「未定、未正」爻之移動，必「初與四易、二與五易、三與上易」，如由第一條法則可知：乾卦之二、四、上爻未定，坤卦之初、三、五爻亦未定，則吾人可依第二條法則移動乾、坤二卦未定之爻。故乾、坤二卦之旁通情形爲：乾二之坤五、乾四之坤初、乾上之坤三；坤卦爲：坤五之乾二、坤初之乾四、坤三之乾上。如此二卦中未定之爻至此已定，而焦循所謂旁通至此乃告完成。有了這兩條法則，則各卦之爻的動與不動便有其法

則，非可以任意言之也。〔註10〕

### （4）焦循旁通法的由來

里堂於《易圖略》卷一云：

> 升降之說見於荀爽，旁通之說見於虞翻，但荀氏明升降之說於乾、
> 坤二卦，而諸卦不詳。虞氏以旁通解《易》，而不詳升降之義。顧乾、
> 坤之升降，即乾、坤之旁通，而諸卦之旁通，仍乾、坤之升降也。

由此段所言，可知里堂雖謂旁通之法出於孔子，然其所以知如何行旁通者，蓋
由其見荀爽、虞翻升降、旁通之說而悟得也。〔註11〕但里堂顯然又對此二家之
說感到不甚滿意。因荀爽僅於乾、坤二卦中言升降，未嘗言及他卦升降情形；
虞翻雖以旁通解《易》，卻又不明升降之義。〔註12〕故里堂將荀爽升降之說，由
乾、坤二卦擴大出來，導入《周易》六十四卦，各卦爻之互動情形，並且予以
一定規則，如此而形成了上文所言「旁通二法則」。又里堂以爲虞翻雖明六十四
卦旁通之旨，卻不明諸爻升降之義，是以解《易》常隨己意言之，時有悖於聖
人作《易》之旨。故里堂斥虞氏之說而云：

> 虞仲翔三變受上之說，其悖道甚矣！初必之四、二必之五、三必之
> 上，各有偶也。初不之四、二不之五、三不之上，而別有所之，則
> 爻非其偶也。虞仲翔謂：「過以相與」爲初與五應、二與上應，無是
> 義矣！（同上）

此虞氏不明各爻升降之義，以爲爻與爻間之交易，可以隨意而行，遂竟有「初

---

〔註10〕 焦循《易圖略》卷一云：「升降之說見於荀爽，旁通之說見於虞翻，但荀氏明
升降於乾坤二卦而諸卦不詳，虞氏以旁通解《易》，而不詳升降之義。」焦循
此處所謂「升降之義」者，即筆者所謂「旁通二法則」。焦循所以非虞氏之《易》
者，即在虞氏雖知旁通，卻無旁通之法，虞氏以某卦旁通於某卦時，並無任
何法則，一任己意爲之，此里堂所以非虞氏者也。

〔註11〕 旁通二字見於〈文言傳〉中，參見〔註7〕。而里堂又以爲〈十翼〉乃孔子所
作，參見〔註6〕，故謂旁通之法出於孔子也。

〔註12〕 里堂於《易圖略》卷一「升降之說見於荀爽」一語後，有段小注云：「解『雲
行雨施』云：『乾、坤二卦成兩既濟，陰陽和均而得其正。』解『日月合其明』
云：『坤五之乾二成離，乾二之坤五爲坎。』解『或躍在淵』云：『欲下居坤
初。』解『行而未成』云：『謂行之坤四。』解『含宏光大』云：『乾二之坤
五爲含，坤五居乾二爲宏，坤初居乾四爲光，乾四居坤初爲大。』」又於「旁
通之說見於虞翻」下云：「翻謂比與大有旁通，小畜與豫旁通，履與謙旁通，
同人旁通師卦，蠱與隨旁通，臨與遯旁通，剝與夬旁通，大畜與萃旁通，頤
與大過旁通，坎與離旁通，恒與益旁通，姤與復旁通，革與蒙旁通，鼎與屯
旁通。」是荀爽僅於乾、坤二卦言升降，虞翻僅言旁通也。

與五應、二與上應」之說。若各爻交易無任何規則可循,則《周易》六十四卦、三百八十四爻將可任意變換,而其所以爲某卦、某爻者,遂全無意義矣!故里堂深斥虞翻「三變受上」之說、「初與五應、二與上應」之言也。是以里堂旁通法乃以虞翻旁通之說爲其原則,再以荀爽升降之說爲諸爻互易法則,並將之擴展而論及全《易》六十四卦、三百八十四爻。由此觀之,里堂之旁通與虞翻之旁通,其最大的差異處便在:里堂言旁通之法時,必以各爻升降法則言之,其限制甚嚴;虞氏行其旁通時,對於各爻之互易,則一任己意而言之,毫無法則可言。而荀爽又只明升降之說於乾、坤中,且不知六十四卦旁通之旨,遂使其說僅限於乾,坤二卦。故若謂焦循旁通之法乃由虞翻、荀爽之說擴充之、改正之而來則可,若直謂里堂之旁通即虞翻之旁通,則爲不明究竟之言也。

（5）「旁通三十證」分析

吾人既已知旁通法之基本條件及法則,復又知焦氏旁通法的由來,以此基本認識來分析其著名的「旁通三十證」,應能有更深認識。里堂於《易圖略》卷一中既已駁荀爽升降之說,謂虞翻不明升降之義,則所謂旁通、升降者究竟爲何?焦循不得不詳加舉證以說明旁通之法實可解釋《周易》經傳某卦、某爻之文何以會重複出現?傳文何以會有所謂重出、矛盾?故舉出所謂「旁通三十證」加以說明之,並益信其旁通說之眞及《周易》經傳皆爲聖人所作爲事實也。是以「旁通三十證」對於里堂易學之建立,實有其重大意義也。下面我們便來探討「旁通三十證」之內容。

①同人九五「大師克相遇」,若非師與同人旁通,則師之「相克」、師之「相遇」與同人何涉?其証一也。

按:同人九五爻辭爲「同人先號咷而後笑,大師克相遇」。〈象〉曰「同人之先,以中直也,大師相遇,言相克也。」焦循以〈象〉之「大師相遇,言相克也」一語而言「師之相克、師之相遇」。據旁通圖可知,同人與師六爻皆異,可相互旁通,故同人之爻辭言及「師之相克、相遇」也。〔註13〕

②艮六二「不拯其隨」,兌二之艮五,兌成隨。兌二之「拯」正是隨之「拯」。若非艮、兌旁通,則「不拯其隨」之義不可得而明。其證二也。

按:艮六二爻辭爲「艮其腓,不拯其隨,其心不快。」〈象〉曰「不拯其隨,

---

〔註13〕此條旁通之證,詳見於《易通釋》卷十八「師、利行師、利用行師、勿用師、用行師、大師克相遇」條下。

未退聽也。」然隨卦與兌卦之卦爻辭皆無「拯」字，則里堂謂「兌二之『拯』正是隨之『拯』也」，恐有筆誤。「兌二」當作「艮二」，而「隨之拯」乃指艮六二爻辭「不拯其隨」也。由旁通圖可知，艮與兌旁通，兌二之艮五，兌卦變成了隨卦，故艮卦爻辭中方有「隨」字。〔註14〕

　③渙初之豐四，豐成明夷。故豐九四言「遇其夷主」，與渙六四「匪夷所思」，互相發明。若非豐、渙旁通，則「匪夷所思、遇其夷主」何以解說？其證三也。

按：豐九四爻辭為「豐其蔀，日中見斗，遇其夷主，吉。」渙六四爻辭為「渙其群，元吉，渙有丘，匪夷所思。」依旁通圖而言，豐與渙旁通，當渙初先之豐四，不待二、五而行，則豐成明夷。故豐九四與渙六四之爻辭皆有「夷」字，明因豐、渙旁通而成明夷也。〔註15〕

　④屯九五「屯其膏」，即鼎九三「雉膏」之「膏」。屯、鼎旁通。其證四也。

按：屯九五爻辭為「屯其膏，小貞吉，大貞凶。」鼎九三爻辭為「鼎耳革，其行塞，雉膏不食，方雨虧悔，終吉。」依旁通圖言，屯與鼎旁通，故「膏」字同時出見在屯、鼎二卦爻辭中。〔註16〕

　⑤「需，不進也」，「晉者，進也」，惟需、晉旁通，故「進」、「不進」相反，其證五也。

按：〈雜卦傳〉云：「需，不進也。」〈序卦傳〉云：「晉者，進也。」晉卦〈象〉曰：「晉，進也。」依旁通圖言，需與晉旁通。〈易傳〉為孔子所作，而言需為「不進」、言晉為「進」者，示此二卦相互旁通之關係也。〔註17〕

　⑥解上六「射隼于高墉之上」，謂六三旁通於家人。家人上巽為「高墉」。同人四之師初成家人，亦云：「乘其墉」。家人與解旁通，一「墉」字明之。其證六也。

按：焦循於《易通釋》卷十六解「墉」字云：「解言『墉』，同人亦言『墉』，

〔註14〕 此條旁通之證，詳見於《易通釋》卷十八「隨、執其隨、不拯其隨、隨風巽」條下。

〔註15〕 此條旁通之證，詳見於《易通釋》卷十九「明夷、匪夷所思、遇其夷主」條下。

〔註16〕 此條旁通之證，詳見於《易通釋》卷十「膏、高」條下。

〔註17〕 此條旁通之證，詳見於《易通釋》卷四「進、退」條下。

解上六『公用射隼于高墉之上，獲之』，謂解二之五，而家人上之解三也。同人四之師初，斯時，師二未先之五，柔乘於上，同人雖成家人，是爲『乘其墉』。兩『墉』字相貫。而解上六於『墉』字上加『高』字，知指家人上之巽；在同人稱『墉』，知其家人；在解稱『墉』，知其通於家人。兩相比例，明白無疑。」同人九四爻辭云：「乘其墉，弗克攻，吉。」同人與解之爻辭皆稱「墉」，乃因解通於家人，而同人四之師初亦成家人也。焦循謂「家人上巽爲『高墉』」，乃因〈說卦傳〉云：「巽爲高」，故謂之「高墉」。〔註18〕

⑦「噬嗑、食也」，「井泥不食」，「井渫不食」，謂未旁通於噬嗑。其證七也。

按：〈雜卦傳〉云：「噬嗑，食也。」井卦初六云：「井泥不食，舊井无禽。」九三云：「井渫不食，爲我心惻，可用汲，王明並受其福。」依旁通圖言，井與噬嗑旁通，故二卦皆有「食」字，而井所以「不食」者，以其尚未通於噬嗑而言也。〔註19〕

⑧「屯見而不失其居」，蠱六四「往見」，謂初六旁通於隨四，隨即成屯，是爲隨、蠱旁通，其證八也。

按：〈雜卦傳〉云：「屯見而不失其居。」蠱六四爻辭爲「裕父之蠱，往見，吝。」依旁通圖言，蠱與隨旁通，而隨四先之蠱初，不待二五而行，則隨成屯。因隨成屯，而隨又與蠱旁通，故「見」字見於屯與蠱而未見於隨也。此更見非旁通無以見聖人作《易》之旨也。〔註20〕

⑨同人九三「升其高陵」，上九通於師三，師成升。其證九也。

按：同人九三爻辭爲「伏戎於莽，升其高陵，三歲不興。」依旁通圖言，同人與師旁通，同人上九先之師三，不待二、五而先行，則師成升。故同人爻辭有「升」字。〔註21〕

⑩明夷六五「箕子之明夷」，「箕子」即「其子」。中孚九二「鳴鶴在陰，其子和之」，謂九二旁通小過六五。惟小過之六五不和中孚之九二，而以四之初成明夷，故云：「其子之明夷」。苟「其子」與「鶴鳴」

---

〔註18〕此條旁通之證，詳見於《易通釋》卷十六「墉」條下。
〔註19〕此條旁通之證，詳見於《易通釋》卷六「食」條下。
〔註20〕此條旁通之證，詳見於《易通釋》卷六「見」條下。
〔註21〕此條旁通之證，詳見於《易通釋》卷十九「升、升其高陵、天險不可升也」
　　　　條下。

相和，則明不傷夷，是中孚、小過旁通。其證十也。

按：明夷六五爻辭爲「箕子之明夷，利貞。」中孚九二爻辭爲「鳴鶴在陰，其子和之，我有好爵，吾與爾靡之。」里堂以假借言「箕子」即「其子」。依旁通圖言，中孚與小過旁通，小過四之初，不待二、五而先行，則小過成明夷，故明夷六五爻辭爲「其子之明夷」。若二、五先行，則是兩卦相和，何來明夷之傷也？故由小過四先之初而成明夷，而中孚九二與明夷六五爻辭皆有「其子、箕子」，可知中孚與小過旁通也。〔註22〕

⑪旁通自此及彼，自近及遠，故取義於「射」。既濟六爻皆定，不用旁通，則水火不相射。其證十一也。

按：既濟上卦爲坎、下卦爲離。〈說卦傳〉云：「坎爲水，離爲火。」既濟六爻皆已定，無須再旁通至他爻、他卦，故〈說卦傳〉云：「天地定位，山澤通氣，雷風相薄，水火不相射。」「水火不相射」者，以言既濟六爻皆已定，不相往來也。〔註23〕

⑫困成需，賁成明夷，則「有言不信」。以賁之「小」而合困之「有言」爲「小有言」。需旁通於晉，明夷旁通於訟，則雖「小有言」而「終吉」。故需、訟稱「小有言」，明夷稱「主人有言」。其證十二也。

按：依旁通圖言，困與賁旁通。困初之四，且三之賁上，則困成需，賁成明夷。因困之初、四、三、上，先二、五而行，故困卦卦辭曰：「有言不信」，賁卦卦辭曰：「亨、小、利」，合賁卦之「小」與困卦之「有言」，故爲「小有言」。需九二云：「小有言，終吉。」訟初六亦云：「小有言，終吉。」需之「小有言」乃因困成需；訟之「小有言」乃因賁成明夷。而明夷又旁通於訟，需與訟皆言「終吉」者，乃因二卦皆旁通於他卦之故也。明夷初九云：「主人有言」者，亦可以見明夷與訟之旁通也。是困、賁、需、訟、晉、明夷六卦關係，可由「小有言」三字觀之也。〔註24〕

⑬明夷「三日不食」旁通於訟，則「食舊德」。其證十三也。

〔註22〕此條旁通之證，詳見於《易通釋》卷十三「箕子之明夷、其子和之、得妾以其子」條下。

〔註23〕此條旁通之證，詳見於《易通釋》卷十一「射雉、射隼、射鮒」條下。又見於《易章句卷十·說卦傳章句第十》下。

〔註24〕此條旁通之證，詳見於《易通釋》卷十五「小有言、小有言、主人有言、昏媾有言、有言不信、聞言不信」條下。

按：明夷初九云：「明夷于飛，垂其翼，君子于行，三日不食，有攸往，主人有言。」訟六三云：「食舊德，貞厲，終吉，或從王事无成。」依旁通圖言，明夷與訟旁通，故明夷之「不食」，可由訟之「食舊德」而知矣！〔註25〕

⑭「初畜然後有禮，故受之以履」，〈祭義・仲尼燕居〉皆以禮爲履。履旁通於謙，故謙以制禮。其證十四也。

按：〈序卦傳〉云：「物畜然後有禮，故受之以履。」《禮記・祭義》云：「父母既沒，慎行其身，不遺父母惡名，可謂能終矣！仁者，仁此者也；禮者，履此者也；義者，宜此者也；信者，信此者也；強者，強此者也。」〔註26〕《禮記・仲尼燕居》云：「言而履之，禮也；行而樂之，樂也。」〔註27〕故里堂謂：「〈祭義・仲尼燕居〉皆以禮爲履」。〈繫辭傳下〉云：「履以和行，謙以制禮。」〈序卦傳〉及《禮記》皆以禮爲履，而〈繫辭傳下〉又云：「謙以制禮。」是履與謙旁通之證，此亦爲焦循以經解經之例也。〔註28〕

⑮「井泥不食」，謂豐四之井初成需，故「需于泥」。豐成明夷，需二之明夷五爲「致寇至」。傳云：「災在外」，即「豐過旬災」之「災」。其證十五也。

按：井初六云：「井泥不食，舊井无禽。」而需九三云：「需于泥，致寇至。」依旁通圖言，豐與渙旁通，井與噬嗑旁通，豐與井不旁通。則里堂謂：「豐四之井初成需」，非也。應作「井初之噬嗑四成需」也。若「豐四之井初成需」爲非，則豐不成明夷也。豐如何成明夷？蓋「井與噬嗑旁通」，依「本卦有可易之爻先易」之法則，則噬嗑三先之上而成豐，豐又與渙旁通，豐四之渙初成明夷，此豐所以成明夷也。又依旁通圖言，需與晉旁通，明夷與訟旁通，是需與明夷不可旁通也。則里堂謂：「需二之明夷五爲『致寇至』」，又不合其旁通法則也。蓋需卦若依里堂旁通法則而行，則不論如何變化，皆無法使需二之明夷五也。需二不之明夷五而豐亦不必成明夷也。蓋需九三象曰「需于泥，災在外也。自我致寇，敬慎不敗也。」豐初九象曰「雖旬无咎，過旬災也。」井之「泥」與需之「泥」的關係，乃由「井初之噬嗑四成需」而來。

---

〔註25〕此條旁通之證，詳見於《易通釋》卷六「食」條下。

〔註26〕此語見於《十三經注疏・五・禮記》卷四十八，頁821。

〔註27〕此語見於《十三經注疏・五・禮記》卷五十，頁856。

〔註28〕此條旁通之證，詳見於《易通釋》卷十八「履、履霜堅冰至、履錯然、跛能履眇能視、非禮弗履」條下。

需之「災在外」與豐之「過旬災」的關係，乃由「豐與渙旁通，渙上之三而初之豐四成需」而來也。里堂此條「旁通之證」，實有誤也。〔註29〕

⑯小畜「密雲不雨，自我西郊」，其辭又見於小過六五。小畜上之豫三，則豫成小過；中孚三之上，則亦成需。以小過爲豫之比例，以中孚爲小畜之比例。解者不知旁通之義，則一「密雲不雨」之象，何以小畜與小過同辭。其證十六也。

按：小畜卦辭云：「密雲不雨，自我西郊。」小過六五亦云：「密雲不雨，自我西郊。」此二卦何以會出現同樣的辭句？此乃里堂幼年學《易》最大之疑問也。〈易通釋敘目〉云：「循承祖父之學，幼年好《易》。憶乾隆丙申夏，自塾中歸，先子問曰：『所課若何？』循舉小畜象辭，且誦所聞於師之解。先子曰：『然所謂『密雲不雨，自我西郊』者，何以復見於小過之六五？童子宜有會心，其思之也。』循於是反復其故不可得。」是里堂《易》學之觸發在此處也。依旁通圖言，小畜與豫旁通，小過與中孚旁通，小畜上之豫三，則豫成小過，是小畜與小過同有「密雲雨，自我西郊」也。〔註30〕

⑰家人何以「行有恒」？上旁通於解三，則解成恒。其證十七也。

按：家人〈象〉曰「風自火出，家人，君子以言有物而行有恒。」依旁通圖言，家人與解旁通，家人上之解三，則解成恒。故家人〈象〉曰「行有恒」。〔註31〕

⑱「大畜、時也」，隨四之蠱初即大畜，是爲「天下隨時」。其證十八也。

按：〈雜卦傳〉云：「大畜，時也。」隨卦〈象〉曰「隨，剛來而下柔，動而說。隨，大亨，貞，无咎，而天下隨時。隨時之義大矣哉！」依旁通圖言，隨與蠱旁通，隨四之蠱初，隨成大畜。故大畜曰「時」，而隨〈象〉曰「天下隨時」也。〔註32〕

⑲〈雜卦傳〉「大過，顚也。」而大過經文不稱「顚」。頤六二、六四

〔註29〕此條旁通之證，詳見於《易通釋》卷十六「泥、塗」條下。及《易通釋》卷十五「致寇至、致寇至、匪寇昏媾、匪寇昏媾、利禦寇、不利爲寇利禦寇」條下。

〔註30〕此條旁通之證，詳見於《易通釋》卷十三「密雲不雨自我西郊、密雲不雨自我西郊」條下。

〔註31〕此條旁通之證，詳見於《易通釋》卷十九「恒、利用恒、立心勿恒、貞疾恒不死、行有恒、進退无恒、以恒也」條下。

〔註32〕此條旁通之證，詳見於《易通釋》卷八「時」條下。

兩稱「顚」，「顚」即「顚實揚休」之「顚」。謂頤五空虛，大過二往填實之。非大過與頤旁通，何以經之「顚」在頤，而傳之「顚」在大過？其證十九也。

按：〈雜卦傳〉云：「大過，顚也。」頤六二云：「顚頤，拂經于丘，頤征凶。」頤六四云：「顚頤，吉，虎視耽耽，其欲逐逐，无咎。」依旁通圖言，大過與頤旁通，頤五爲陰爻，不當位；大過二爲陽爻，亦不當位。大過二之頤五，則大過與頤各得其位。《禮記・玉藻》云：「盛氣顚實揚休。」鄭注云：「顚讀爲闐。」〈正義〉云：「盛氣顚實揚休者，顚，塞也。」〔註33〕里堂以實字釋顚，故謂「顚」爲「頤五空虛，大過二往實顚之」也。〔註34〕

⑳臨初九、九二皆云「咸臨」。惟遯上之臨三，則遯成咸。其證二十也。

按：臨初九云：「咸臨，貞吉。」九二云：「咸臨，吉，无不利。」依旁通圖言，臨與遯旁通，遯上之臨三，遯成咸。故臨初九、九二爻辭皆有「咸」字。〔註35〕

㉑兌九五「孚于剝」，兌三之艮上成夬，夬與剝旁通，故「孚于剝，有厲」，即夬之「孚號有厲」。其證二十一也。

按：兌九五云：「孚于剝，有厲。」夬卦辭云：「夬，揚于王庭，孚號有厲，告自邑，不利即戎，利有攸往。」依旁通圖言，艮與兌旁通。兌三之艮上，兌成夬，而夬又與剝旁通，故兌爻辭言「孚于剝」。又兌九五言「有厲」，亦即夬卦辭之「有厲」也。〔註36〕

㉒益上九「立心勿恒、凶」，向非恒、益旁通，恒之「有心」何與益事？其證二十二也。

按：益上九云：「莫益之，或擊之，立心勿恒，凶。」依旁通圖言，恒與益旁通，若非恒與益旁通，則益之九五何以云「恒」。〔註37〕

㉓同人四之師初，同人成家人，是以「承家」。其證二十三也。

---

〔註33〕此語見於《十三經注疏・五・禮記》卷三十，頁569。
〔註34〕此條旁通之證，詳見於《易通釋》卷七「顚、室、愼」條下。
〔註35〕此條旁通之證，詳見於《易通釋》卷十九「咸、咸臨、品物咸章、品物咸亨、萬國咸寧」條下。
〔註36〕此條旁通之證，詳見於《易通釋》卷十八「剝、孚于剝」條下。及卷二「厲」條下。
〔註37〕此條旁通之證，詳見於《易通釋》卷十九「恒、利用恒、立心勿恒、貞疾恒不死、行有恒、進退无恒、以恒也」條下。

按：師上六云：「大君有命，開國承家，小人勿用。」依旁通圖言，同人與師旁通，同人四之師初，同人成家人，故師上六云「成家」也。〔註38〕

　　㉔「師，眾也」，又以大有爲眾，何也？師二之五成比，比則旁通於大有；大有二之五成同人，同人則旁通於師。其證二十四也。

按：〈序卦傳〉云：「師者眾也。」〈雜卦傳〉云：「大有，眾也。」一般人以爲此亦〈十翼〉之文重複之處，然里堂卻以爲此正是聖人作《易》精微處也。依旁通法則言，師與同人旁通，師二之五成比，而比又與大有旁通，且大有二之五又成同人，由此見師與大有之同爲「眾」者，非但不是所謂重出之言，反可作爲旁通實非虛言，而爲旁通法之佐證也。吾人亦應由此以體會聖人作《易》之用心也。〔註39〕

　　㉕賁上之困三，困成大過，爲「棺槨」所取。賁成明夷，「中心滅亡」，故云：「死期將至」。其證二十五也。

按：依旁通法言，賁與困旁通，賁上之困三，困成大過，賁成明夷。大過之「爲棺槨所取」乃引自〈繫辭下傳〉「後世聖人易之棺槨，蓋取自大過。」賁成明夷而「中心滅亡」、「死期將至」則引自〈繫辭下傳〉「非所因而困，……死期將至。」。

　　㉖「革，治秝明時」，「章蔀，秝法也。」惟渙二之豐五，豐成革，「五，來章」、「四，豐蔀」，所以「治秝明時」。不知旁通之義，則不知豐之「章蔀」，即革之「治秝」。其證二十六也。

按：革〈象〉曰「澤中有火，革。君子以治秝明時。」豐六二曰「豐其蔀，日中見斗，往得疑疾，有孚發若，吉。」九四曰「豐其蔀，日中見斗，遇其夷主，吉。」六五曰「來章，有慶譽，吉。」依旁通法言，渙與豐旁通，渙二之豐五，豐成革，則豐五之「來章」，豐二、豐四之「豐蔀」，皆所以言革之「治秝明時」也。〔註40〕

　　㉗「或躍在淵，乾道乃革」，謂乾成革而旁通於蒙。淵即泉也，「躍在淵」猶云「山下出泉」也。其證二十七也。

按：乾卦〈文言傳〉云：「或躍在淵，乾道乃革。」依旁通法言，乾與坤旁通，

---

〔註38〕此條旁通之證，詳見於《易通釋》卷十九「家人、不家、无家、子克家、承家、蔀其家」條下。

〔註39〕此條旁通之證，詳見於《易通釋》卷八「眾」條下。

〔註40〕此條旁通之證，詳見於《易通釋》卷十六「章、蔀、閏」條下。

乾二之坤五、上之坤三，則乾成革。而革又通於蒙，蒙卦象曰「山下出泉，蒙。君子以果行育德。」〔註41〕「淵即泉也」，故乾卦言「淵」，蒙卦言「泉」。〔註42〕

　　㉘豐四之渙初，渙成中孚，豐成明夷，故明夷、渙皆稱「用拯馬壯，吉」。其證二十八也。

按：明夷六二云：「明夷，夷于左股，用拯馬壯，吉。」渙初六云：「用拯馬壯，吉。」依旁通法言，豐與渙旁通，豐四之渙初，豐成明夷，故明夷與渙爻辭皆云：「用拯馬壯，吉」也。〔註43〕

　　㉙夬二旁通剝五成觀，故剝傳云「觀象也」。若非旁通，剝之象何以有觀？其證二十九也。

按：剝卦〈象〉曰「剝，剝也，柔變剛也。不利有攸往，小人長也。順而止之，觀象也。君子尚消息盈虛，天行也。」依旁通法言，夬與剝旁通，夬二之剝五，剝成觀，故剝卦〈象〉曰「觀象也」。〔註44〕

　　㉚巽二旁通震五，震成隨，故巽稱「隨風」。其證三十也。

按：巽卦〈象〉曰「隨風，巽。君子以申命行事。」依旁通法言，巽與震旁通，巽二之震五，震成隨。故巽卦〈象〉曰「隨風」也。〔註45〕

　　逐條分析所謂「旁通三十證」後，發現里堂所言之證，除第二條「兌二之『拯』」應作「艮二之『拯』」筆誤；第十五條「需二之明夷五為『致寇至』」一語，不合其旁通法則外，其他各例皆合於旁通法。且上述兩條里堂之誤皆不能壞其以旁通解《易》之說，難怪阮元於〈江都焦氏雕菰樓易學序〉言：

　　　焦氏之《易》之為書也，曰《章句》十二卷、曰《通釋》二十卷、
　　　曰《圖略》八卷，其大旨見於《圖略》。而旁通三十證尤為顯據，可
　　　例其餘。或曰：「比例為圖，因其末之同而其本如此，則所通不幾泛
　　　乎？」元曰：「此正可見聖人之《易》，錯綜參伍，化裁推行。聖人

---

〔註41〕此條旁通之證，詳見於《易通釋》卷十六「淵、泉」條下。
〔註42〕《十三經注疏・一、周易・尚書》卷一，頁23作「彖曰『山下出泉』」，「彖」
　　　　字誤，應作「象」字。
〔註43〕此條旁通之證，詳見於《易通釋》卷十三「用拯馬壯吉、用拯馬壯吉」條下。
〔註44〕此條旁通之證，詳見於《易通釋》卷十八「觀、觀頤、觀我朵頤、觀象也、
　　　　觀於天文觀於人文、貞觀」條下。
〔註45〕此條旁通之證，詳見於《易通釋》卷十八「隨、執其隨、不拯其隨、隨風巽」
　　　　條下。

不能一一盡舉之，但於各相通處偶舉一例，以示其例而賅其餘，若
其因事而揲筮，因卦而求象，必有一定之法，亦必有無盡之言，使
象與事惟變所適，以決吉凶。是以《左傳》筮辭更令於今《易》辭
之外。藉曰非也，何以折其三十證之所說哉？」

里堂「旁通三十證」，正可以使吾人與旁通圖參看也。若謂其說為泛，則如阮
元所言，「此正可見聖人之《易》，參伍錯綜，化裁推行」也。惜阮元未指出
里堂「旁通三十證」中筆誤處，而前人論里堂之《易》學是非者，亦未嘗提
及之，遂使里堂之「旁通三十證」有此小疵而無人知矣！今舉其誤而正之，
亦合於里堂之希冀也。〔註46〕

## （6）旁通圖分析

吾人既已知兩卦旁通所須具備之基本條件與法則，則據此以觀里堂所畫
「旁通圖」，可將《易經》六十四卦各卦的旁通情形分為四類：

### ①本卦之爻皆無可易者

凡一卦之爻尚未皆定（即初、三、五爻未全為陽爻：二、四、上爻未全
為陰爻），其本卦各爻之間依「初與四易、二與五易、三與上易」此法則而無
任何一爻可於本卦之內互易者，皆屬此類。屬此類者共有二十六卦，分別為：

乾　　二之坤五、四之坤初　上之坤三
坤　　五之乾二、初之乾四、三之乾上
震　　五之巽二、四之巽初　三之巽上
巽　　二之震五、初之震四、上之震三〔註47〕
坎　　二之離五、初之離四、三之離上
離　　五之坎二、四之坎初　上之坎三
艮　　五之兌二、初之兌四、上之兌三

---

〔註46〕里堂於〈易圖略敍目〉云：「知我者益加密焉，余之所深冀也。」故吾人生乎
　　　　其後，若能正里堂《易》學中之疑誤處，實里堂所深冀也。生乎里堂後而論
　　　　里堂之《易》者，亦夥矣！參見〔註9〕。今人如牟宗三先生之《周易的自然
　　　　哲學與道德涵義・清焦循的道德哲學之易學》及何澤恒先生的《焦循研究・
　　　　壹・雕菰樓易學探折》皆嘗論及里堂《易》學旁通之法，惜未見他們指出里
　　　　堂「旁通三十證」中之疑誤處也。
〔註47〕里堂旁通圖中，此處作「震上之巽三。巽三之震上」，誤也。依旁通二法則言，
　　　　應作「震三之巽上。巽上之震三」也。然至今日，言里堂之《易》學者，亦
　　　　未有糾正出里堂此處之誤者也。

兌　　二之艮五、四之艮初　三之艮上

同人　四之師初　上之師三

比　　初之大有四、三之大有上

隨　　四之蠱初　三之蠱上

漸　　初之歸妹四、上之歸妹三

屯　　三之鼎上

家人　上之解三

革　　四之蒙初

蹇　　初之睽四

小畜　二之豫五、上之豫三

復　　五之姤二、三之姤上

夬　　二之剝五、四之剝初

謙　　五之履二、初之履四

節　　二之旅五、三之旅上

賁　　五之困二、上之困三

豐　　五之渙二、四之渙初

井　　二之噬嗑五、初之噬嗑四

需　　二之晉五

明夷　五之訟二

②僅與本卦之爻易者

　　凡一卦之爻，爻位未定，且依「初與四易、二與五易、三與上易」此法
則而行，在與本卦之爻互易後，各爻之爻位已各得其正，無須再與他卦之爻
相易者，皆屬此類。屬此類者共有七卦，分別為：

泰　　二之五、五之二

否　　初之四、四之初　三之上　上之三

損　　二之五、五之二、三之上　上之三

咸　　初之四、四之初

恆　　二之五、五之二、初之四、四之初

益　　三之上　上之三

未濟　二之五、五之二、初之四、四之初　三之上　上之三

③既與本卦之爻互易，又與他卦之爻易者

凡一卦之爻，爻位未定，且依「初與四易、二與五易、三與上易」此法則而行，在與本卦之爻互易後，各爻之爻位尚未完全得正，而須與他卦之爻互易後，其爻位方得其正者，皆屬此類。屬此類者共有三十卦，分別爲：

師　　二之五、五之二、初之同人四、三之同人上

大有　二之五、五之二、四之比初　上之比三

蠱　　二之五、五之二、初之隨四、上之隨三

歸妹　二之五、五之二、四漸初　三之漸上

鼎　　二之五、五之二、初之四、四之初　上之屯三

解　　二之五、五之二、初之四、四之初　三之家人上

蒙　　二之五、五之二、初之革四、三之上　上之三

睽　　二之五、五之二、四之蹇初　三之上　上之三

豫　　五之小畜二、初之四、四之初　三之小畜上

姤　　二之復五、初之四、四之初　上之復三

剝　　五之夬二、初之夬四、三之上　上之三

履　　二之謙五、四之謙初　上之三、三之上

旅　　五之節二、初之四、四之初　上之節三

困　　二之賁五、初之四、四之初　三上賁上

渙　　二之豐五、初之豐四、三之上　上之三

噬嗑　五之井二、四之井初　三之上　上之三

臨　　二之五、五之二、三之遯上

遯　　初之四、四之初　上之臨三

升　　二之五、五之二、初之无妄四

无妄　四之升初　三之上　上之三

大畜　二之五、五之二、上之萃三

萃　　初之四、四之初　三之大畜上

大壯　二之五、五之二、四之觀初

觀　　初之大壯四、三之上　上之三

晉　　五之需二、初之四、四之初　三之上　上之三

訟　　二之明夷五、初之四、四之初　三之上　上之三

中孚　二之小過五、三之上　上之三

　　　小過　五之中孚二、初之四、四之初

　　　大過　二之頤五、初之四、四之初

　　　頤　　五之大過二、三之上　上之三

④六爻已定，既不與本卦之爻易，又不與他卦之爻易者

凡一卦之六爻已定，各爻皆已得其爻位之正者，屬此類。《易經》六十四卦中，僅既濟一卦六爻之爻位皆符合「初、三、五爻爲陽；二、四、上爻爲陰」此法則，也就是說，屬此類者僅既濟一卦也。

### 2、當位失道圖

此圖爲焦循《易圖略》中第二張圖，說明《易經》每卦之爻之動皆有其應循法則，合此法則爲當位，不合此法則爲失道。

（1）何謂當位？何謂失道？

里堂《易圖略》卷二云：

> 《易》之動也，非當位即失道，兩者而已。何爲當位？先二、五，後初、四、三、上是也；何爲失道？不俟二、五而初、四、三、上先行是也。當位則吉，失道則凶。

由此可知，里堂所謂當位、失道者，皆專就《易經》六十四卦每卦之爻之動而言也。二、五爻先行則當位，後行則失道；當位則吉，失道則凶。是《周易》卦爻辭中所謂吉、凶，皆可由此爻之行是否當位而知矣！然則吉凶之定是否由此即可斷之？若是，則所謂旁通之法便無太大的作用了。故里堂於《易圖略》卷二又云：

> 然吉可變凶，凶可化吉。吉何以變凶？乾二先之坤五，四之坤初應之。乾成家人，坤成屯，是當位而吉者也。若不知變通，而以家人上之屯三成兩既濟，其道窮矣！此亢龍所以爲窮之災也。此吉變凶也。凶何以化吉？乾二不之坤五，而四先之坤初，乾成小畜，坤成復，是失道而凶者也。若能變通，以小畜通豫，以復通姤，小畜、復初、四雖先行，而豫、姤初、四則未行，以豫、姤補救小畜、復之非，此「不遠復」所以「修身」也。此凶變吉也。惟凶可以變吉，則示人以失道變通之法；惟吉可以變凶，則示人以當位變通之法。
>
> 《易》之大旨，不外此二者而已，特撰此圖於旁通之後。

由里堂此言可知，一卦、一爻之所以吉，所以凶，固然是視其當位與否。然

則所謂當位、失道，並非不可變的，不論一爻此時是否當位，只要不知變通，則皆爲凶矣！若知變通，則凶亦可化爲吉矣！是吉凶之判雖在當位與否，而當位與否卻非吉凶之終極判準也。吉凶之終極判準乃在：此爻是否知變通之道也。何謂變通？即里堂所謂旁通也。故「乾二先之坤五，四之坤初應之，乾成家人，坤成屯」，本已合於二、五先初、四、三、上而行之當位之行，是當位而吉者也。然則此時並非爲終極判準，故一旦「不知變通，而以家人上之屯三」，則又爲失道、爲凶矣！又，若本爲失道，只要一經變通，則凶可化爲吉矣！如「乾二不之坤五，而四先之坤初，乾成小畜，坤成復，是失道而凶者也。若能變通，以小畜通豫，以復通姤」，則凶又可變而爲吉。是知變通則吉，不知變通則凶矣！變通即是旁通。故吾人謂旁通之法爲里堂《易》學之基本大法也。不知旁通之法，何以知里堂之《易》哉？此圖乃是基於旁通法之基礎上的，故里堂將此圖置於旁通圖之後。

由上述所論可知，所謂當位，乃指一卦之爻之移動合於「二、五先初、四、三、上而行」這個原則，而所謂失道，則是指不合乎這個原則。然則當位、失道僅爲某爻暫時之吉凶判準而已，並非可藉此判定此爻之終極吉凶也。某爻吉凶之終極判準，仍在於其是否知變通矣！

### （2）當位失道說之由來

里堂既立旁通之法以明卦與卦間的互動關係。然而此種卦與卦間的互動關係，在《易經》中，究竟有著什麼樣的意義？爲了說明卦與卦間互動關係所代表的意義，里堂遂立「當位失道」之說，藉此說明《易經》卦爻辭中所謂「吉、凶、悔、吝、元、亨、利、貞、厲、孚、无咎」的由來。故里堂云：

> 當位則吉，失道則凶，然吉可變凶，凶可化吉。（《易圖略》卷二）

一爻之吉凶，端視其當位與否，然則吉凶者，亦可轉變也。一經變通，凶可化吉；不知變通，吉亦化爲凶也。昔時《易》家解《易》辭之「吉、凶、悔、吝、元、亨、利、貞、厲、孚、无咎」，多據各自立場言之。以義理釋《易》者則謂「元，始也；亨，通也；利，和也；貞，正也」。〔註48〕然則貞既爲正，何以同一貞字，《易》辭中卻有「貞吉、貞凶、貞厲、貞无咎」之差異？

---

〔註48〕《子夏傳》云、「元，始也；亨，通也；利，和也；貞，正也。」（《十三經注疏》頁8）又師卦〈象〉曰「師，眾也，貞，正也。」〈文言傳〉云：「元者，善之長也；亨者，嘉之會也；利者，義之和也；貞者，事之幹也。」以義理釋《易》者，多據此類說法解元、亨、利、貞之義。

〔註49〕又近年有專以字義釋《易》辭者，謂貞爲卜，亦即《易經》中所有貞字皆應作卜字來解。象數派者則以卦象變化論「吉、凶、悔、吝」之故。然則義理派者與專以字義釋《易》辭者，皆無法說明某卦之所以吉、所以凶、所以悔、所以吝之故何在？只能知其然，而無法知其所以然。而象數論者，論「吉、凶、悔、吝」時，雖欲解某卦、某爻之何以吉、何以凶、何以悔、何以吝，卻多無一套完整說法，亦無一定可循之法則。此三者皆無以解《易經》卦爻辭中何以有「吉、凶、悔、吝、元、亨、利、貞、厲、孚、无咎」之故也。里堂有見於此疑不解，《易經》終將模擬難解。故云：

> 昔人謂伏羲作十言之教，曰：「乾、坎、艮、震、巽、離、坤、兌、消、息。」余謂文王作十二言之教，曰：「元、亨、利、貞、吉、凶、悔、吝、厲、孚、无咎。」元、亨、利、貞則當位而吉，不元、亨、利、貞、則失道而凶；失道而消不久固厲，當位而盈不可久亦厲，因其厲而悔則孚，孚則无咎。同一改悔而獨歷艱難困苦而後得有孚則爲吝，雖吝，亦歸於无咎。明乎此十二言而《易》可知矣！（《易圖略》卷二）

里堂以爲卦辭爲文王所作，故謂「元、亨、利、貞、吉、凶、悔、吝、厲、孚、无咎」爲文王十二言之教。〔註50〕而元、亨、利、貞，即里堂所謂「當

---

〔註49〕《易經》中言貞之處甚多，據徐式圭先生〈易經字說〉一文可知，共有一百七十六處（見《周易研究論文集》第四輯，黃壽祺、張善文編，北京師範大學出版社出版）。今略舉《易經》中言「貞吉、貞凶、貞无咎、貞厲」者：「貞吉」者如：「需，有孚，光亨貞吉，利涉大川」。需九五「需于酒食，貞吉」。「貞凶」者如：師六五「田有禽，利執言，无咎。長子帥師，弟子輿師，貞凶」。屯九五「屯其膏，小貞吉，大貞凶」。「貞厲」者：小畜上六「既雨既處，尚德載，婦貞厲，月幾望，君子征凶」。訟六三「食舊德，貞厲，終吉」。噬嗑六五「噬乾肉，得黃金，貞厲，无咎」。「貞无咎」者如：師「貞，丈人吉，无咎」。无妄九四「可貞无咎」。

〔註50〕〈易通釋敘目〉云：「竊謂卦起於包犧，八卦成列，因而重之，命之以名。文王以其簡而不易明也，繫以象辭。周公以其簡而不易明也，繫以爻辭。『密雲、庚甲』，以爻辭釋象辭也；『笑號、馬壯』，爻辭自相釋也。」里堂此處所謂「文王繫以象辭」之「象辭」，非〈易傳〉中之〈象傳〉之辭，乃今日吾人所謂卦辭也。何以見之，蓋可由里堂謂「『密雲、庚甲』，以爻辭釋象辭也」，一語可知。「密雲不雨，自我西郊」一詞出於小畜卦辭中，而又出於小過六五爻辭中，是以里堂謂「以爻辭釋象辭也」。又〈易通釋敘目〉亦云：「循舉小畜象辭，且誦所聞於師之解。先子曰：『然所謂『密雲不雨，自我西郊』者，何以復見於小過之六五？』」則里堂此處所謂「小畜象辭」，即指「密雲不雨，自我西郊」，而小畜全卦之辭連言「密雲不雨，自我西郊」處，僅有卦辭而已。由此

位而吉」者，不元、亨、利、貞，即里堂所謂「失道而凶」者。所謂厲，則是由於「失道而消不久」及「當位而盈又過久」之故也。某卦之爻失道後，即已為凶矣！然若「消不久」，則亦可化為厲矣！反之，若某卦之爻當位後，即已為吉矣！然若「盈又過久」，則亦變而為厲矣！某卦之爻變為厲時，其吉凶尚未可論。若此已「危厲」之時，是某爻為吉、為凶之關鍵時刻，一悔則孚，孚即是旁通於他卦，一旁通於他卦即為无咎矣！若同一改悔而為吝，因其已旁通於他卦，雖吝亦為无咎矣！

　　由此可知，里堂之所以立當位失道圖於旁通圖後，乃欲說明卦與卦、爻與爻間的互動關係所代表的意義，而此種意義即為「當位則吉、失道則凶」也。而《易經》卦爻辭中所謂「元、亨、利、貞、吉、凶、悔、吝、厲、孚、无咎」，亦可由旁通法及當位失道說而知其所以然也。

　　（3）當位失道圖之分析

　　吾人既已知何為當位，何為失道；復知當位失道說乃基於旁通法來，則當位失道圖之變化乃依旁通之法則而行。亦即吾人依旁通之法則，可將《易經》六十四卦，每兩卦為一組，共可分為三十二組；而各卦之爻的互動則依旁通二法則「初與四易，二與五易，三與上易」及「在本卦有可易之爻先易，本卦無可易之爻，則與旁通之卦之爻互易，亦二通於五，初通於四，三通於上」而行。然後再依「二、五先初、四、三、上而行為當位，反之為失道」之當位失道說來判斷何為當位？何為失道？如此即可知當位失道圖之變化矣！今將當位失道圖分為當位圖與失道圖二類，詳之如下：

　　①當位圖。凡二、五先初、四、三、上而行者皆屬此類。此類又可分為下列四項：

　　a、凡二卦之爻互動後成「家人、屯」或「蹇、革」者為當位，共八組，
　　　　十六卦。

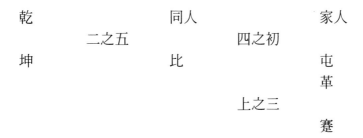

---

| 坎 | | 比 | | 屯 |
| 離 | 二之五 | 同人 | 初之四 | 家人 |
| | | | | 蹇 |
| | | | 三之上 | 革 |
| 震 | | 隨 | | 屯 |
| 巽 | 五之二 | 漸 | 四之初 | 家人 |
| | | | | 革 |
| | | | 三之上 | 蹇 |
| 艮 | | 漸 | | 家人 |
| 兌 | 五之二 | 隨 | 初之四 | 屯 |
| | | | | 蹇 |
| | | | 上之三 | 革 |
| 同人 | | 同人 | | 家人 |
| 師 | 二之五 | 比 | 四之初 | 屯 |
| | | | | 革 |
| | | | 上之三 | 蹇 |
| 比 | | 同人 | | 屯 |
| 大有 | 二之五 | 比 | 初之四 | 家人 |
| | | | | 革 |
| | | | 三之上 | 蹇 |
| 隨 | | 隨 | | 屯 |
| | 二之五 | | 四之初 | |

| 蠱 | | 漸 | | 家人 |
| | | | | 革 |
| | | 三之上 | | |
| | | | | 蹇 |
| 漸 | 漸 | | | 家人 |
| | 二之五 | | 初之四 | |
| 歸妹 | | 隨 | | 屯 |
| | | | | 革 |
| | | 三之上 | | |
| | | | | 蹇 |

b、凡兩卦之爻互動後成「家人、屯」或「既濟、咸」者爲當位，共八組，十六卦。

| 家人 | | 家人 | | 家人 |
| 解 | 二之五 | 萃 | 初之四 | 屯 |
| | | | | 既濟 |
| | | | 上之三 | |
| | | | | |
| | | | | 咸 |
| 屯 | | 屯 | | 屯 |
| 鼎 | 二之五 | 遯 | 四之初 | 家人 |
| | | | | 既濟 |
| | | | 三之上 | |
| | | | | 咸 |
| 小畜 | | 家人 | | 家人 |
| | 二之五 | | | |
| 豫 | | 萃 | 初之四 | 屯 |
| | | | | 既濟 |
| | | | 上之三 | |
| | | | | 咸 |

| | | | | |
|---|---|---|---|---|
| 復 | 五之二 | 屯 | | 屯 |
| 姤 | | 遯 | 四之初 | 家人 |
| | | | | 既濟 |
| | | | 三之上 | |
| | | | | 咸 |
| 節 | 二之五 | 屯 | | 屯 |
| 旅 | | 遯 | 四之初 | 家人 |
| | | | | 既濟 |
| | | | 三之上 | |
| | | | | 咸 |
| 賁 | 五之二 | 家人 | | 家人 |
| 困 | | 萃 | 四之初 | 屯 |
| | | | | 既濟 |
| | | | 上之三 | |
| | | | | 咸 |
| 臨 | 二之五 | 屯 | | 屯 |
| 遯 | | 遯 | 四之初 | 家人 |
| | | | | 既濟 |
| | | | 三之上 | |
| | | | | 咸 |
| 大畜 | 二之五 | 家人 | | 家人 |
| 萃 | | 萃 | 四之初 | 屯 |
| | | | | 既濟 |
| | | | 上之三 | |
| | | | | 咸 |

c、凡二卦之爻互動後成「既濟、益」或「蹇、革」者爲當位，共八組，
十六卦。

| 革 | | 革 | | 革 |
| 蒙 | 二之五 | 觀 | 上之三 | 蹇 |
| | | | | 既濟 |
| | | | 四之初 | |
| | | | | 益 |

| 蹇 | | 蹇 | | 蹇 |
| 睽 | 二之五 | 无妄 | 上之三 | 革 |
| | | | | 既濟 |
| | | | 初之四 | |
| | | | | 益 |

| 夬 | | 革 | | 革 |
| | 二之五 | | | |
| 剝 | | 觀 | 上之三 | 蹇 |
| | | | | 既濟 |
| | | | 四之初 | |
| | | | | 益 |

| 謙 | | 蹇 | | 蹇 |
| | 五之二 | | | |
| 履 | | 无妄 | 上之三 | 革 |
| | | | | 既濟 |
| | | | 初之四 | |
| | | | | 益 |

| 豐 | | 革 | | 革 |
| | 五之二 | | | |
| 渙 | | 觀 | 上之三 | 蹇 |
| | | | | 既濟 |
| | | | 四之初 | |
| | | | | 益 |

| | | | | |
|---|---|---|---|---|
| 井 | | 蹇 | | 蹇 |
| | 二之五 | | | |
| 噬嗑 | | 无妄 | 上之三 | 革 |
| | | | | 既濟 |
| | | | 初之四 | |
| | | | | 益 |
| 升 | 二之五 | 蹇 | | 蹇 |
| 无妄 | | 无妄 | 三之上 | 革 |
| | | | | 既濟 |
| | | | 初之四 | |
| | | | | 益 |
| 大壯 | 二之五 | 革 | | 革 |
| 觀 | | 觀 | 上之三 | 蹇 |
| | | | | 既濟 |
| | | | 四之初 | |
| | | | | 益 |

d、凡二卦之爻互動後成「既濟、益」或「既濟、咸」者為當位，共八組，十六卦。

| | | | | |
|---|---|---|---|---|
| 需 | | 既濟 | | 既濟 |
| | 二之五 | | | |
| 晉 | | 否 | 四之初 | 益 |
| | | 既濟 | | 既濟 |
| | | 否 | 上之三 | 咸 |
| 明夷 | | 既濟 | | 既濟 |
| | 五之二 | | | |
| 訟 | | 否 | 四之初 | 益 |
| | | 既濟 | | 既濟 |
| | | 否 | 上之三 | 咸 |

| 泰 | 二之五 | 既濟 | | 既濟 |
|---|---|---|---|---|
| 否 | | 否 | 四之初 | 益 |
| | | 既濟 | | 既濟 |
| | | 否 | 上之三 | 咸 |
| 損 | 二之五 | 益 | 四之初 | 益 |
| 咸 | | 咸 | 上之三 | 既濟 |
| | | 咸 | | 咸 |
| 恒 | 二之五 | 咸 | 四之初 | 既濟 |
| 益 | | 益 | | 益 |
| | | 咸 | | 咸 |
| | | 益 | 上之三 | 既濟 |
| 中孚 | | 益 | | 益 |
| | 二之五 | | | |
| 小過 | | 咸 | 四之初 | 既濟 |
| | | 益 | 上之三 | 既濟 |
| | | 咸 | | 咸 |
| 大過 | | 咸 | 四之初 | 既濟 |
| | 二之五 | | | |
| 頤 | | 益 | | 益 |
| | | 咸 | | 咸 |
| | | 益 | 上之三 | 既濟 |
| 既濟 | | 既濟 | | 既濟 |
| 未濟 | 二之五 | 否 | 四之初 | 益 |
| | | 既濟 | | 既濟 |
| | | 否 | 上之三 | 咸 |

②失道圖。凡初、四、三、上先二、五而行者皆屬此類。此類又可分為下列兩項：

a、凡兩卦之爻互動後成「需、明夷」者為失道，共十六組，三十二卦。

| 乾 | | 小畜 | | 需 |
|---|---|---|---|---|
| | 四之初 | | 上之三 | |
| 坤 | | 復 | | 明夷 |

| | | | | |
|---|---|---|---|---|
| | | 夬 | | 需 |
| | 上之三 | | 四之初 | |
| | | 謙 | | 明夷 |
| 坎 | | 節 | | 需 |
| | 初之四 | | 三之上 | |
| 離 | | 賁 | | 明夷 |
| | | 井 | | 需 |
| | 三之上 | | 初之四 | |
| | | 豐 | | 明夷 |
| 震 | | 復 | | 明夷 |
| | 四之初 | | 三之上 | |
| 巽 | | 小畜 | | 需 |
| | | 豐 | | 明夷 |
| | 三之上 | | 四之初 | |
| | | 井 | | 需 |
| 艮 | | 賁 | | 明夷 |
| | 初之四 | | 上之三 | |
| 兌 | | 節 | | 需 |
| | | 謙 | | 明夷 |
| | 上之三 | | 初之四 | |
| | | 夬 | | 需 |
| 小畜 | | 小畜 | | 需 |
| | | | 上之三 | |
| 豫 | 四之初 | 復 | | 明夷 |
| | | 需 | | 需 |
| | 上之三 | | | |
| | | 小過 | 四之初 | 明夷 |
| 復 | | 復 | | 明夷 |
| | | | 三之上 | |
| 姤 | 四之初 | 小畜 | | 需 |

|  |  |  |  |  |
|---|---|---|---|---|
|  |  | 明夷 |  | 明夷 |
|  | 三之上 |  |  |  |
|  |  | 大過 | 四之初 | 需 |
| 夬 |  | 需 |  | 需 |
|  | 四之初 |  |  |  |
| 剝 |  | 頤 | 上之三 | 明夷 |
|  |  | 夬 |  | 需 |
|  |  |  | 四之初 |  |
|  | 上之三 | 謙 |  | 明夷 |
| 謙 |  | 明夷 |  | 明夷 |
|  | 初之四 |  |  |  |
| 履 |  | 中孚 | 上之三 | 需 |
|  |  | 夬 |  | 明夷 |
|  |  |  | 初之四 〔註51〕 |  |
|  | 上之三 | 謙 |  | 需 |
|  |  |  |  |  |
| 節 |  | 節 |  | 需 |
|  |  |  | 三之上 |  |
| 旅 | 四之初 | 賁 |  | 明夷 |
|  |  | 需 |  | 需 |
|  | 三之上 |  |  |  |
|  |  | 小過 | 四之初 | 明夷 |
| 賁 |  | 賁 |  | 明夷 |
|  |  |  | 上之三 |  |
| 困 | 四之初 | 節 |  | 需 |
|  |  | 明夷 |  | 明夷 |
|  | 上之三 |  |  |  |

〔註51〕里堂當位失道圖此處爲：「謙四之夬初，謙成明夷，夬成需」。然觀謙、夬二卦卦象，謙四與夬初均爲陽爻，不可互易也，故此處應作「謙初之夬四也」。如此謙方成明夷，夬方成需。

| | | | | |
|---|---|---|---|---|
| | | 大過 | 四之初 | 需 |
| 豐 | | 明夷 | | 明夷 |
| | 四之初 | | | |
| 渙 | | 中孚 | 上之三 | 需 |
| | | 豐 | | 明夷 |
| | | | 四之初 | |
| | 上之三 | 井 | | 需 |
| 井 | | 需 | | 需 |
| | 初之四 | | | |
| 噬嗑 | | 頤 | 上之三 | 明夷 |
| | | 井 | | 需 |
| | | | 初之四 | |
| | 上之三 | 豐 | | 明夷 |
| 需 | | 需 | | 需 |
| 晉 | 四之初 | 頤 | 上之三 | 明夷 |
| | | 需 | | 需 |
| | 上之三 | 小過 | 四之初 | 明夷 |
| 明夷 | | 明夷 | | 明夷 |
| 訟 | 四之初 | 中孚 | 上之三 | 需 |
| | | 明夷 | | 明夷 |
| | 上之三 | 大過 | 四之初 | 需 |
| 中孚 | | 中孚 | 上之三 | 需 |
| 小過 | 四之初 | 明夷 | | 明夷 |
| | 上之三 | 需 | | 需 |
| | | 小過 | 四之初 | 明夷 |
| 大過 | 四之初 | 需 | | 需 |
| 頤 | | 頤 | 上之三 | 明夷 |
| | | 大過 | 四之初 | 需 |
| | 上之三 | 明夷 | | 明夷 |

b、凡兩卦之爻互易後成「既濟、泰」者爲失道，共十六組，三十二卦。

| | | | | |
|---|---|---|---|---|
| 同人 | | 家人 | | 既濟 |
| | 四之初 | | 上之三 | |
| 師 | | 頤 | | 泰 |
| | | 革 | | 既濟 |
| | 上之三 | | 四之初 | |
| | | 升 | | 泰 |
| 比 | | 屯 | | 既濟 |
| | 四之初 | | 三之上 | |
| 大有 | | 大畜 | | 泰 |
| | | 革 | | 既濟 |
| | 三之上 | | 四之初 | |
| | | 升 | | 泰 |
| 隨 | | 屯 | | 既濟 |
| | 四之初 | | 三之上 | |
| 蠱 | | 大畜 | | 泰 |
| | | 革 | | 既濟 |
| | 三之上 | | 四之初 | |
| | | 升 | | 泰 |
| 漸 | | 家人 | | 既濟 |
| | 初之四 | | 上之三 | |
| 歸妹 | | 頤 | | 泰 |
| | | 蹇 | | 既濟 |
| | 上之三 | | 初之四 | |
| | | 大壯 | | 泰 |
| 家人 | | 家人 | | 既濟 |
| | | | 上之三 | |
| 解 | 初之四 | 臨 | | 泰 |

| | | | | |
|---|---|---|---|---|
| | | 既濟 | | 既濟 |
| | 上之三 | | | |
| | | 恒 | 初之四 | 泰〔註52〕 |
| 屯 | | 屯 | | 既濟 |
| | | | 三之上 | |
| 鼎 | 四之初 | 大畜 | | 泰 |
| | | 既濟 | | 既濟 |
| | 三之上 | | | |
| | | 恒 | 四之初 | 泰 |
| 革 | | 既濟 | | 既濟 |
| | | | 四之初 | |
| 蒙 | | 損 | 上之三 | 泰 |
| | | 革 | | 既濟 |
| | | | 四之初 | |
| | 上之三 | 升 | | 泰 |
| 蹇 | | 既濟 | | 既濟 |
| | 初之四 | | | |
| 睽 | | 損 | 上之三 | 泰 |
| | | 蹇 | | 既濟 |
| | | | 初之四 | |
| | 上之三 | 大壯 | | 泰 |
| 臨 | | 臨 | | 泰 |
| | | | 三之上 | |

〔註52〕里堂當位失道圖此處爲:「恒四之初成泰」。恒初爲陰爻,四爲陽爻,皆不當位,本應互易。謂「恒四之初」,亦不可謂其爲非。然則觀里堂當位失道圖全圖,每組卦爻之互易,或曰二之五,五之二;或曰初之四,四之初;或曰三之上,上之三,每組皆有統一之稱。若謂「二之五」,則在同一組中不會再有「五之二」;若謂「四之初」,則在同一組中不會再有「初之四」;若謂「三之上」,則在同一組中不會再有「上之三」。而此組卦爻變化中,前面既謂「初之四」,爲求全圖體例之統一,此處亦應改「四之初」爲「初之四」較爲恰當也。

| | | | | |
|---|---|---|---|---|
| 遯 | 四之初 | 家人 | | 既濟 |
| | | 泰 | | 泰 |
| | 三之上 | | | |
| | | 咸 | 四之初 | 既濟 |
| 升 | | 泰 | | 泰 |
| | 初之四 | | | |
| 妄 | | 益 | 上之三 | 既濟 |
| | | 升 | | 泰 |
| | | | 初之四 | |
| | 上之三 | 革 | | 既濟 |
| 大畜 | | 大畜 | | 泰 |
| | | | 上之三 | |
| 萃 | 四之初 | 屯 | | 既濟 |
| | | 泰 | | 泰 |
| | 上之三 | | | |
| | | 咸 | 四之初 | 既濟 |
| 大壯 | | 泰 | | 泰 |
| | 四之初 | | | |
| 觀 | | 益 | 上之三 | 既濟 |
| | | 大壯 | | 泰 |
| | | | 四之初 | |
| | 上之三 | 蹇 | | 既濟 |
| 泰 | | 泰 | | 泰 |
| 否 | 初之四 | 益 | 上之三 | 既濟 |
| | | | | 泰 |
| | 上之三 | 咸 | 初之四 | 既濟 |
| 損 | | 損 | 上之三 | 泰 |
| 咸 | 四之初 | 既濟 | | 既濟 |

| | | 上之三 | 泰 | | | 泰 |
|---|---|---|---|---|---|---|
| | | | 咸 | 四之初 | | 既濟 |
| 恒 | 四之初 | | 泰 | | | 泰 |
| 益 | | | 益 | 上之二 | | 既濟 |
| | | | 泰 | 四之初 | | 泰 |
| | | 上之三 | 既濟 | | | 既濟 |
| 既濟 | | | 既濟 | | | 既濟 |
| 未濟 | 四之初 | | 損 | 上之三 | | 泰 |
| | | | 既濟 | | | 既濟 |
| | | 上之三 | 恒 | 四之初 | | 泰 |

　　由上述分析可知，《易經》六十四卦經過旁通法輔助，再依「二、五先初、四、三、上而行爲當位，反之爲失道」之當位失道說來判定何爲當位、何爲失道時，我們可發現，兩卦之爻經過互動後，若成「家人、屯」、「蹇、革」、「既濟、咸」、「既濟、益」之組合，則爲當位而又當位；若成「明夷、需」、「既濟、泰」之組合，則爲失道而又失道。然則成「明夷、需」、「既濟、泰」之後，是否即爲凶而無法改變了呢？實又不然。正如吾人上文所述，當位失道與否，並非一卦、一爻吉凶之終極判準，卦爻之吉凶與否，端視其是否知變通之義，而所謂變通，亦即里堂之旁通也。故里堂云：

> 其失道而又失道者，非成明夷、需；即成既濟、泰。然泰通於否，既濟通於未濟，無論當位失道，一經變通，則元亨者更加以元亨，不元不亨者改而爲元亨。元亨非利則窮，利而後貞乃終則有始，成兩既濟則貞而不利。凡元亨必成「家人、屯」、「蹇、革」或「既濟、咸」或「既濟、益」。（《易圖略》卷二）

里堂此段所言，即爲解釋當位失道圖之變化及其意義，而所謂「一經變通則元亨者更加以元亨，不元不亨者改而爲元亨」，亦說明了「當位則吉，失道則凶」非卦爻吉凶終極之判準，卦爻之所以爲吉爲凶，端視其變通與否也。

## 3、時行圖

### （1）何謂時行

里堂云：

傳云：「變通者，趣時者也。」能變通即爲時行。（《易圖略》卷三）

則所謂時行乃指一卦之能否變通而言，而所謂變通亦即旁通也。即某卦之爻之行是否爲時行，端視其是否旁通於他卦也，旁通則爲時行，不旁通則不爲時行。

**（2）時行說之意義**

某卦旁通於他卦爲時行，則某卦之旁通與否又代表者什麼意義呢？里堂既云：

時行者，元、亨、利、貞者也。

又云：

大有二之五爲乾二之坤五比例，故傳言元、亨之義，於此最明。云「大中而上下應之」。大中謂二之五爲元，上下應則亨也。蓋非上下應，則雖大中而不可爲元、亨。既濟傳云：「利貞，剛柔正而位當也。」剛柔正則六爻皆定，貞也。貞而不利則剛柔正而位不當；利而後貞，乃能剛柔正而位當。由元、亨而利、貞，由利、貞而復爲元、亨則時行矣！（《易圖略》卷三）

由此可知，所謂時行，乃指卦之元、亨、利、貞而言。何謂元？元指二之五也。何謂亨？亨指上下應也。所謂上應爲二、五先行而三、上應之；所謂下應爲二、五先行而初、四應之。（見《易圖略》卷三）何謂利？利指位當而言。里堂既謂「貞而不利則剛柔正而位不當」，故利則位當也。而所謂位當，乃依當位失道說而論，二、五先初、四、三、上而行爲位當也。何謂貞？貞指剛柔正，即六爻皆定也。里堂既謂「剛柔正則六爻皆定，貞也」，故貞指六爻皆定。即指六爻皆陰爻得陰位，陽爻得陽位也。

因此，所謂時行，乃指某卦之是否旁通於他卦而言也。旁通於他卦則爲時行，不旁通於他卦則不爲時行；時行則爲元、亨、利、貞也。故時行與否乃依旁通法而論，時行說之意義則爲解釋元、亨、利、貞也。

時行說既基於旁通說而來，則時行圖之變化當依旁通法來看。又里堂爲解釋卦爻辭中利、貞二字之由來，便藉上文當位失道說而言「利則當位」。又云：

一經變通，則元、亨更加以元、亨，不元不亨者，改而爲元、亨。（《易圖略》卷二）

則又依旁通之說來解卦爻辭中元、亨二字之由來。故分析時行圖，當以旁通

法及當位失道說為基礎，方可知時行圖之變化也。吾人將里堂時行圖略分為五類如下：

①二、五先行當位，變通不窮；二、五爻若已當位，則不再移動。

| | | | | |
|---|---|---|---|---|
| 乾 | 二之坤五 | 同人 | 同人 | 二、五爻已定不動 |
| 坤 | 五之乾二 | 比 | 師 | 二之五成比 |
| 坎 | 二之離五 | 比 | 比 | 二、五爻已定不動 |
| 離 | 五之坎二 | 同人 | 大有 | 二之五成同人 |
| 巽 | 二之震五 | 漸 | 漸 | 二、五爻已定不動 |
| 震 | 五之巽二 | 隨 | 歸妹 | 二之五成隨 |
| 兌 | 二之艮五 | 隨 | 隨 | 二、五爻已定不動 |
| 艮 | 五之艮二 | 漸 | 蠱 | 二之五成漸 |
| 小畜 | 二之豫五 | 家人 | 家人 | 二、五爻已定不動 |
| 豫 | 五之豫二 | 萃 | 解 | 二之五成萃 |
| 困 | 二之賁五 | 萃 | 萃 | 二、五爻已定不動 |
| 賁 | 五之賁二 | 家人 | 大畜 | 二之五成家人 |
| 姤 | 二之復五 | 遯 | 遯 | 二、五爻已定不動 |
| 復 | 五之姤二 | 屯 | 臨 | 二之五成屯 |
| 節 | 二之旅五 | 屯 | 屯 | 二、五爻已定不動 |
| 旅 | 五之旅二 | 遯 | 鼎 | 二之五成遯 |
| 夬 | 二之剝五 | 革 | 革 | 二、五爻已定不動 |
| 剝 | 五之夬二 | 觀 | 蒙 | 二之五成觀 |
| 渙 | 二之豐五 | 觀 | 觀 | 二、五爻已定不動 |
| 豐 | 五之渙二 | 革 | 大壯 | 二之五成革 |
| 井 | 二之噬嗑五 | 蹇 | 蹇 | 二、五爻已定不動 |
| 噬嗑 | 五之井二 | 无妄 | 睽 | 二之五成无妄 |
| 履 | 二之謙五 | 无妄 | 无妄 | 二、五爻已定不動 |
| 謙 | 五之謙二 | 蹇 | 升 | 二之五成蹇 |

| 中孚 | 二之小過五 | 益 | 益 | 二、五爻已定不動 |
| 小過 | 五之中孚二 | 咸 | 恒 | 二之五成咸 |
| 大過 | 二之頤五 | 咸 | 咸 | 二、五爻已定不動 |
| 頤 | 五之大過二 | 益 | 損 | 二之五成益 |
| 訟 | 二之明夷五 | 否 | 否 | 二、五爻已定不動 |
| 明夷 | 二之訟五 | 既濟 | 泰 | 二之五成既濟 |
| 需 | 二之晉五 | 既濟 | 既濟 | 二、五爻已定不動 |
| 晉 | 二之需五 | 否 | 未濟 | 二之五成否 |

②初、四先行，不當位；變而通之，仍大中而上下應。

| 乾 | 四之坤初 | 小畜 | 小畜 | 初、四爻已定不動 |
| 坤 | 初之坤初 | 復 | 豫 | 初之四成復 |
| 震 | 四之巽初 | 復 | 復 | 初、四爻已定不動 |
| 巽 | 初之巽初 | 小畜 | 姤 | 初之四成小畜 |
| 坎 | 初之離四 | 節 | 節 | 初、四爻已定不動 |
| 離 | 四之坎初 | 賁 | 旅 | 初之四成賁 |
| 艮 | 初之兌四 | 賁 | 賁 | 初、四爻已定不動 |
| 兌 | 四之艮初 | 節 | 困 | 初之四成節 |
| 同人 | 四之師初 | 家人 | 家人 | 初、四爻已定不動 |
| 師 | 初之同人四 | 臨 | 解 | 初之四成臨 |
| 歸妹 | 四之漸初 | 臨 | 臨 | 初、四爻已定不動 |
| 漸 | 初之師妹四 | 家人 | 遯 | 初之四成家人 |
| 比 | 初之大有四 | 屯 | 屯 | 初、四爻已定不動 |
| 大有 | 四之比初 | 大畜 | 鼎 | 初之四成大畜 |
| 蠱 | 初之隨四 | 大畜 | 大畜 | 初、四爻已定不動 |
| 隨 | 四之蠱初 | 屯 | 萃 | 初之四成屯 |
| 革 | 四之蒙初 | 既濟 | 既濟 | 初、四爻已定不動 |
| 蒙 | 初之革四 | 損 | 未濟 | 初之四成損 |

| 睽 | 四之蹇初 | 損 | 損 | 初、四爻已定不動 |
|---|---|---|---|---|
| 蹇 | 初之睽四 | 既濟 | 咸 | 初之四成既濟 |
| 无妄 | 四之升初 | 益 | 益 | 初、四爻已定不動 |
| 升 | 初之无妄四 | 泰 | 恒 | 初之四成泰 |
| 大壯 | 四之觀初 | 泰 | 泰 | 初、四爻已定不動 |
| 觀 | 初之大壯四 | 益 | 否 | 初之四成益 |
| 豐 | 四之渙初 | 明夷 | 明夷 | 初、四爻已定不動 |
| 渙 | 初之豐四 | 中孚 | 訟 | 初之四成中孚 |
| 履 | 四之謙初 | 中孚 | 中孚 | 初、四爻已定不動 |
| 謙 | 初之履四 | 明夷 | 小過 | 初之四成明夷 |
| 井 | 初之噬嗑四 | 需 | 需 | 初、四爻已定不動 |
| 噬嗑 | 四之井初 | 頤 | 晉 | 初之四成頤 |
| 剝 | 初之夬四 | 頤 | 頤 | 初、四爻已定不動 |
| 夬 | 四之剝初 | 需 | 大過 | 初之四成需 |

③三、上先行，不當位；變而通之，仍大中而上下應。

| 乾 | 上之坤三 | 夬 | 夬 | 三、上爻已定不動 |
|---|---|---|---|---|
| 坤 | 三之乾上 | 謙 | 剝 | 三之上成謙 |
| 艮 | 上之兌三 | 謙 | 謙 | 三、上爻已定不動 |
| 兌 | 三之艮上 | 夬 | 履 | 三之上成夬 |
| 坎 | 三之離上 | 井 | 井 | 三、上爻已定不動 |
| 離 | 上之坎三 | 豐 | 噬嗑 | 三之上成豐 |
| 震 | 三之巽上 | 豐 | 豐 | 三、上爻已定不動 |
| 巽 | 上之震上 | 井 | 渙 | 三之上成井 |
| 同人 | 上之師三 | 革 | 革 | 三、上爻已定不動 |
| 師 | 三之同人上 | 升 | 蒙 | 三之上成升 |
| 蠱 | 上之隨三 | 升 | 升 | 三、上爻已定不動 |
| 隨 | 三之蠱上 | 革 | 无妄 | 三之上成革 |
| 比 | 三之大有上 | 蹇 | 蹇 | 三、上爻已定不動 |

| | | | | |
|---|---|---|---|---|
| 大有 | 上之比三 | 大壯 | 睽 | 三之上成大壯 |
| 歸妹 | 三之漸上 | 大壯 | 大壯 | 三、上爻已定不動 |
| 漸 | 上之歸妹三 | 蹇 | 觀 | 三之上成蹇 |
| 家人 | 上之解三 | 既濟 | 既濟 | 三、上爻已定不動 |
| 解 | 三之家人上 | 恒 | 未濟 | 三之上成恒 |
| 鼎 | 上之屯三 | 恒 | 恒 | 三、上爻已定不動 |
| 屯 | 三之鼎上 | 既濟 | 益 | 三之上成既濟 |
| 臨 | 三之遯上 | 泰 | 泰 | 三、上爻已定不動 |
| 遯 | 上之臨三 | 咸 | 否 | 三之上成咸 |
| 萃 | 三之大畜上 | 咸 | 咸 | 三、上爻已定不動 |
| 大畜 | 上之萃三 | 泰 | 損 | 三之上成泰 |
| 賁 | 上之困三 | 明夷 | 明夷 | 三、上爻已定不動 |
| 困 | 三之賁上 | 大過 | 訟 | 三之上成大過 |
| 姤 | 上之復三 | 大過 | 大過 | 三、上爻已定不動 |
| 復 | 三之姤上 | 明夷 | 頤 | 三之上成明夷 |
| 旅 | 上之節三 | 小過 | 小過 | 三、上爻已定不動 |
| 節 | 三之旅上 | 需 | 中孚 | 三之上成需 |
| 小畜 | 上之豫三 | 需 | 需 | 三、上爻已定不動 |
| 豫 | 三之小畜上 | 小過 | 晉 | 三之上成小過 |

④凡二、五先行，初、四應之者爲下應；三、上應之者爲上應。二、五先行得中爲元，初、四應之或三、上應之爲亨。凡屬此類者爲元、亨之卦也。此類又可分爲四種類型：

a、應之而成「家人、屯」、「蹇、革」四卦之組合者，共十六卦。

| | 下應 | 上應 |
|---|---|---|
| 乾 | 成家人 | 成革 |
| 坤 | 成屯 | 成蹇 |
| 離 | 成家人 | 成革 |
| 坎 | 成屯 | 成蹇 |
| 震 | 成屯 | 成革 |

| 巽 | 成家人 | 成蹇 |
| 兌 | 成屯 | 成革 |
| 艮 | 成家人 | 成蹇 |
| 比 | 成屯 | 成蹇 |
| 大有 | 成家人 | 成革 |
| 師 | 成屯 | 成蹇 |
| 同人 | 成家人 | 成革 |
| 漸 | 成家人 | 成蹇 |
| 歸妹 | 成屯 | 成革 |
| **蠱** | 成家人 | 成蹇 |
| 隨 | 成屯 | 成革 |

b、應之而成「既濟、益」、「既濟、咸」三卦之組合者，共十六卦。

| 需 | 成既濟 | 成既濟 |
| 晉 | 成益 | 成咸 |
| 明夷 | 成既濟 | 成既濟 |
| 訟 | 成益 | 成咸 |
| 中孚 | 成益 | 成既濟 |
| 小過 | 成既濟 | 成咸 |
| 大過 | 成既濟 | 成咸 |
| 頤 | 成益 | 成既濟 |
| 泰 | 成既濟 | 成既濟 |
| 否 | 成益 | 成咸 |
| 既濟 | 既濟 | 既濟 |
| 未濟 | 成益 | 成咸 |
| 恒 | 成既濟 | 成咸 |
| 益 | 益 | 成既濟 |

| 損 | 成益 | 成既濟 |
| 咸 | 成既濟 | 咸 |

c、應之而成「家人、屯」、「咸、既濟」四卦之組合者，共十六卦。

| 姤 | 成家人 | 成咸 |
| 復 | 成屯 | 成既濟 |
| 旅 | 成家人 | 成咸 |
| 節 | 成屯 | 成既濟 |
| 賁 | 成家人 | 成既濟 |
| 困 | 成屯 | 成咸 |
| 小畜 | 成家人 | 成既濟 |
| 豫 | 成屯 | 成咸 |
| 屯 | 屯 | 成既濟 |
| 鼎 | 成家人 | 成咸 |
| 臨 | 成屯 | 成既濟 |
| 遯 | 成家人 | 成咸 |
| 萃 | 成屯 | 成咸 |
| 大畜 | 成家人 | 成既濟 |
| 解 | 成屯 | 成咸 |
| 家人 | 家人 | 成既濟 |

d、應之而成「既濟、益」、「蹇、革」四卦之組合者，共十六卦。

| 井 | 成既濟 | 成蹇 |
| 噬嗑 | 成益 | 成革 |
| 謙 | 成既濟 | 成蹇 |
| 履 | 成益 | 成革 |
| 夬 | 成既濟 | 成革 |
| 剝 | 成益 | 成蹇 |

| | | |
|---|---|---|
| 豐 | 成既濟 | 成革 |
| 渙 | 成益 | 成蹇 |
| 无妄 | 成益 | 成革 |
| 升 | 成既濟 | 成蹇 |
| 睽 | 成益 | 成革 |
| 蹇 | 成既濟 | 蹇 |
| 革 | 成既濟 | 革 |
| 蒙 | 成益 | 成蹇 |
| 觀 | 成益 | 成蹇 |
| 大壯 | 成既濟 | 成革 |

由元、亨之卦圖分類可知，凡兩旁通之卦，二、五先行，初、四或三、上應之者既爲元、亨之卦，而所有元、亨之卦變化之終皆成「家人、屯、蹇、革、既濟、益、咸」之組合。故里堂又以此七卦及其旁通之卦之爻互易後而成「既濟、咸」或「既濟、益」之組合者爲利、貞之卦也。

⑤凡「家人、屯、蹇、革、既濟、益、咸」七卦與其旁通之卦之爻互易後成「既濟、咸」或「既濟、益」之組合者爲「終則有始」之卦。成既濟則六爻之位皆定，爲終、爲貞；成咸則初、四爻未定；成益則三、上爻未定，而其他各爻已定，是爲有始、爲利。故屬此類者爲利、貞之卦也。

| | | | | |
|---|---|---|---|---|
| 家人 | 成既濟 | 終 | 貞 | |
| 解 | 成咸 | 有始 | 利 | 解二之五而三之家人上，解成咸，家人成既濟。 |
| 屯 | 成既濟 | 終 | 貞 | |
| 鼎 | 成咸 | 有始 | 利 | 鼎二之五而上之屯三，鼎成咸，屯成既濟。 |
| 革 | 成既濟 | 終 | 貞 | |
| 蒙 | 成益 | 有始 | 利 | 蒙二之五而四之革初，蒙成益，革成既濟。 |
| 蹇 | 成既濟 | 終 | 貞 | |

| 睽 | 成益 | 有始 | 利 | 睽二之五而四之蹇初，睽成益，蹇成既濟。 |
| 益 | 成既濟 | 終 | 貞 | 益三之上成既濟 |
| 恒 | 成咸 | 有始 | 利 | 恒二之五成咸 |
| 咸 | 成既濟 | 終 | 貞 | 咸初之四成既濟 |
| 損 | 成益 | 有始 | 利 | 損二之五成益 |

### 4、八卦相錯圖

#### （1）何謂相錯

里堂云：

> 《說卦傳》云：「天地定位，山澤通氣，雷風相薄，水火不相射。」天地，乾、坤也；山澤，艮、兌也；雷風，震、巽也；水火，坎、離也。天地相錯，上天下地成否，二、五已定爲「定位」；山澤相錯，上山下澤成損，二、五交爲「通氣」；雷風相錯，上雷下風成恒，二交五爲「相薄」；水火相錯，上水下火成既濟，六爻皆定，不更往來，故「不相射」。此否則彼泰，此損則彼咸，此恒則彼益，此既濟則彼未濟，而統括以「八卦相錯」一語。（《易圖略》卷四）

由此可知，所謂相錯乃指：兩卦之上卦或下卦互易，而各成另一卦的過程。故里堂謂「天地相錯，上天下地成否；山澤相錯，上山下澤成損；雷風相錯，上雷下風成恒；水火相錯，上水下火成既濟」。否卦正是「上乾下坤」，損卦正是「上山下澤」，恒卦正是「上雷下風」，既濟正是「上水下火」，而其他各卦卦象，亦皆此八卦之排列組合。故里堂又云：

> 六十四卦皆此天地、山澤、雷風、水火之相錯也。（同上）

此亦里堂專就《周易》中，卦與卦間的變化所創之法也。

#### （2）里堂建立相錯法之目的

里堂於此圖之前已建立了三種圖，分別爲兼言卦與卦、爻與爻互易法則的旁通圖，及專言爻與爻互易意義之當位失道圖、時行圖，則爻與爻間互易法則說之已詳矣！然則《易經》六十四卦之變化，卻仍受限於旁通法。蓋旁通法僅能行於兩六爻皆異之卦，如此卦爻變化仍不足以將《易經》一書解釋得圓融無礙，有許多卦爻辭之意義仍不得其解，故里堂繼旁通言卦與卦間之變化後，再創相錯之說，以兩卦之上卦互易或下卦互易爲其法則，如此則《易

經》六十四卦之變化，又增加了另一種排列組合，而《易經》之解釋也就更能圓融無礙了。故相錯法建立之目的乃在補旁通法之不足，而增加卦爻變化更多的可能性，使《易經》之解釋更能圓融無礙也。

（3）八卦相錯圖分析

誠如上文所言，相錯是指兩卦之上卦或下卦互易後，而各成另外一卦的過程。然而《易經》共有六十四卦，是否任何兩卦的上卦或下卦皆可互易而不須有任何條件呢？若任何兩卦的上卦或下卦皆可隨意互易，則六十四卦便可任意變化，而此法也就沒有什麼意義了。且吾人在論旁通圖一節中嘗言，里堂之所以非虞仲翔之《易》者，即在其解《易》多任己意，全無一定之法可循，里堂又豈會犯自己所不以為然之錯呢？要了解里堂兩卦相錯之條件，則須自其相錯圖圖形之變化中求之。下面我們就來分析相錯圖之變化情形及其類型。吾人略分相錯圖為四類：

①兩卦六爻皆異（即旁通之卦），可相錯也。此類共十六組，六十四卦。

| 乾 | 成 | 否 |
| 坤 | 成 | 泰 |
| 坎 | 成 | 既濟 |
| 離 | 成 | 未既 |
| 震 | 成 | 恒 |
| 巽 | 成 | 益 |
| 艮 | 成 | 損 |
| 兌 | 成 | 咸 |
| 同人 | 成 | 訟 |
| 師 | 成 | 明夷 |
| 比 | 成 | 需 |
| 大有 | 成 | 晉 |
| 隨 | 成 | 大過 |
| 蠱 | 成 | 頤 |
| 漸 | 成 | 中孚 |
| 歸妹 | 成 | 小過 |

| 小畜 | 成 | 觀 |
|---|---|---|
| 豫 | 成 | 大壯 |
| 復 | 成 | 升 |
| 姤 | 成 | 无妄 |
| 夬 | 成 | 萃 |
| 剝 | 成 | 大畜 |
| 謙 | 成 | 臨 |
| 履 | 成 | 遯 |
| 屯 | 成 | 井 |
| 鼎 | 成 | 噬嗑 |
| 家人 | 成 | 渙 |
| 解 | 成 | 豐 |
| 蹇 | 成 | 節 |
| 睽 | 成 | 旅 |
| 革 | 成 | 困 |
| 蒙 | 成 | 賁 |

②兩卦之二、五爻同，而其他各爻不同者，亦可相錯也。此類共四組，十六卦。

| 同人 | 成 | 否 |
|---|---|---|
| 比 | 成 | 既濟 |
| 隨 | 成 | 咸 |
| 漸 | 成 | 益 |
| 革 | 成 | 萃 |
| 觀 | 成 | 家人 |
| 遯 | 成 | 无妄 |
| 屯 | 成 | 蹇 |

③兩卦之初、四爻同，而其他各爻異；或三、上爻同，而其他各爻異者，亦可相錯。此類共八組，三十二卦。

| 小畜 | 成 | 益 |
| 復 | 成 | 泰 |
| 夬 | 成 | 咸 |
| 謙 | 成 | 泰 |
| 節 | 成 | 既濟 |
| 賁 | 成 | 損 |
| 井 | 成 | 既濟 |
| 豐 | 成 | 恆 |
| 大畜 | 成 | 頤 |
| 屯 | 成 | 需 |
| 大壯 | 成 | 小過 |
| 蹇 | 成 | 需 |
| 家人 | 成 | 中孚 |
| 臨 | 成 | 明夷 |

④兩卦中有四爻相同而其他兩爻異者。如：初、四、三、上同而二、五異者；初、四、二、五同而三、上異者；二、五、三、上同而初、四異者，亦可相錯。此類共三組，十二卦。

| 家人 | 成 | 益 |
| 屯 | 成 | 既濟 |
| 革 | 成 | 咸 |
| 蹇 | 成 | 既濟 |
| 需 | 成 | 既濟 |
| 明夷 | 成 | 泰 |

由上述圖形分類可知，兩卦相錯之基本條件爲：凡兩卦之六爻皆異者；或二、五爻同而其他各爻異者；或初、四爻同而其他各爻異者；或三、上爻同而其他各爻異者；及有四爻相同而其他兩爻異者，皆可相錯。而相錯之方式爲：上卦與上卦易，下卦與下卦易。故所謂相錯乃里堂專就卦與卦間的變化所立之法也。

## 5、比例圖

### （1）何謂比例

里堂所謂比例者，乃指《易經》六十四卦經旁通、相錯諸法後，可以從某卦變爲另外一卦，此種依循旁通、相錯之法所產生的變化，會出現一卦可由數種他卦變化而成之情形，則所有依循此一定法則變通成某卦之卦，皆可視作有比例之關係。至於如何證實其有比例關係，可由《易經》經傳之辭重複出現於不同之卦爻辭中得知，此之謂比例也。故里堂云：

> 説《易》者執於一卦一爻，是知五雀之俱重，六燕之俱輕，而不知一燕一雀交而適平？又不知兩行交易，偏乘而取之，宜乎左支右詘，莫能通其義也。（《易圖略》卷五）

由此段所言，可知里堂釋《易》特重卦爻之變化，而非某卦、某爻之義，而其比例之法亦由卦爻變化中尋得也。里堂又云：

> 余既悟得旁通之旨，又悟得比例之法，用以求經、用以求傳，而經傳之微言奧義，乃可得而窺其萬一。既撰《通釋》以闡明之，復仿李仁卿《識別》列爲此圖。如睽二之五爲无妄，井二之噬嗑五亦爲无妄，故睽之「噬膚」即噬嗑之「噬膚」。坎三之離上成豐，噬嗑上之三亦成豐，故豐之「日昃」即離之「日昃」；豐之「日中」即噬嗑之「日中」。……歸妹四之漸初，漸成家人，歸妹成臨。臨通遯，相錯爲謙、履，故「眇能視、跛能履」。臨二之五即履二之謙五之比例也。以此類推，可得引申觸類之義矣！（同上）

由此可知比例之法乃藉旁通、相錯來解釋《易經》經傳中之文字重複問題。如：依旁通法則，睽二可之五而成无妄，井與噬嗑旁通，井二之噬嗑五亦爲无妄，故睽、噬嗑二卦之辭皆有「噬膚」二字。又坎與離旁通，坎三之離上成豐，而噬嗑上之三亦成豐，故豐、離皆有「日昃」之辭，而豐、噬嗑皆有「日中」之字。歸妹與漸旁通，歸妹四之漸初，漸成家人，歸妹成臨，臨又與遯旁通，臨與遯相錯則爲謙、履，故履六三爲「眇能視、跛能履」，而歸妹九二爲「眇能視」，而臨又爲漸初之歸妹四所成，故知臨二之五即履二之謙五之比例也。就在旁通、相錯等卦爻變化的同時，里堂發現經過旁通、相錯後所成之卦爻之辭，竟有重複出現的情況，再加之以全面性的比較後，發現了凡是卦爻文字重複出現時，則其卦爻經旁通、相錯諸法變化後，皆可互通，因而發明了比例之法。而所謂的比例，亦即是里堂綜合運用旁通、相錯諸法

之卦爻變化規則，以解釋《易經》經傳中文字重複之問題。也因爲里堂發現了文字重複之問題以此方法得以解決，更益信其「《易》爲聖人之作」的基本信念。

（2）里堂建立比例法之目的及其意義

前面所述皆專就《易經》卦爻變化言，然《易經》除卦爻變化外，其卦爻辭亦極爲重要。而里堂所以立比例之說，乃結合上述四法中之卦爻變化，與《易經》卦爻辭及〈十翼〉之辭，作一完整之解釋。故里堂云：

> 洞淵九容之數，如積相消，必得兩數相等者，交互求之而後可得其數，此即兩卦相孚之義也。非有孚則不相應，非同積則不相得。傳明云：「衰多益寡。」又云：「參伍以變，錯綜其數。」又云：「引而申之，觸類而長之。」其脈絡之鉤貫，或用一言，或用一字，轉相牽繫，似極繁賾，而按之井然。不啻方圓弦股，以甲乙丙丁之字指之，雖千變萬化，緣其所標以爲之識，無不瞭然可見。是故「不雨西郊」見於小畜，亦見於小過；「用拯馬壯」見於渙，亦見於明夷；「富以其鄰」、「不富以其鄰」，謙、泰與小畜互明；「輿說輹」、「壯于大輿輹」，大畜、小畜與大壯並著；「箕子」、「帝乙」，微意寓於人名；「鳴鶴」、「枯楊」，古訓藏於物類。以六書之假借，九數之雜糅，事有萬端，道原一貫，義在變通，而辭爲比例。以此求《易》，庶乎近焉。（同上）

里堂以爲卦爻變化一如數之比例，是有一定原則的。數之比例可直接由數字之變化求得，而《易》之比例則須由卦爻辭中的一字一句中去尋獲，故舉「不雨西郊」、「用拯馬壯」諸重複出現於不同卦爻辭中之例，藉卦爻辭重複出現來言比例之義。而解釋卦爻辭重複出現方法，則爲前文所言之旁通法也。因此吾人可謂，里堂所以建立比例之法者，乃在於欲藉旁通卦爻之變化，以解釋《易》中卦爻辭重複出現之問題也。而比例之法，亦即旁通、相錯諸法之應用。其相異處僅在於旁通、相錯諸法專言卦爻之變化，而比例之用則在於疏通《周易》經傳中之文字重複出現之問題也。

（3）比例圖分析

比例圖之圖形變化乃全依旁通、相錯法而行，是專言《易經》卦與卦間之關係者。今將之概分爲兩類：

①僅能由相錯法得之者，共二十八卦。

| | |
|---|---|
| 乾 | 否、泰錯 |
| 坤 | 泰、否錯 |
| 蒙 | 賁、困錯 |
| 訟 | 同人、師錯，否、未濟錯 |
| 師 | 明夷、訟錯 |
| 履 | 遯、臨錯 |
| 大有 | 晉、需錯 |
| 豫 | 大壯、觀錯 |
| 蠱 | 頤、大過錯 |
| 噬嗑 | 鼎、屯錯 |
| 剝 | 大畜、萃錯 |
| 坎 | 既濟、未濟錯 |
| 離 | 未濟、既濟錯 |
| 遯 | 履、謙錯，无妄、蹇錯 |
| 晉 | 大有、比錯 |
| 睽 | 旅、節錯 |
| 解 | 豐、渙錯 |
| 姤 | 无妄、升錯 |
| 困 | 革、蒙錯 |
| 鼎 | 噬嗑、井錯 |
| 震 | 恒、益錯 |
| 艮 | 損、咸錯 |
| 歸妹 | 小過、中孚錯 |
| 旅 | 睽、蹇錯 |
| 巽 | 益、恒錯 |
| 兌 | 咸、損錯 |
| 渙 | 家人、解錯 |
| 未濟 | 離、坎錯 |

②以相錯及旁通法皆可變化而成者，共三十六卦。

屯　井、噬嗑錯，蹇、无妄錯，需、頤錯，既濟、益錯

臨二之五，萃四之初，旅五之節二，姤二之復五，大有四之比初，

蠱初之隨四

乾二之坤五、四之坤初，離五之坎二、四之坎初，巽二之震五、初之震四

艮五之兌二、初之兌四，師二之五、同人四之師初，歸妹二之五、漸初之歸妹四

解二之五、四之初，困二之賁五、四之初

需　比、大有錯，屯、大畜錯，蹇、大壯錯，既濟、泰錯

大過四之初，中孚上之三，剝初之夬四，豫三之小畜上，噬嗑四之井初，旅上之節三

坤初之乾四、三之乾上，離四之坎初、上之坎三，震四之巽初、三之巽上

艮初之兌四、上之兌三，謙初之履四、履上之三，需四之渙初、渙上之三

復三之姤上、姤四之初，賁上之困三、困四之初，訟四之初、上之三

比　需、晉錯，既濟、否錯

乾二之坤五、離五之坎二、師二之五

小畜　觀、大壯錯，益、泰錯

坤初之乾四，巽初之震四，姤四之初

泰　坤、乾錯，復、小畜錯，謙、夬錯，明夷、需錯

恒四之初，損上之三，无妄四之升初，遯上之臨三，觀初之大壯四，萃三之大畜上

比初之大有四、三之大有上，同人四之師初、上之師三，隨四之蠱初、三之蠱上

漸初之歸妹四、上之歸妹三，家人上之解三、解四初，屯三之鼎上、鼎四之初

革四之蒙初、蒙三之上，蹇初之睽四、睽上之三，未濟四之初、上之三

否　乾、坤錯，同人、比錯

未濟二之五，需二之晉五，明夷五之訟二

同人　訟、明夷錯，否、既濟錯

坤五之乾二，坎二之離五，大有二之五

謙　臨、遯錯，泰、咸錯

剝上之三，乾上之坤三，兌三之艮上

隨　大過、頤錯，咸、益錯

巽二之震五，艮五之兌二，歸妹二之五

臨　謙、履錯，明夷、中孚錯

解四之初，同人四之師初，漸初之歸妹四

觀　小畜、豫錯，家人、萃錯

蒙二之五，夬二之剝五，豐五之渙三

賁　蒙、革錯，損、既濟錯

剝上之三，乾上之坤三，兌三之艮上

復　升、无妄錯，泰、益錯

豫四之初，乾四之坤初，巽四之震初

无妄　姤、復錯，遯、屯錯

睽二之五，謙五之履二，井二之噬嗑五

大畜　剝、夬錯，頤、需錯

鼎四之初，比初之大有四，隨四之蠱初

頤　蠱、隨錯，大畜、屯錯

晉四之初，夬四之剝初，井初之噬嗑四

大過　隨、蠱錯，萃、升錯

訟上之三，賁上之困三，復三之姤上

咸　兌、艮錯，隨、漸錯，夬、謙錯，革、蹇錯

恒二之五，否上之三，頤五之大過二，中孚二之小過五，大畜上
之萃三，臨三之遯上

解二之五、家人上之解三，鼎二之五、屯三之鼎上，小畜二之豫
五、上之豫三，復五之姤二、三之姤上，節二之旅五、三之旅上，
賁五之困二、上之困三，明夷五之訟二、訟上三，需二之晉五，
晉上之三，未濟二之五、上之三

恒　震、巽錯

未濟上之三，家人上之解三，屯三之鼎上

大壯　豫、小畜錯，小過、需錯

睽上之三，比三之大有上，漸上之歸妹三

明夷　師、同人錯，臨、家人錯，升、革錯，泰、既濟錯

履四之謙初，渙初之豐四，姤上之復三，困三之賁上，小過四之初，頤上之三

乾四之坤初，上之坤三，坎初之離四、三之離上，巽初之震四、上之震三

兌四之艮初、三之艮上，豫四之初、上之豫三，旅四之初、節三之旅上

井初之噬嗑四、噬嗑上之三，夬四之剝初、剝上之三，晉四之初、上之三

家人　渙、豐錯，觀、革錯，中孚、明夷錯，益、既濟錯

大畜二之五，遯四之初，困二之賁五，豫五之小畜二，歸妹四之漸初，師初之同人四

坤五之乾二、初之乾四，坎二之離五、初之離四，震五之巽二、四之巽初

兌二之艮五、四之艮初，大有二之五、四之比初，蠱二之五、隨四之蠱初

復五之姤二、姤四之初，節二之旅五、旅四之初，鼎二之五、四之初

蹇　節、旅錯，屯、遯錯，需、小過錯，既濟、咸錯

升二之五，觀上之三，噬嗑五之井二，履二之謙五，歸妹三之漸上，大有上之比三

乾二之坤五、上之坤三，離五之坎二、上之坎三，震五之巽二、三之巽上

兌二之艮五、三之艮上，師二之五、同人上之師三，蠱二之五、隨三之蠱上

夬二之剝五、剝上之三，豐五之渙二、渙上之三，蒙二之五、三之上

損　艮、兌錯，賁、節錯

未濟四之初，蹇初之睽四，革四之蒙初

益　巽、震錯，漸、隨錯，小畜、復錯，家人、屯錯

損二之五，否四之初，小過五之中孚二，大過二之頤五，大壯四
之觀初，升初之无妄四

蒙二之五、革四之蒙初，睽二之五、蹇四之睽初，夬二之剝五、
四之剝初

豐五之渙二、四之渙初，井二之噬嗑五、初之噬嗑四，需二之晉
五、晉四之初

明夷五之訟二、訟四之初，未濟二之五、四之初

夬　萃、大畜錯，咸、泰錯
　　履上之三，坤三之乾上，艮上之兌三

升　復、姤錯，明夷、大過錯
　　蒙上之三，同人上之師三，隨三之蠱上

萃　夬、剝錯，革、觀錯
　　解二之五，賁五之困二，小畜二之豫五

井　屯、鼎錯，既濟、恒錯
　　渙上之三，離上之坎三，震三之巽上

革　困、賁錯，萃、家人錯，大過、明夷錯，咸、既濟錯
　　大壯二之五，无妄上之三，剝五之夬二，渙二之豐五，師三之同
　　人上，蠱上之隨三
　　坤五之乾二、三之乾上、坎二之離五、三之離上，巽二之震五、
　　上之震三
　　艮五之兌二、上之兌三，大有二之五、比三之大有上，歸妹二之
　　五、漸上之歸妹三
　　謙五之履二、履上之三，井二之噬嗑五、噬嗑上之三，睽二之五、
　　上之三

漸　中孚、小過錯，益、咸錯
　　蠱二之五，震五之巽二，兌二之艮五

豐　解、家人錯，恒、既濟錯
　　噬嗑上之三，坎三之離上，巽上之震三

節　蹇、睽錯，既濟、損錯
　　困四之初，離四之坎初，艮初之兌四

中孚　漸、歸妹錯，家人、臨錯

　　　　訟四之初，謙初之履四，豐四之渙初

小過　歸妹、漸錯，大壯、蹇錯

　　　　晉上之三，節三之旅上，小畜上之豫三

既濟　坎、離錯，節、賁錯，井、豐錯，屯、家人錯，蹇、革錯，需、
　　　　明夷錯，比、同人錯

　　　　泰二之五，咸四之初，益上之三，晉五之需二，訟二之明夷五，
　　　　解三之家人上，鼎上之屯三，蒙初之革四，睽四之蹇初

　　　　師初之同人四、三之同人上，大有四之比初、上之比三，蠱初之
　　　　隨四、上之隨三，歸妹四之漸初、三之漸上，豫五之小畜二、三
　　　　之小畜上，姤二之復五、上之復三，剝五之夬二、初之夬四，謙
　　　　五之履二、初之履四，噬嗑五之井二、四之井初，渙二之豐五、
　　　　初之豐四，旅五之節二、上之節三，困二之賁五、三之賁上，臨
　　　　二之五、遯上之臨三，遯四之初、臨三之遯上，升二之五、无妄
　　　　四之升初，升初之无妄四、无妄上之三，萃四之初、大畜上之萃
　　　　三，大畜二之五、萃三之大畜上，大壯二之五、觀初之大壯四，
　　　　大壯四之觀初、觀三之上，中孚二之小過五、小過四之初，小過
　　　　五之中孚二、中孚上之三，大過二之頤五、頤上之三，頤五之大
　　　　過二、大過四之初，否四之初、上之三，恒二之五、四之初，損
　　　　二之五、上之三

由上述比例圖可知，比例法之所以此卦變爲某卦，某卦變作此卦，乃因旁通、
相錯之法。一卦或僅可由其他二卦變化而成，或可由其他數十卦變化而成。
然而不論其變化結果如何，皆有一定規則，而不可稍稍踰越也。

# 第三節　結　語

　　熊十力先生嘗云：

　　　　清儒治「漢易」，而不欲蹈術數家之術，思就經文別有創發者，焦循
　　　　其人也。焦氏之《易》，穿鑿至纖巧，學者號爲難讀，然如以耐心臨
　　　　之，取《通釋》及《章句》與《易圖略》，往復數番，識其途徑，握
　　　　其端緒，則脈絡分明，卻甚簡易。但在習渾沌而拙分析，尚超悟而
　　　　厭瑣碎者，恐閱之未肯終卷。故焦氏之書，求知音於後世，殊非易

事。（《讀經示要》卷三，頁41）

熊先生所謂「識其途徑，握其端緒」者，即指里堂之治《易》方法也。若能深知里堂之《易》法，讀其《易學三書》則亦不難矣！里堂之《易》法，即上述「旁通、當位失道、時行、相錯、比例」五圖也。旁通爲里堂《易》法之最基本、最重要者，兼言卦與爻之變化，並依荀爽、虞仲翔之說而擴充、改正之，使旁通之法有其一定條件限制，與必須遵守法則，而與荀、虞說《易》隨己意而言之的情況大不相同矣！當位失道與時行之說，則是專就《易經》六十四卦中，各卦之爻之變化得當與否而言也。二、五爻先初、四、三、上爻而行者爲當位、爲時行、爲吉；初、四、三、上爻先二、五爻而行則爲失道、爲不時行、爲凶也。然則吉凶悔吝者，又非僅視其當位失道與時行與否即可論之，要之，仍以旁通與否爲其論斷吉凶悔吝之據也。相錯則專論《易經》各卦相互變化之法則也。此法與旁通不同，兩卦必須六爻皆異，方可相互旁通；而所謂相錯則有著各種不同之方式，即如本章分析相錯圖時所言也。而相錯之法則爲兩卦之上卦相易，或兩卦之下卦互易，故此法與旁通之說迥異，乃爲補旁通法之不足也。至於比例之說，則是依旁通、相錯之卦爻變化法則，將《易經》卦爻辭作一重新解釋，並專對卦爻辭之重複出現的問題，嘗試性的提出了另一種解釋，同時也藉此以證明「《易》爲聖人之作」也。故其於《易圖略》卷五末云：

> 《史記‧孔子世家》稱孔子讀《易》，韋編三絕。非不能解也，正是解得其參伍錯綜之故。讀至此卦此爻，知其與彼卦彼爻相比例，遂檢彼以審之，由此及彼，又由彼及彼，千脈萬絡，一氣貫通，前後互推，端委悉見，所以韋編至於三絕。即此韋編三絕一語，可悟《易》辭之參伍錯綜。孔子讀《易》如此，後人學《易》，無不當如此，非如此不足以知《易》也。若云：「一見不解，讀至千百度，至於韋編三絕乃解，則失之矣！」

不但替《史記》中「孔子讀《易》，韋編三絕」，作了一個可能性的解釋，同時也藉此說明了己之解《易》之法與聖人解《易》之法相同，不如此解《易》，則無法得知聖人作《易》之旨也。里堂比例之法，實爲旁通、相錯之綜合運用，以解釋卦爻辭者也。

要之，旁通與相錯之法乃專就卦與爻之變化而言者，而當位失道、時行與比例之法，則爲藉卦爻變化之法而釋《易經》卦爻辭者也。此五法爲里堂學《易》數十年所悟得之法，亦爲入里堂《易》學之鎖鑰也。不先知里堂之

《易》法而欲入里堂《易》學之門，則斷無可能；若知里堂《易》法，則讀里堂之《易》不僅不難，且脈絡分明矣！

# 第三章　《易圖略》之分析（二）焦循《易》學之基本觀念

　　焦循《易圖略》卷一至卷五爲其《易》學方法論所在，知其以何種方法研究《易經》，則可通讀其《易》而無困難。然而，僅知其《易》學方法而不知其對《易經》之基本觀念爲何，則對於里堂《易》學便僅能知其然，而不能知其所以然了。故里堂於詳述其治《易》方法後，緊接著對前人對於《易經》所發表之言論，提出自己的看法，分別爲《易圖略》卷六之八篇以「原」字爲首之文章，及卷七、卷八以「論」字爲首的十篇文章，吾人謂之「八原、十論」。而此正爲了解里堂對於《易經》所持基本觀念之處也。里堂雖於〈易圖略敍目〉中云：

> 既撰爲《通釋》二十卷，復提其要爲《圖略》，凡圖五篇、原八篇，
> 發明旁通、相錯、時行之義；論十篇，破舊說之非，共二十三篇，
> 編爲八卷。

其謂「圖五篇、原八篇」爲「發明旁通、相錯、時行之義」，然實考其《易圖略》內容，發現「圖五篇」的確在發明旁通、相錯、時行之義，而「原八篇」則並非僅在發明旁通、相錯、時行之義，此八篇文章更說明了里堂對於《易經》之卦畫、卦名、卦序、卦辭、〈十翼〉及筮法等問題的看法，並運用其所發明之旁通、相錯、時行諸法，來證明自己對於《易經》卦畫、卦名、卦序、卦辭、〈十翼〉及筮法等問題的看法無誤。故「八原」不僅「發明旁通、相錯、時行之義」，其更重要的意義乃在：里堂藉此說明自己對於《易經》在歷史上所引發的諸多爭論，提出自己的看法，而這種看法便是里堂解《易》之基本

觀念。再者，里堂雖謂「論十篇，破舊說之非」，然觀此十篇以「論」字爲首的文章時，除了可知里堂對於舊說的看法外，更當知里堂在「破舊說之非」的同時，更在立己之說也。里堂在此所立之說爲何？即爲吾人上章所言旁通、當位失道、時行、相錯、比例之法也，亦即里堂治《易》方法也。何以知里堂「破舊說之非」時，亦同時立了自己之說呢？蓋此「十論」中，除〈論連山歸藏第一〉上篇之外，其他九篇皆在破前人研究《易經》之法，里堂既以爲前人研究《易經》之法爲誤，則孰之研《易》之法爲是呢？此自不言而可明矣！

下面我們便逐一討論「八原」、「十論」，以期能更詳細的瞭解里堂《易》學基本觀念及其對前人《易》說的看法。

## 第一節　焦循之《易》學觀念——「八原」之分析

里堂《易圖略》卷六共有八篇文章，依序爲〈原卦第一、原名第二、原序第三、原象象第四、原辭上第五、原辭下第六、原翼第七、原筮第八〉，由於〈原辭〉分上下兩篇，故雖說有「八原」，然則其內容則僅論述七事，各自爲《易經》中某些觀念做明白之闡釋，而此番闡釋亦即是里堂對《易經》基本觀念之自我表白。

欲論里堂《易圖略》之「八原」，首須了解「原」爲何義？《說文解字》云：

> 原，篆文从泉。

又云：

> 泉，水原也，象水流出成川形，凡泉之屬皆从泉。

泉本爲水源之義，且《說文》明云：「凡原之屬皆从泉。」原字亦从泉，是原字亦爲水原之義。蓋凡事之本原即爲原字之義也。而里堂又深明文字、聲韻之學，論《易》時用小學之法，[註1] 故吾人可知里堂以原字爲《易圖略》卷

---

〔註1〕里堂精於聲韻、文字之學，亦用此學於《易》中。里堂於《雕菰集》卷八〈周易用假借論〉一文中云：「六書有假借，本無此字，假借同聲之字以充之，則不復更造此字。如許氏所舉令、長二字，令之本訓爲發號，長之本訓爲久遠，借爲官吏之稱，但爲令、爲長，別無本字。推而爲面毛，借爲而乃之而；爲爲母猴，借爲作爲之爲，無可疑者也。又有從省文爲假借者，如省狃爲甲，省旁爲方，省杜爲土，省虞爲吳，或以避繁就簡，猶可言耳。惟本有之字，彼此互借，如麓、錄二字，本皆有者也，何必借錄爲麓？壺、瓠二字，本皆

有者也，何必借瓠爲壺？疑之最久。叩諸深通六書之人，説人皆不能了。近者，學《易》十餘年，悟得比例引申之妙，乃知彼此相借，全爲《易》辭而設，假此以就彼處之辭，亦假彼以就此處之辭。如豹、礿爲同聲，與虎連類而言，則借礿爲豹；與祭連類而言，則借豹爲礿。沛、綃爲同聲，以其剛揜於困下，則借沛爲綃；以其成兑於豐上，則借綃爲沛，各隨其文以相貫，而聲近則以借而通。竊謂本無此字而假借者，作六書之法也；本有此字而假借者，用六書之法也。古者命名辨物，近其聲即通其義。」里堂以爲古時造字即有假借之例，如令本爲發號、長本爲久遠，二者皆借爲官吏之稱；而之本義爲面毛，借爲而乃之而，作連續之用；爲字本爲母猴之義，後又借爲作爲之義，此皆爲本無其字之假借之例也。又有從省文而爲假借者，如省狎爲甲，省旁爲方，省杜爲土，省虞爲吳等字者，謂其所以假借者，乃爲避繁就簡，此猶可言。然本有之字，彼此互借，如麓、錄二字本皆有者，而借錄爲麓；壺、瓠二字亦本皆有者，而借瓠爲壺，其因爲何則不可知也。里堂嘗問於深通六書之人，然此諸人之解釋，皆未能服里堂。由於里堂未言其所問之人爲孰，亦未言彼人所回答之內容爲何，故吾人今已不能知里堂所問之人爲何，亦不可知彼人所回答之內容爲何。然里堂道及自己所得之見，其研《易》十餘年，得比例引申之妙，其見豹、礿互借之例而知本有其字之假借之因。里堂謂「與虎連類而言，則無礿爲豹；與祭連類而言，則借豹爲礿」，如此，則知本有其字之假借，乃由於其字所用之處而定也。此或借於彼，彼或借於此，皆由其所在之處的文意而定也。故里堂釋《易》，多有用假借而說之者。或有人謂其以假借說《易》過於穿鑿，然此等人之説，正足以見彼論學工夫之深淺矣！今人言訓詁有聲訓一條，而聲訓條例中有「聲義同源、凡同聲多同義、凡字之義必得諸字之聲、凡从某聲多有某義」諸例，且前人以文字聲韻關係求出文字假借之例亦不勝枚舉，如王引之考出「剝牀以辨」之「辨」爲「蹁」之假借，「祇既平」之「祇」爲「疷」之假借，而使得《易經》之解更能近於眞確，不若前人不知「辨」爲「蹁」之假借，「祇」爲「疷」之假借時，只得望文生意，造出許多曲解來。由此觀之，里堂以爲經文中若有聲近之字而於文意無法解通時，以假借之法說之而得以貫通全文，又何以說之爲穿鑿呢？此正爲吾人解《易》開闢一條新路來呢！故清人皮錫瑞著《經學通論》，於《易》中專立二文以言里堂假借說《易》之例，名之曰〈論焦循以假借說《易》本於《韓詩》，發前人所未發〉，及〈論假借說《易》並非穿鑿，學者當援例推補〉，其以爲里堂以假借說《易》之法，正爲吾人解《易》尋得一條康莊大道，吾人當援里堂以假借說《易》之例而推補之，使《易》義更能明白無晦，何能謂其說穿鑿呢？

里堂既以爲《易》中有許多假借之例，而《易》義或有不可通者，以假借說之則通矣！故其於《易學三書》中多以借假說《易》，使《易》義更爲顯明。是以里堂雖自云其治《易》之法爲旁通、相錯、時行、比例、當位失道，而此五法之相互連貫，實亦有賴於假借之功也。里堂知《易》可以假借說之，故《易》辭之比例方能貫通無礙，若不知《易》辭有假借之義而強解之，則《易》義便有許多不可通之處，更別說要將《易》辭比例而釋之以通貫全經。是以皮錫瑞〈論假借說《易》並非穿鑿，學者當援例推補〉一文云：「或疑假借說《易》近於傅會，不知卦名每含數義，不得專執一義以解，專以本義

七八篇文章之名之首，其欲爲卦、卦名、卦序、卦辭、〈十翼〉及《易經》卜筮之法尋求其原義之目的，亦甚明矣！

## 一、原　卦

此篇所謂之卦爲何？蓋即吾人今日所謂之卦畫也。里堂著此文之目的乃在說明六十四卦所以形成之因，及六十四卦究竟爲何人所創也。

### （一）卦爲伏羲所畫

里堂云：

> 伏羲氏之畫卦也，其義質而明，其功切而大，或以精微高妙說之則失矣！（《易圖略・卷六・原卦第一》）

是里堂先認定《易》卦爲伏羲所畫，此爲其論《易》之基本認知與先決條件。里堂何以如此肯定《易》卦爲伏羲所畫？蓋因〈易傳〉之說也。〈繫辭傳・下〉云：

> 古者包犧氏之王天下也，仰則觀象於天，俯則觀法於地，觀鳥獸之文與地之宜，近取諸身，遠取諸物，於是始作八卦，以通神明之德，以類萬物之情。

〈繫辭傳〉明云八卦爲包犧所作（包犧即爲伏羲），而里堂又深信〈十翼〉爲孔子所作，此既爲孔子之言，則斷無錯誤之理。況《史記・三皇本紀》亦云：

> 太皞庖犧氏，風姓，代燧人氏，繼天而王。母曰華胥，履大人跡於雷澤，而生庖犧於成紀。蛇身人首，有聖德，仰則觀象於天，俯則觀法於地，旁觀鳥獸之文與地之宜，近取諸身，遠取諸物，始畫八卦，以通神明之德，以類萬物之情。

太史公之後兩千年來《易》家，明言《易》卦爲伏羲所畫者又不勝枚舉，〔註

解之，爻辭多不可通，……學者試平心靜氣以審之，當信其必非傅會矣！」他經可以假借之法說之，則《易》又何以不可呢？是以吾人若平心靜氣觀假借說《易》之例，則可知此說可行也。故吾人與其謂里堂治《易》之法爲旁通、相錯、時行、比例、當位失道五者，不如再加之以假借，則更爲完備也。

〔註 2〕《周易正義・卷第一・論重卦之人》云：「〈繫辭〉云：『河出圖，洛出書，聖人則之。』又《禮緯・含文嘉》曰：『伏羲德合上下，天應以鳥獸文章，地應以〈河圖、洛書〉，伏羲則而象之，乃作八卦。』故孔安國、馬融、王肅、姚信等並云：『伏羲得河圖而作《易》。』……今依王輔嗣以伏羲既畫八卦，即自重爲六十四卦爲得其實。」由《周易正義》此段可知，《禮緯》以爲伏羲乃畫卦之人，而孔安國、馬融、王肅、姚信諸人亦皆依《禮緯》之說，孔穎達

2）前人之說既已如此肯定，後人若無實據以證其非，則斷無不信前人之說，而以後人想像推則之言爲是之理也。再以證據之效力而言，通常以愈近事件發生年代之證據其可信度愈高，〈繫辭傳〉之年代無論是以里堂所認定爲孔子所作之春秋晚期，或以今人所論之戰國中晚期至漢初此段時間爲準，〔註3〕皆較今日接近《易》卦發生之年代約兩千年之久，而太史公於《史記》之〈三皇本紀〉中首言包犧畫八卦，亦自有其據。則里堂以爲《易》卦爲伏羲所作，不但不爲迂論，至少應可視爲目前可信之說矣！一般人總持著人類是不斷進化的觀念在看人類歷史的發展，吾人不敢斷言這種說法是完全錯誤的（至少在科學的發展上，人類的確在不斷進步著），但是至少可以這麼說，以人類是不斷的進步著這種觀念在討論人類的歷史演變，極可能會產生一種先入爲主的觀念，因而也極可能在這先入爲主的觀念誤導下，產生了錯誤的判斷。是以論歷史事件時，實不應存有任何先入爲主的認定，一切的論斷應以目前可見之證據爲判斷時之界限。是以里堂謂《易》卦爲伏羲所畫，乃依其所見之證據而下的判斷，實爲客觀之說也。

### （二）伏羲為定人倫之道而畫卦

　　吾人既知里堂認定《易》卦爲伏羲所畫，則伏羲又爲何創此八卦呢？其意義何在？里堂以爲伏羲所以作八卦者，乃在於其「欲定人道也」。其云：

> 知母不知父則同於禽獸，父子、君臣、上下禮義，必始於夫婦，則伏羲之定人道，不已切乎？以知識未開之民，圖畫八卦以示之，而民即開悟，遂各遵用嫁娶以別男女而知父子，非質而明能之乎？故在後世，觀所畫之卦，陰陽奇偶而已。而在人道未定之先，不知有夫婦者，知有夫婦；不知有父子者，知有父子。人倫王道自此而生，非神聖廣大，何以能此。（同上）

則今日所以言陰陽奇偶者，在伏羲之時，人道未定之前，八卦所代表的意義

---

乃依王輔嗣之說，亦以八卦爲伏羲所畫者也。蓋〈繫辭傳〉既已明云八卦爲伏羲所畫，而此又爲言八卦爲何人所畫最早出現之說，以今所見之證據論，八卦爲伏羲所畫實非空論也。

〔註3〕關於〈易傳〉之年代、作者的問題爭議頗多，孔穎達《周易正義・卷一・第六論夫子十翼》云：「其彖、象等〈十翼〉之辭，以爲孔子所作，先儒更無異論。」由此可知，在唐以前，是沒有人懷疑過〈易傳〉的作者爲孔子的。及至歐陽修作《易童子問》後，論〈易傳〉非孔子所作者始多，大約都以爲〈易傳〉不出於一人之手，其年代約在戰國至秦、漢初年。

乃爲「定人倫王道」者也。何謂人倫？即夫婦之道也。所謂君臣、父子、上下之禮義，皆自夫婦之道始也。何者？蓋有夫婦之道，男女之嫁娶，則人類方得以延續，方得以成長，亦因之而有君臣、父子、上下之義也。吾人由何處得知八卦乃爲定人倫之道而作者？里堂於《易圖略》同處云：

> 然則伏羲之卦可知矣！爲知母不知有父者示也。故乾、坤定位，而後一索、再索、三索以生六子，有父子而長少乃可序，吾知伏羲之卦必首乾而次坤。或謂伏羲之卦爲《連山》，《連山》首艮，是仍無父之子矣！伏羲不爾也。故傳云：「天尊地卑，乾坤定矣！」〔註4〕明伏羲之卦首定乾、坤也。

蓋乾、坤二卦分別爲連三陽與連三陰之卦，由乾、坤二卦之交互相變換可得震、巽、艮、兌、坎、離六卦，此即里堂所謂「乾、坤定位，而後一索、再索、三索以生六子」也，故乾、坤爲父母也。〔註5〕此亦伏羲作八卦乃爲定人倫之道之證也。至於有人以爲伏羲所畫之卦爲《連山》，非《周易》，里堂亦於此處駁之。其以爲伏羲既爲了定人倫之道而作八卦，則必先自夫婦之義始。蓋無夫婦之道，則人類亦無延續之理，而況乎其他之君臣、父子之道呢？在八卦之中，乾爲父，坤爲母，伏羲作八卦既爲定人倫，則八卦必自乾、坤始也，斷無如《連山》首艮之理。

由此可知，里堂以爲伏羲所以作八卦乃在定人倫之道也，若徒以陰陽奇偶論八卦，則不僅未能明伏羲作卦之義，更無法深知伏羲作《易》之功也。至於伏羲何以用圖畫八卦之法以示人倫之道呢？此乃因當時智識未開也。

## （三）伏羲不僅作八卦，且重之爲六十四卦

八卦雖爲伏羲所畫，然今之《易經》共有六十四卦，則八卦之外的五十六卦又是誰所重的呢？重卦之人爲誰，眾說紛云。《周易正義・卷第一・論重卦之人》云：

> 然重卦之人，諸儒不同，凡有四說。王輔嗣等以爲伏犧畫卦，鄭玄之徒以爲神農重卦，孫盛以爲夏禹重卦，史遷等以爲文王重卦。其

---

〔註4〕里堂《易學三書》中所云之「傳」，皆指〈繫辭傳〉，此文見於〈繫辭傳・上〉之首。

〔註5〕里堂「乾、坤定而一索、二索、三索而生六子」之言，乃出於〈說卦傳〉「乾，天也，故稱乎父；坤，地也，故稱乎母；震一索而得男，故謂之長男；巽一索而得女，故謂之長女；坎再索而得男，故謂之中男；離再索而得女，故謂之中女；艮三索而得男，故謂之少男；兌三索而得女，故謂之少女」之言也。

言夏禹及文王重卦者，案：〈繫辭〉神農之時已有「蓋取益與噬嗑」，以此論之，不攻自破。其言神農重卦，亦未爲得。今以諸文驗之，案：〈說卦〉云：「昔者聖人之作《易》也，幽贊於神明而生蓍。」凡言作者，創造之謂也。神農以後，便是述修，不可謂之作也，則幽贊用蓍，謂伏犧矣！故《乾鑿度》云：「垂皇策者犧。」〈上繫〉論用蓍云：「四營而成《易》，十有八變而成卦。」既言聖人作《易》十八變成卦，明用蓍在六爻之後，非三畫之時。伏犧用蓍，即伏犧已重卦矣！〈說卦〉又云：「昔者聖人之作《易》也，將以順性命之理。是以立天之道曰陰與陽，立地之道曰柔與剛，立人之道曰仁與義，兼三才而兩之。」故《易》六畫而成卦。既言聖人作《易》，兼三才而兩之，又非神農始重卦矣！又〈上繫〉云：「《易》有聖人之道四焉，以言者尚其辭，以動者尚其變，以制器者尚其象，以卜筮者尚其占。」此之四事，皆在六爻之後。何者？三畫之時，未有象繇，不得有尚其辭，因而重之，始有變動。三畫不動，不得尚其變，揲蓍布爻，方用之卜筮，蓍起六爻之後，三畫不得有尚其占。自然中間以制器者尚其象，亦非三畫之時。今伏犧結繩而爲罔罟，則是制器。明伏犧已重卦矣！又《周禮》「小史掌三皇五帝之書」，明三皇已有書也。〈下繫〉云：「上古結繩而治，後之聖人易之以書契，蓋取諸夬。」既象夬卦而造書契，伏犧有書契則有夬卦矣！故孔安國〈書序〉云：「古者伏犧氏之王天下也，始畫八卦，造書契，以代結繩之政。」又曰：「伏犧、神農、黃帝之書，謂之三墳。」是也。又八卦小成，爻象未備，重三成六，能事畢矣！若言重卦起自神農，其爲功也，豈比繫辭而已哉？何因《易緯》等數所歷三聖，但云：「伏犧、文王、孔子」，竟不及神農，明神農但有蓋取諸益，不重卦矣！

故今依王輔嗣，以「伏犧既畫八卦，即自重爲六十四卦」爲得其實。

是歷來《易》家，有以重卦之人爲神農者，有以爲夏禹者，有以爲文王者，有以爲伏犧者。孔穎達作《周易正義》，以爲言重卦之人爲夏禹、文王者，可由〈繫辭傳〉中「包犧氏沒，神農氏作，斵木爲耜，揉木爲耒，耒耨之利，以教天下，蓋取諸益。日中爲市，致天下之民，眾天下之貨，交易而退，各得其所，蓋取諸噬嗑」一語，得知神農之時已有益與噬嗑二卦，而夏禹與文王時代又晚於神農，故夏禹與文王不可能爲重卦之人可知矣！孔氏《周易正

義》又引〈說卦傳、繫辭傳〉及《周禮、易緯》、孔安國〈書序〉等，以言重卦之人絕非神農，定是伏犧。《周易正義》以爲重卦之人爲伏犧，乃本之王輔嗣，而里堂亦以爲重卦之人爲伏羲。其云：

> 乾坤生六子，六子共一父母，不可爲夫婦，則必相錯焉，此六十四卦所以重也。猶是巽之配震也，坎之配離也，兌之配艮也，在三畫則同一父母之所生，在六畫則已爲陰陽之相錯。相錯者，以此之長女配彼之長男，以彼之中男、少男配此之中女、少女。一相錯而婚姻之禮行，嫁娶之制備，八卦成列，因而重之，吾於此知伏羲必重卦爲六十四。或謂伏羲但作八卦不重卦，則所以制夫婦之禮，即用一夫婦所生之男女矣！伏羲必不爾也。故傳云：「有男女然後有夫婦。」不贊於乾、坤而贊於咸、恒，明伏羲之定人道、制嫁娶，在相錯爲六十四也。（《易圖略・卷六・原卦第一》）

里堂以伏羲爲重卦之人之因，乃在於伏羲既爲定人倫而作八卦，人倫之道又起於夫婦之禮，若伏羲只作八卦，而未重之爲六十四卦，是伏羲欲以此對夫婦所生之三男三女互爲夫婦，以延續人類之生命也。若兄弟姊妹可互爲夫婦，則此又與伏羲作卦原意相互衝突，是故伏羲必爲重卦之人也。而伏羲重卦之法，即爲里堂所謂之相錯，亦即爲「以此之長女配彼之長男，以彼之中男、少男配此之中女、少女」也。

里堂以伏羲不僅爲作八卦之人，且爲重卦之人之說，雖與王輔嗣、孔穎達之說同，然則王、孔說伏羲爲重卦之人之證據，乃取於〈說卦傳、繫辭傳〉與《周禮》及孔安國〈書序〉之言也，或以時代之先後論之，或以經傳之文推之，非以禮義道德而推之者也。而里堂說重卦之人爲伏羲，卻全由禮義道德而論，是里堂論重卦之人的結論雖非新說，然其所據之證卻是與上述二人不同也。重卦之人究竟是誰？尚無定論。然里堂以道德的角度論證出伏羲爲重卦之人，此實爲吾人論述《易》卦作者爲誰時，闢出另一條通路也。無怪乎牟宗三先生以道德哲學的角度論述里堂之《易》學也。〔註6〕

---

〔註6〕牟宗三先生著《周易的自然哲學與道德函義》，特立一章專論里堂《易》學而名之曰〈清焦循的道德哲學之易學〉。觀其以「道德哲學」之詞冠於焦循之《易》學之前，可知牟先生是以「道德哲學」的角度來論里堂《易》學的。其於〈清焦循的道德哲學之易學〉引言中云：「胡煦焦循是中國最有系統最清楚最透闢的兩位思想家。」又云：「胡煦是從《周易》方面研究自然哲學，解析具體世界；焦循是從《周易》方面發揮道德哲學，解析價值世界。」是故牟先生不

## 二、原 名

　　六十四卦既爲伏羲爲定人倫之道而畫，那麼六十四卦之名又是因何而來？此爲里堂本篇所欲說明者也。

### （一）六十四卦既為伏羲所重，則卦名亦為伏羲所命

　　里堂於《易學三書》中，雖未明言卦名爲誰所命，然其以爲畫卦、重卦之人皆爲伏羲，則卦名理應爲伏羲所命也。何以知之？蓋若云伏羲僅畫六十四卦而未加之以名，則伏羲又如何以此六十四卦以定人倫哉？六十四卦若無其名，則六十四卦之意義爲何？又莫可知之矣！況〈繫辭傳〉云：

> 包犧氏沒，神農氏作，斲木爲耜，揉木爲耒，耒耨之利以教天下，蓋取諸益。日中爲市，致天下之民，聚天下之貨，交易而退，各得其所，蓋取諸噬嗑。

是神農時已有益與噬嗑之名也。益與噬嗑皆爲卦名，則爲卦命名之人必在神農之前。吾人既知重卦之人爲伏羲，則卦名又不可能先卦畫而出，由此可知，爲六十四卦命名者爲伏羲也。

### （二）卦名非據卦畫而來，乃據旁通之法而來

　　既知畫卦、重卦及爲卦命名者爲伏羲，而伏羲是以相錯之法重卦，則吾人不禁要問：伏羲是如何爲卦命名的？重卦有法，則命卦之名亦應有也。里堂以爲伏羲乃因旁通之法而命卦名也。其云：

> 六十四卦之名，非據見在之畫而名之也。（《易圖略·卷六·原名第二》）

里堂以爲卦名之所由來者，並非由今日所見之卦畫而來，蓋另有深意也。里堂以爲伏羲之深意即旁通也。里堂舉例云：

> 雷風何以恒？風雷何以益？山上有水何取乎蹇？山上有火何取乎旅？傳云：「不易乎世，不成乎名。」然則名之成，成於易也。易乎世則有始，是爲開；開而當名，名當則榮，名不當則辱。非所困而困焉，名必辱，謂不當也。乾上之坤三，輕而不當者也，與履通則開而當，名爲謙。謙以通履而得名，不通履，不可名謙也。恒四之

---

但以焦循爲中國歷史上最有系統、最透闢的思想家，且認爲里堂乃是從《周易》上發揮道德哲學，解析具體世界，而此亦正是牟先生論里堂《易》學之立場及觀點也。

初，浚而不當者也，與否通則開而當，名爲泰。泰以通否而得名，不通否，不可名爲泰也。賁變通於困，賁五之二則開而不名爲困矣！惟困二不之賁五，而賁上之困三成大過，大過又不變通於頤而四之初，此困所以名困而名辱矣！困之名以其不能須待，倘能須待而通於晉，則不困窮而名即爲需。需、明夷相錯爲泰、既濟，需、晉相錯爲大有、比，故需二之晉五爲大有二之五之比例，其名則榮。否不俟泰二之五而成既濟，即比不俟大有二之五而成既濟。比之「匪人」即爲否之「匪人」，此否所以名否，其名則辱。夫否即需二之晉五者也，何以名晉者改而名否？以其不能開而當也。泰即睽上之三，而又四之蹇初者也，何以不名睽而轉名爲泰？以其能開而當也。物相雜爲文，文不當故吉凶生。當則吉，不當則凶，而皆本於相雜。雜而當則名大有、豐、豫、頤、泰、中孚諸名而爲榮，雜而不當則名大過、小過、明夷、困、否諸名而爲辱。故云：「其稱名也，雜而不越。」「雜」，以其既動也，「不越」，不以當而辱，不以不當而榮也。又云：「其稱名也小，其取類也大。」〔註7〕「稱名小」，謂不能開而當名者，小猶辱也。「取類」，謂旁通也。明夷、小過以不當而小其名，明夷取類於訟則「得大首」，小過取類於中孚則「宜下大吉」，其名雖辱，一能變通，則小化爲大，凶變爲吉，名亦且轉辱爲榮矣！執見在之畫以核其名，則「剛不行」何以爲「乾健」？而「純柔」者烏知其爲「坤順」哉？（同上）

其引〈易傳〉「不易乎世，不成乎名」一語，以爲卦名之所以成者，乃在於「易」字，易乎世則又爲另一新的開始。一新的開始必有一名，其行若當則此名爲榮，其行若不當則此名爲辱。何名爲榮？何名爲辱？里堂以爲依旁通法行者爲榮，不依旁通法行者爲辱。故大有、豐、豫、頤、泰、謙諸卦之名所以有榮之義，乃由於其卦之所以成者，皆由於他卦之爻之行依旁通之法也；而大過、小過、明夷、困、否諸卦之名所有辱之意者，乃由於其卦之成皆由於他

---

〔註7〕 「其稱名也雜而不越」、「其稱名也小、其取類也大」二語出於〈繫辭傳〉，原文爲「子曰：『乾、坤，其《易》之門邪？』乾、陽物也；坤、陰物也。陰陽合德而剛柔有體，以體天地之撰，以通神明之德，其稱名也雜而不越，於稽其類，其衰世之意邪？夫《易》彰往而察來，而微顯闡幽，開而當名辨物，正言斷辭，則備矣！其稱名也小，其取類也大，其旨遠，其辭文，其言曲而中，其事肆而隱，因貳以濟民行，以明失得之報。」

—96—

卦之行，不依旁通法也。旁通之法為何？即吾人第二章所云之旁通條件與法則也（凡兩卦之六爻皆異者可相互旁通。旁通之法則為初、四爻互易，二、五爻互易，三、上爻互易，且二、五先行方為當位）。旁通法之所謂當位者，即此處所謂「開而當名」者，其卦名必榮；反之，若不依旁通法則而行（初、四、三、上先二、五而行），則為不當之行，即此處所謂「開而不當名」者，其卦名必辱。故里堂此處所謂「雜而當、雜而不當」者，皆指卦爻之行是否依旁通法而言也。其又引〈易傳〉「其稱名也小，其取類也大」，以言傳所云「小」者，即其所謂「辱」也。而傳何以言「取類為大」呢？里堂謂「取類」即是旁通也。

　　由此可知，里堂論卦名所由來，全依旁通之法言也。蓋《易》本主變，吾人若執卦畫以核其名，則何以知《易》之變化哉？

## 三、原　序

　　此處之序，指六十四卦之卦序也。六十四卦之次序何以為今日所見之模樣？若六十四卦之形成與卦名皆有其寓義，則六十四卦之排列次序，又豈獨無深意？里堂此篇乃欲為六十四卦之所以如此排列者，找出其原始之意義也。

### （一）卦序為伏羲所定

　　《易經》八卦既為伏羲所畫，六十四卦為其所重，卦名亦為其所命，則卦序亦為伏羲所定也。六十四卦之次序若無一定，則伏羲畫卦以定人倫之義不可明也。此卦之所以次於某卦者，必有其義。故里堂云：

> 伏羲通神明之德，類萬物之情。萬物之情，非生而即類者也；神明之德，非生而即通者也。自然而定位者，天地也；自然而變通者，寒暑日月也；生而知之者，聖人也。其賢人以下，則必待於教。（《易圖略·卷六·原序第三》）

天地、日月、寒暑，皆自然也，而《易》卦所以作者，乃聖人觀自然之變化，通神明之德，類萬物之情而後所得者。若非聖人，則必待於教而後乃能懂。故卦之所以作、所以重、所以名、所以序者，皆由聖人，此聖人為誰？伏羲是也。

### （二）卦序乃依反對、旁通之法而成，其目的在說明人倫之道

　　六十四卦之次序何以如今日模樣？〈易傳〉中雖有〈序卦傳〉以說明卦

序，而里堂則由〈序卦傳〉得知伏羲所以將六十四卦如此排列之因。里堂云：

> 《易》重旁通，乃卦之序不以旁通，而以反對。用反對者，正所以
> 用旁通也。無反對，即用旁通爲序，見反對有窮而旁通不窮也。（同
> 上）

里堂以爲《易經》所重者，乃在於旁通之義，伏羲所以重卦、所以爲卦命名者皆與旁通之法有關。然伏羲排列六十四卦次序時，何以不直接用旁通之法，而先以反對之法行之呢？蓋伏羲所謂反對之法即是旁通之法也。故里堂謂「用反對者，正所以用旁通也」。反對與旁通何以能相通？里堂以爲反對者，乃兩六爻皆異之卦也。而上章言旁通之法時，嘗提出「旁通基本條件」說，所謂「旁通基本條件」者，即指兩卦六爻須皆互異也。故里堂乃謂「用反對者，正所以用旁通也」。伏羲所以先用反對之法，而再繼之以旁通者，乃因反對之法尚不足以將六十四卦之卦次說解的圓通無礙也。而旁通除了基本條件與反對相同外，更多了兩條旁通法則，此二條旁通法則，便使旁通之法遠比反對之法靈活多了。反對僅有卦與卦之間的變化，而旁通則多了爻與爻之間的變化，其間差異自不待言。里堂又云：

> 夫婦必由嫁娶，不容任其自然，故不以旁通序也。卦之有旁通，如
> 人之有夫婦也。序以反對，而辭則指其所之。所之者，旁通也。（同
> 上）

是里堂又以人倫角度論伏羲所以用反對以列卦序也。里堂以爲伏羲所以作卦，乃爲定人倫之義也，故其列諸卦之次第，必與人倫有關。人倫之義首出於夫婦，是卦序所以用反對者，乃因「夫婦必由嫁娶，不容任其自然」也。而所謂反對，正是指兩卦之爻皆異也。兩卦之爻皆異，依旁通法可以互通，六爻皆異之卦可互而通之，則於人事言，正可與里堂之以爲伏羲必爲重卦之人，乃因兌、離、震、巽、坎、艮六卦爲乾、坤所生，其於人事而言爲兄弟姐妹，不可互爲夫婦，故乃重之而爲六十四卦，互相參看之。蓋六爻皆異者，不正謂「兄弟姐妹不可成夫婦」嗎？由此觀之，伏羲所以用反對、旁通之法以排六十四卦之次序者，在里堂看來，亦有其爲百姓立人倫之道之深意矣！

里堂接著舉例云：

> 《易》之爲書也，參伍錯綜，引申觸類，其辭每以比例互明，反對於
> 旁通亦比例互明者也。屯旁通鼎，革旁通蒙，屯猶革也，鼎猶蒙也。
> 故屯、蒙與鼎、革互爲比例。豐旁通渙，節旁通旅，豐猶節也，旅猶

渙也。故豐、旅與節、渙互為比例。反對、旁通，四卦交互，如九數
之維乘。〈序卦〉一傳，全明乎變通往來之義，而〈雜卦傳〉前用反
對，自大過以下頓破之，而明之以君子道長，小人道消，所以示反對
之序必散而旁通，以合消長之道也。不特此也，離四之坎初成節、賁，
猶離上之坎三成豐、井。賁旁通困，豐旁通渙，經於困初六稱「三歲
不覿」，明賁上之困三；於豐上六稱「三歲不覿」，明渙初之豐四，豐
可例賁，則例節可知矣！困可例渙，則例噬嗑可知矣！……然則以反
對為序者，示人以比例之端也。若序卦如是，辭之義即如是，則《易》
之為書，亦何刻板而不靈，且有何知而韋編三絕哉？至於屯、蒙、需、
訟之相次，則孔子特為序卦作傳，卦麗於名，緣名以立義，傳已詳言
之，後人惟當體傳之義，不宜更益一辭。（同上）

是里堂以為反對與旁通之交互運用，即其《易》學方法中之比例也。亦即吾
人視卦之次序時，當知《易》本重旁通，而卦爻經旁通之法變化後，觀其卦
辭、爻辭，即會發現有相類似之辭句出現，此即為卦有比例之義之證。故里
堂舉卦爻辭中之例，以證己說也。而《易》卦以反對為序者，亦為示人以比
例之義也。比例之義如何可知？則須依旁通之法，若只知反對而不知旁通、
比例，則是將《易經》給看呆、看死了。由此觀之，里堂以為伏羲之所以將
六十四卦如此排列者，乃為說明人倫之義。為了說明人倫之義，故用反對之
說以序卦。然反對之說於〈雜卦傳〉中僅止於大過，而大過之後則非以反對
說之，何也？蓋反對之說已窮也，故繼之以旁通說卦之次序，若通觀反對、
旁通二法而比較旁通卦之卦爻辭，則可發現其卦爻辭中常有相通之情況，吾
人又由此可知卦序中亦有比例之義也。蓋里堂以為伏羲序卦之目的乃在說明
人倫之道，是承其為定人倫而作卦之意；而伏羲為了說明人倫之義，故以反
對、旁通、比例之法言之也。

## 四、原彖、象

此處所謂之彖，乃指今日所謂卦辭；而所謂之象，乃指今日所謂爻辭。
里堂云：

孔子〈十翼〉，於卦辭稱〈彖傳〉，於爻辭稱〈象傳〉，然則文王之卦
辭謂之彖，周公之爻辭謂之象。（《易圖略・卷六・原彖象第四》）

孔子既於卦辭之後稱〈彖傳〉，於爻辭之後稱〈象傳〉，可知卦辭即所謂彖，

而爻辭即所謂象，此乃吾人讀里堂〈原彖象〉所須先了解的。

## （一）彖為文王所作，象為周公所作

里堂直謂：

> 孔子〈十翼〉，於卦辭稱〈彖傳〉，於爻辭稱〈象傳〉，然則文王之卦
> 辭謂之彖，周公之爻辭謂之象。（同上）

又云：

> 合六爻而為卦，分一卦而為爻，文王雖總一卦以繫辭，而其辭不外
> 乎爻；周公雖分六爻以繫辭，而其辭實本乎卦。（同上）

是里堂以為卦辭為文王所作，爻辭為周公所繫也。而卦辭雖為總一卦而言者，
然亦不外乎六爻，蓋一卦為六爻之總合也。爻辭雖為分各爻而言之者，然亦
不外乎一卦，蓋六爻為一卦所分者也。是以卦爻辭間亦有著一定的關係，故
里堂如此言之。

## （二）彖者，退也，文王為不知退者戒也

彖既為文王所作，則文王作彖之意為何？彖字之義又為何？里堂云：

> 其名彖者何義也？彖之言挩也，讀如遯。（同上）

里堂如何能知「彖為挩，讀如遯」？里堂釋之曰：

> 《廣雅疏證》云：「彖，挩也。」《說文》：「彖，豕走，挩也。」〔註8〕
> 挩與脫通，脫、彖聲相近。彖猶遯也，遯或作逡。《漢書·匈奴傳》
> 贊「逡逃竄伏」，字從逡，彖聲。彖、遯聲亦相近。（同上）

里堂依《廣雅疏證·說文》之說而謂「彖為挩」，而《說文》又云：

> 挩，解挩也。段注云：「今人多用脫，古則用挩，是則古今字之異也。
> 今脫行而挩廢也。」

是即里堂所謂「挩與脫通」。彖字之音為「通貫切」，聲類屬透紐，挩字之音
為「他括切」，聲類亦屬透紐，〔註9〕在訓詁學的聲訓條例中有「聲義同源」、

---

〔註8〕《說文》「彖」段注云：「《玉篇》作『豕走，挩也』，恐是許書古本如此。《周
　　　易》卦辭謂之彖，爻辭謂之象。〈繫辭傳〉曰：『彖也者，才也。』虞翻曰：『彖
　　　說三才。』彖者，言乎象者也。虞翻曰：『八卦以象告，彖說三才，故言乎象
　　　也。』古人用彖字必系假借，而今失其說。劉瓛曰：『彖者，斷也。』」里堂
　　　以彖為「豕走，挩也」，蓋如段注所疑為許書古本之說為準也。故其曰：「《說
　　　文》『彖，豕走，挩也』」。
〔註9〕可參見陳新雄先生所著之《聲類新編》頁128、129，及林尹先生著，林炯陽
　　　先生注釋之《中國聲韻學通論》頁239之初語上字表。

「凡同聲多同義」、「凡字之義必得諸字之聲」及「凡從某聲多有某義」等四條例，其所欲說明者，無非字聲先於字義，故吾人今日所見之字形或有不同，然聲音相近之字，其字義亦多相近也。里堂生於乾嘉年間，自幼熟習文字聲韻之學，故以訓詁之法得知「脫、象同聲」，則象與脫之字義相同；而遯字之音爲「徒損切」，聲類屬定紐，透、定二紐聲相近，故象、遯聲亦相近。基於聲訓條例可知聲近則義亦相近，而〈雜卦傳〉云：

> 遯，退也。

是以里堂謂象爲退也。象字既有退義，則文王所繫之卦辭又爲何要叫做象呢？其取象之義爲退而名卦辭究竟爲何？里堂以爲文王繫卦辭之意，乃爲知進而不知退者戒。里堂云：

> 其名象者何義也？象之言悅也，讀如遯。文王爲知進而不知退者戒也，示其義曰象，遯則退也。示天下後世以安不忘危，存不忘亡，治不忘亂。（同上）

里堂以爲文王之所以名卦辭爲象者，乃欲後人知安危、存亡、治亂之理，切莫只知進而不知退。

里堂何以能知文王繫卦辭之義呢？蓋由孔子〈易傳〉而知也。里堂云：

> 孔子於乾贊之云：「遯世无悶」。於大過又贊之云：「遯世无悶」。亢而能遯則悔亡，過而能遯則无咎。乾旁通於坤而成屯，屯遯而通於鼎。「君子幾不如舍」，故以鼎二之五之卦名之爲遯，惟遯乃易，易乃元亨利貞。舉一遯而全《易》之義括矣！此象所以爲象也，然而文王之意爲不知退者言也，退於此必進於彼，非徒退而已也。（同上）

孔子於乾及大過皆贊之曰「遯世无悶」，明以無論是亢或過，只要能退，則皆化爲无咎，是以里堂由孔子贊《易》之言而知文王繫卦辭之意乃爲不知退者戒。然而只知退而不知進，亦非真知《易》者，故里堂謂「退於此必進於彼，非徒退而已也」。

### （三）象者，像也、續也，周公所以述文王之意也

里堂云：

> 周公述文王之意，分繫其辭於爻而名之曰象，孔子贊之，一則云：「象也者，像此者也。」再則云：「《易》者，象也；象也者，像也。」像之言似也，似者，繼續也。（同上）

里堂以爲周公所繫爻辭乃爲述文王之意，而周公所繫爻辭，何以名之曰象？
依孔子〈易傳〉之說，象之義爲像，而像之義又爲續，是周公所繫爻辭所以
名之曰象者，蓋取於像、似之義也。何爲像、似之義呢？里堂云：

> 陽退而孚於陰，遯也，象之謂也；陰進而化爲陽，續也，象之謂也。
> （同上）

是於《易》中，文王之卦辭謂之象者，乃指陽爻退而孚於陰爻；而周公爲述
文王之意，故反之而言象。象者，乃指陰爻進而化爲陽爻。陽退而孚於陰，
陰進又化爲陽，是爲《易》道延續不斷之理也。此即里堂所謂「像之言似也，
似者，繼續也」。

里堂既透過孔子〈易傳〉而知文王、周公繫卦爻辭之意，則必以〈易傳〉
中，孔子嘗言及象、象二字之例爲據，以說明己說之由來。故里堂云：

> 孔子以屯爲見，以鼎爲象，而云：「見乃謂之象」。明以屯通於鼎爲
> 象矣！蓋乾成家人，坤成屯，屯三往家人上爲「亢龍」，盈不可久，
> 所謂知進而不知退。聖人知進知退，則舍家人而通於鼎，在屯爲退，
> 在鼎爲進，進而以遯名。而傳則贊云：「鼎，象也」。如是爲似續之
> 不已，即如是爲遯退之不亢。孔子又贊於剝云：「觀，象也」。剝成
> 觀猶蒙成觀。革去故，即退也。革退而蒙進成觀，猶屯退而鼎進成
> 遯。孔子於〈象傳〉特指鼎、觀兩卦爲象，又以兩像字訓之，象之
> 取義於似續，所謂「與天地相似也」。（同上）

里堂本以〈十翼〉爲孔子之說，故孔子於〈象傳〉謂「鼎，象也」，於〈雜卦
傳〉謂「屯見而不失其居」，又於〈繫辭上傳〉謂「見乃謂之象」，是孔子明
示屯通於鼎爲象矣！觀里堂旁通圖可知屯、鼎六爻皆異，是相互旁通之卦。
此又可與里堂旁通之說互明。依旁通法則，乾二之坤五而坤初之乾四應之，
乾成家人，坤成屯，此時合於旁通「二、五先行」之法。然屯三往家人上，
不待二、五而先行，是不合於旁通法則，故爲亢。此即「知進而不知退」也。
若知進且知退者，則將舍家人而通於鼎。屯舍家人而通於鼎，則又爲元亨也。
是故聖人爲知進又知退也，特於屯、鼎二卦明進退之義也。吾人亦可由此而
知孔子於〈象傳〉謂「鼎，象也」，又贊剝卦謂「觀，象也」。剝如何成觀？
剝與夬旁通，剝五之夬二則成觀也。〈雜卦傳〉謂「革去故也」，革去故則爲
退，蒙、革相互旁通，革退則蒙進，蒙二之五則成觀。剝五之夬二成觀，猶
蒙二之五成觀也。孔子於〈象傳〉特指鼎、觀二卦爲象，又以兩像字訓象，

是象之取義於似續也。何以知其爲似續？蓋革退而蒙進成觀爲象，猶屯退而鼎進爲遯。鼎進而以遯名，蓋欲說明文王繫卦辭乃爲不知退者戒之意，是故孔子於鼎、觀二卦之〈象傳〉言象也。又革、蒙旁通而行，屯、鼎亦旁通而行，如此則似續不已矣！此乃象之所以爲似續之證也。

象辭既爲文王所作，象辭又爲周公述文王之意而作者，則象、象之間應有某種關係存在。如何尋出此種關係呢？里堂以爲可自孔子〈易傳〉得之。其云：

> 象辭所以發明象辭，故知者觀象辭則思過半，言不待觀象辭即明也。故象言變本於象之言變也，象言情先乎象言情也。象有吉凶，象亦有吉凶，爻之變化即卦之變化。王弼謂「象者，統論一卦之體；象者，各辨一爻之義」，豈知象、象者哉？孔子以像贊象，又以材贊象云：「象者，材也。」何爲材？材即才也。《易》之爲書也，廣大悉備，有天道焉，有人道焉，有地道焉，兼三才而兩之，故六。六者非它也，三才之道也。立天之道曰陰與陽，立地之道曰柔與剛，立人之道曰仁與義，分陰分陽，迭用柔剛。迭用者，陽退而反其道爲陰，陰進而復其道爲陽。即所云「化而裁之謂之變」也，即所云「財成天地之道」也。裁、財、材，其義一也。材取其用，用九、用六，以知大始而成變化，如是而爲象，亦如是而爲象，即如是而爲《易》。故云：「《易》者，象也；象者，言乎象者也。」象、象一而二，二而一者也。說者或以天、地、風、雷、山、澤、水、火爲象，失之矣！（同上）

文王所繫卦辭甚簡，知者觀象辭可明《易》之義，一般人則莫知也。是周公又繫辭於爻而謂之象，欲使一般人亦能知《易》之義也。因爲象與象有著這樣一層關係，所以象之言變乃本於象之言變，而象之言情乃先乎象之言情。故象有吉凶之分，則象亦有吉凶之別也。是象之變化即象之變化，亦即爻之變化即卦之變化。王弼以爲象專言卦，象專言爻，是不知象、象間之關係，是故象雖爲文王所繫卦辭，象雖爲周公所繫爻辭，然二者實爲一而二、二而一也。或謂象指天、地、山、澤、風、雷、水、火者，非也。此處透露出一個極重要的訊息，那就是在里堂看來，象字的意義不僅是如一般《易》家所謂的卦象，所謂的天、地、風、火、水、木之類。象字的意義在另一個角度上，更代表著爻辭與卦辭間相互連繫的關係。而這個相互連繫的關係乃爲吾

人所以知曉聖人作《易》之意的重要關鍵。昔人或將爻、象分而觀之，或只將象字視爲天、地、水、火之卦象，皆非眞知象在《易經》中所代表的深刻義涵。

由此可知，文王所以繫辭於卦而名之曰象者，乃爲知進而不知退者戒；周公所以繫辭於爻而名之曰象者，乃爲承續文王之說，繼述文王之意也。其要在示人以若知進退之道、存亡之理，則凡事皆可繼續不已；反之，則必有凶悔之咎。聖人者，所以明進退存亡之理者。孔子懼後人不知聖人作《易》之意，故爲《易》作傳，以示《易》之眞義。是《易》道自可由經傳中觀之，不須外求，而此亦即里堂《易》學所強調的「一以貫之」。

## 五、原 辭

此處之辭，乃指《易經》卦爻辭，而里堂所以於〈原象象〉之後，接著寫〈原辭〉一篇，乃爲說明文王、周公爲卦爻所繫之辭，在《易經》中的重要性爲何。且藉此論及前人解《易》時，於卦爻辭多等閒視之，未有深入解釋，是未能明聖人作《易》之意也。

### （一）《易》辭出現之因

里堂以爲伏羲設卦乃爲定人倫之道，人倫之道既可由卦爻變化而見之，則《易》辭出現之意義、目的爲何？是里堂所必須說明的。其云：

> 伏羲設卦觀象，全在旁通變化，所謂「天地變化，聖人效之」。當時旁通行動之法，必口授指示，而所以通德類情者，乃人人易知，歷千百年而口授指示者不傳，但存卦之序，當日所推而有所之者不可見，文王慮學者僅見其以反對爲序，而不知其以旁通者爲所之變化，而指之以辭，告之以辭。故既云：「各指其所之。」又云：「繫辭焉所以告也。」夫文王之所指，即伏羲之所指；文王之所告，即伏羲之所告。伏羲以手指之，文王以辭指之；伏羲以口告之，文王以辭告之。（《易圖略・卷六・原辭上第五》）

里堂以爲伏羲之時，必將其所畫之卦爻變化，以口授指示方式教導於民，故能使民皆知人倫之道。然歷千百年後，文王之時，人民數量已遠超過伏羲之時，而當時之口傳指授方式，亦因經歷時日已久，伏羲當日所言之法，後人已無法僅由簡單之卦爻變化中得知，於是文王慮世人不知伏羲畫卦主要方法

乃爲旁通，主要目的乃在定人倫之道，反而因僅觀卦序，誤以爲伏羲所言者僅爲反對，故繫卦辭以告於民也。是故文王之所告、所指，亦即伏羲之所告、所指者也。不同者僅在於伏羲以手、口告之，而文王以辭示之也。是《易》辭出現之因，乃爲文王懼後人因年代久遠，不知伏羲畫卦之意，遂繫辭焉以告於民也。

## （二）《易》辭在《易經》中之地位與功用

既知文王繫卦辭乃爲闡明伏羲畫卦之意，則卦辭在《易經》中的地位又是如何呢？《易》辭對吾人研《易》時，又有著什麼樣的功用呢？里堂以爲可由孔子所作〈易傳〉得知伏羲、文王作《易》之意也。里堂云：

> 伏羲設卦，辭自文王始繫之。孔子作〈繫辭傳〉云：「聖人設卦觀象，繫辭焉以明吉凶。」伏羲設卦以觀變通之象。觀象者，即觀其當位失道之吉凶也。文王之辭，即明所觀之象之吉凶也，故申之云：「剛柔相推而生變化。」觀象者，觀此也；明吉凶者，明此也。故云：「辭也者，各指其所之。」所之者何？即剛柔之相推者也。剛柔者，爻也。就其反對而序之，無以見其變化也，推而使有所之，乃生變化，生變化乃辨吉凶。所之者，初之四、二之五、上之三也。六十四卦之序不動，而有所之乃動。（同上）

其以爲伏羲設卦觀象，而文王懼後人不知伏羲設卦之意，故繫辭以明吉凶之因也。如何由辭而知卦之吉凶呢？因一卦之爻有陰有陽，而兩卦之間又有旁通之義，依旁通法移動之卦爻爲吉，不依旁通法移動之卦爻爲凶，而《易》辭乃吾人所以知何卦與何卦旁通，何爻與何爻相易之證也。是以見小畜卦辭與小過六五之辭同爲「密雲不雨，自我西郊」，便知此兩卦間必有某種關聯。因《易》辭同而究其卦爻變化，由此知伏羲畫卦之意，故文王、周公所繫之卦爻辭，實爲吾人生於伏羲數千年後而尚能知伏羲畫卦作《易》用意之因也。若無《易》辭，則六十四卦變化之證全不可知，而聖人畫卦意亦莫可知。

## （三）《易》辭重複出現為吾人研《易》之機

《易經》可分爲卦與辭兩部分，在《易》學流派中，有所謂「漢易」與「宋易」者，〔註10〕一爲重視卦爻之變化，一爲重視《易》辭之解釋。前者

---

〔註10〕在《易》學史中，有所謂「漢易」與「宋易」之分，然所謂漢與宋者，非時代名之稱也，乃以學風論之也。「漢易」者，指專以卦爻變化論《易》之義者；

以卦爻變化爲主，《易》辭之解釋爲輔；後者則以《易》辭解釋爲主，較少談及卦爻變化之意義。如此看來，里堂在此強調《易》辭之重要性，似近於「宋易」，實則不然。「宋易」一派解《易》，多是發揮《易》辭義理，從未論及《易》辭重複之因；「漢易」一派本以研究卦爻變化爲主，亦未嘗論及此問題。而里堂於此文中，所欲強調《易》辭之重要性者，專在《易》辭重複出現之意義究竟爲何？此爲前人所未曾論及者也。

該如何去看待《易》辭呢？里堂以爲聖人之學一以貫之，而《易》爲聖人所作，則觀《易》辭亦應以「一以貫之」的態度來研究《易》辭中所可能含有的意義。里堂云：

> 夫學《易》者，亦求通其辭而已矣！橫求之而通，縱求之而通，參伍錯縱之而無不通，則聖人繫辭之本意得矣！（同上）

其以爲今日學《易》，最重要的便在能夠貫通《易經》卦爻辭之意義，如此方能得聖人作《易》之旨。然而如何能貫通《易》辭呢？里堂以爲須先將《易》辭縱而觀之，橫而觀之，然後再參伍錯綜以觀之，至全《易》之辭無一窒礙，方能得聖人作《易》之意。何爲縱、橫、參伍錯綜？其云：

> 如比初六「有孚比之，无咎，有孚盈缶，終來有他吉」十五字，何以一氣貫注？須字字承接講明，此縱之能通也。上顧彖辭，下合諸爻之辭，皆一貫，此橫之能通也。「有孚」便與全經諸「有孚」一氣相貫，「盈」字便與全經「盈」字一氣相貫，「缶」字便與全經「缶」字一氣相貫，「終」字、「來」字、「有他」字便與全經「終」字、「來」字、「有他」字一氣相貫，此參伍錯綜之無不通也。（同上）

里堂所謂的縱，乃指將一卦之卦辭，或一爻之爻辭，一氣貫注，字字講明，不可有任何含糊之處。所謂的橫，乃指將一卦之卦辭與此卦各爻之爻辭貫通來看，皆能彼此釋之而無礙。所謂的參伍錯綜，乃指將全經凡有相同之辭，相同之字，皆須以相同之義解之而能通，使全《易》之辭能符合聖人「一以貫之」之旨也。故此卦爻辭之「有孚」必與彼卦爻辭之「有孚」相通，彼卦爻辭之「缶」必與此卦爻辭之「缶」相通，如此，則全《易》之辭自可貫通無礙，而聖人作《易》之旨方可明也。此即里堂以爲吾人研究《易》辭時，所須採取之基本態度，亦爲研《易》之機也。

---

「宋易」者，指專以義理、圖畫之角度論《易》者。

## 六、原　翼

　　此處所謂之「翼」，乃指〈十翼〉，或謂〈易傳〉。歷來疑〈易傳〉非一人之作者不知凡幾，〔註11〕然里堂於《易學三書》中並未以專文駁之，甚至未嘗以此爲一大問題而處理之，里堂嘗謂：

> 疑〈說卦、雜卦〉兩傳非孔子所作者，非也。（《易圖略・卷六・原翼第七》）

可知其並非不知前人謂〈易傳〉非孔子所作一事，然其何以不以專文闢之？蓋其特書此篇〈原翼〉，說明〈十翼〉與《易經》中之卦爻變化，及卦爻辭間之關係，則吾人自可由知〈易傳〉與《易經》之關係後，推知前人言〈易傳〉非孔子作，乃爲不知聖人作《易》之旨者也。故由里堂看來，此等問題實源自不知《易經》所含聖人之意而起，與其針對各種說法細駁之，倒不如將經傳關係加以說明，以求能一勞永逸也。

### （一）〈十翼〉為孔子所作

　　里堂以爲今日所見〈十翼〉乃孔子所作，故於《易圖略・卷六・原翼第七》云：

> 孔子晚而好《易》，讀之韋編三絕而爲之傳，名之曰〈十翼〉，亦謂之贊《易》。

里堂何以直謂〈十翼〉爲孔子所作呢？其據爲《史記・孔子世家》所云：

> 孔子晚而喜《易》，序〈彖、繫、象、說卦、文言〉，讀《易》韋編三絕，曰：「假我數年，若是，我於《易》則彬彬矣！」

《史記》成於西漢，太史公言孔子讀《易》而至於韋編三絕者，其說必有所傳。吾人生於太史公千餘年後，不信距事發年代較近之說，反以《論語》未見孔子讀《易》至韋編三絕之說，孟子未言孔子於《易》有什麼研究，以此

---

〔註11〕自歐陽修作《易童子問》後，論〈十翼〉非孔子所作者不知凡幾。如南宋葉適《習學記言》、趙汝談《南塘易說》（其書已佚，今見其說於《直齋書錄解題》卷一）趙汝楳《周易輯聞》，皆嘗論及之。而今人關於這方面的言論，可參見北京師範大學出版社出版，由黃壽祺、張善文二位先生所編之《周易研究論文集》第一輯中之〈論十翼非孔子所作〉、〈易傳探源〉、〈顧頡剛、李鏡池討論易傳著作時代書〉、〈周易說卦傳著成的時代〉、〈易經小象成立的年代及其內容〉、〈論易大傳的著作年代與哲學思想〉、〈周易經傳著作問題初探〉、〈易大傳著作年代再考〉、〈周易大傳我見〉等諸篇文章。其所言皆延續歐陽修之見解，繼續說明〈易傳〉何以非孔子所作，非一人所作之證據。而此諸人所言皆大同小異，不出歐陽修數百年前之思考模式也。

而非《史記》之說，又不顧《論語·述而》所云：

> 子曰：「加我數年，五十以學《易》，可以無大過矣！」

之語，與史遷所謂「假我數年」之語雷同，乃西漢初年確實已有孔子讀《易》、孔子贊《易》之說之明證，倒謂未於書中見之，遂以為無，實乃先有一判斷於胸中之論也。《論語、孟子》乃儒家經典，是始皇必焚之書，再經項羽火燒咸陽三日，其書有可能完全保存下來嗎？是必遭鉅大之破壞者也。太史公去古未遠，仍得以聞見老儒先輩之說，吾人不信太史公保存下來之說，反以為某書未見，遂非太史公之說，是未能服人心口之論。

里堂謂〈十翼〉為孔子所作，除了以《論語、史記》所言為證外，更以《周易》經傳本身之文為證。使其說除有外在證據支持外，亦有內在證據支持，此即為下文所欲言之「聖人之注疏非一般經生、學究之注疏」也。

### （二）聖人之注疏非一般經生、學究之注疏

《論語》既謂孔子學《易》，《史記》又謂孔子作〈易傳〉，且嘗讀《易》而至於韋編三絕，則吾人能否由《周易》經傳之文看出孔子真有贊《易》之事實呢？此即里堂作〈原翼〉所欲言者。其云：

> 然文王之彖辭即伏羲六十四卦之注，而非如學究之所為注也。周公之爻辭即文王彖辭之箋，孔子之〈十翼〉即彖辭、爻辭之義疏，而非如經生之所為義疏也。何也？學究之注，經生之義疏，就一章一句，枝枝節節以為之解；而周公、孔子之箋疏，則參伍錯綜，觸類引申。以學究、經生之箋疏，視之孔子之〈十翼〉，仍不可得而明，文王、周公之辭，仍不可得而通。（同上）

里堂以為《易》乃聖人所作，其間有伏羲、文王、周公、孔子諸聖「一以貫之」之理存焉。文王之彖辭即為伏羲六十四卦之注，周公之爻辭即為文王彖辭之箋，而孔子之〈十翼〉即彖辭、爻辭之義疏，此為聖人懼後人不知其作《易》之意而為之者，故其間自有其一貫之理。孔子生於伏羲、文王、周公之後，懼後人不知聖人作《易》之意，故其所為之注疏，必參伍錯綜，觸類引申，欲使吾人知《易》道之變化，與一般經生、學究注疏之一章一句，枝枝節節者，自不可同日而語。奈何吾人不知聖人注《易》參伍錯綜之苦心正在辭句重複處，反以此言〈易傳〉非孔子所作，是以經生、學究注疏之法為是，而以聖人注疏之法為非，可乎？

聖人參伍錯綜，觸類引申注疏之法，由何得知？里堂以為可由《周易》

經傳之辭重複處得知。其云：

> 屯六三「君子幾不如舍」，謂坤成屯，乾成家人，則屯三不宜之家人
> 上，當舍而旁通於鼎。傳則於乾九三贊云：「知至至之，可與幾也。」
> 明屯三之「幾」，謂坤三之乾上也。乾九三言「終日乾乾」，因於豫
> 六二「不終日」贊云：「君子見幾而作，不俟終日。」明豫成咸，四
> 不之初，宜舍而通損。即乾成革，四不可之蹇初，宜舍而旁通於蒙。
> 革通蒙即咸通損之比例。經止於屯，明坤三、乾上之「知幾」，傳則
> 於豫，明乾四、坤初之「知幾」。經以「不終日」與「終日乾乾」互
> 明之意，昭然可見矣！（同上）

坤如何成屯而乾成家人？依旁通之法，乾二先之坤五而乾四之坤初應之，則
乾成家人，坤成屯。屯不與家人旁通，故屯三不宜之家人上；而屯與鼎旁通，
是故屯當舍家人而旁通於鼎也。屯六三爻辭「君子幾不如舍」，〈易傳〉則於
乾九三贊云：

> 知至至之，可與幾也。

由此可知屯三爻辭之「幾」，乃是針對坤三、乾上而言的。乾九三言「終日乾
乾」，傳則於豫六二「不終日」贊云：

> 君子見幾而作，不俟終日。

乾與豫何干？蓋豫五之小畜二，四之小畜初應之，則豫成咸，咸宜旁通於損。
而乾二先之坤五，而後上之坤三應之，乾成革，坤成蹇，革不與蹇旁通，故
革四不宜之蹇初。而依旁通圖可知，革與蒙旁通，是革宜旁通於蒙也。由上
述二例比較之，可發現革旁通於蒙之過程與咸旁通於損之過程相同，而此二
卦（革、咸）之由來，亦皆源自於乾、坤二卦之變化，是故革通蒙即咸通損
之比例也。而經只於屯卦明坤三、乾上之「知幾」，傳則於豫卦明乾四、坤初
之「知幾」。而乾九三言「終日乾乾」，豫六二言「不終日」，其互明之意，由
此亦昭然可見矣！是故吾人讀經則只見乾九三言「終日」，豫六二亦言「終
日」，而無法知此二「終日」乃聖人示人研《易》之幾也。一經孔子〈易傳〉
之注疏，則聖人作《易》之意可得而明矣！此爲聖人注疏與一般經生、學究
注疏不同之一例也。

里堂懼僅言一例而被視爲巧合，故於此例之後又言數例。其云：

> 歸妹九四「遲歸有時」，傳云：「有待而行也。」遲之義爲待，故以
> 待贊遲。謂漸上之歸妹三，歸妹成大壯，漸成蹇。蹇初不可之大壯

四，宜旁通於睽，故待之乃爲時行，於是蹇初六贊之云：「宜待也。」
一待字如蛛絲馬跡，脈絡貫通。不然，「宜待」二字於「往蹇來譽」
果何謂也？（同上）

《說文》云：

遲，徐行也。段注云：「今人謂稽延爲遲，平聲；謂待之爲遲，去聲。」

故里堂以歸妹九四所謂「遲歸有時」之「遲」字義爲「待」，是故傳以待字贊
遲字。由旁通法可知，歸妹與漸旁通，漸之二、五已定，漸上之歸妹三，漸
成蹇，歸妹成大壯，蹇與大壯不可旁通，故蹇初不可之大壯四。蹇與睽旁通，
故宜待之而與蹇旁通。故傳於蹇初六贊「宜待也」。由此觀之，傳於蹇初六所
贊之「宜待也」，是欲爲歸妹九四「遲歸有時」釋之也。若不知聖人注疏參伍
錯綜之意，不知聖人作《易》旁通之法，則不可解聖人何以於蹇初六「往蹇
來譽」之後，贊之以「宜待也」，此又爲聖人注《易》參伍錯綜之明證也。若
不如此，則「往蹇來譽」與「宜待」何干？

　　里堂於此所引之例甚多，吾人無須一一引之，觀上述二例已可知其釋
《易》、讀《易》之法矣！其於引述例證之後云：

凡此，散視之極平、極泛，而所以贊經者極神、極妙者也。蓋經以
辭之同者爲識，傳亦以辭之同者贊之，彖、象之辭含而未明，則補
其所未言而申其所已言。譬如已有左翼而增以右翼，或章此翼以見
彼翼，或反彼翼以見此翼，贊之以〈彖傳、象傳〉猶恐其未明，又
贊之以〈繫辭傳、說卦傳、文言、序卦、雜卦〉諸傳。「乾爲冰」，
贊「堅冰」也；「坤爲腹」，贊「左腹」也；「震爲元黃」，贊「其血
元黃」也；「巽爲白」，贊「白賁无咎」也；「坎爲溝瀆」，贊「再三
瀆」也；「離爲龜」，贊「十朋之龜」也；「艮爲拘」，贊「拘係之」
也；「兌爲毀折」，贊「折首、折足」也。臭受於鼻，果蓏生於圖，
竹以爲書契，萑葦以包魚，文不必爲經所有，而無非贊經（以上〈說
卦傳〉）。罔罟即括囊之變，析臼即好爵之靡，棺椁本於棟橈，書契
由於納約（以上〈繫辭傳〉）。於觀「求」而知蒙之「求我」，於屯「見」
而知姤之「見凶」，於噬嗑「食」而知井之「不食」，於咸「速」而
知需之「不速」，於睽「外」知「外比」之指蹇通於睽，於升「不來」
知「來譽、來連、來反、來碩」指升進爲蹇，謙「輕」即剝之「篋」，
豫「怠」即困之「徐」，困「相遇」比例於同人「則困而反則」、「大

師相遇」，而旅「處」、「顚頤」、「取災」、「衆允」，無不宛轉屈曲，
以一字贊明（以上〈雜卦傳〉）。經稱「虎變」、「虎視」、「虎尾」，而
贊之以「風從虎」（〈文言傳〉）；經稱「盈缶」、「坎不盈」，而贊之以
「屯者，盈也」（〈序卦傳〉）。（同上）

里堂以爲凡經傳中所有出現之相同文字，皆有聖人所寓之意，皆應有相同之
解。如：坤初六爻辭爲「履霜堅冰至」，〈說卦傳〉則贊之以「乾爲冰」；坤上
六爻辭爲「其血元黃」，〈說卦傳〉則贊之以「震爲元黃」；傳之所以贊經者，
皆可如此類推。故吾人應將《易經》中，所有出現相同之字句羅列出來，加
以比較，並以旁通、相錯、時行、比例、當位失道諸法，一一探究，則自可
得出聖人作《易》之意矣！故里堂乃謂：

凡此，散視之極平泛，而所以贊經者，極神、極妙者也。蓋經以辭
之同者爲識，傳亦以辭之同者贊之。彖、象之辭含而未明，則補其
所未言以申其所已言。（同上）

故聖人贊經與一般經生、學究之不同處正在於經傳間的重複，而經傳中重複
處，亦正爲研《易》之幾也。是故吾人可由經傳重複處見聖人作《易》、注《易》
之意，亦可由此而知聖人注疏與一般經生、學究注疏之不同也。里堂云：

譬如彖舉一隅，象則增以一隅，傳則又增以一隅，舉一以反三或猶以
爲難，有三率以知一率，則庶乎易。悉此，孔子贊《易》之功，所以
廣大而通神也。惟其參伍錯綜，觸類引申，不似經生、學究枝枝節節
以爲之解。而學者以學究、經生之箋、疏例之，所以爲贊、爲翼者不
可見，而彖、象之本意亦不明，遂覺孔子之傳無當於文王、周公之辭。
夫孔子之傳，所謂翼也，所謂贊也，文在於此而意通乎彼，如人身之
絡與經聯貫，互相糾結，鍼一穴而府藏皆靈。執一章一句以求其合，
宜乎？三隅雖舉仍不能以一隅反也。明乎其所爲翼、所爲贊，則以
〈彖、象、序、雜〉諸傳，分割各係經句下者，非也；疑〈說卦、雜
卦〉兩傳非孔子作者，非也。觀傳可以知經，亦觀經乃可知傳，不知
經與傳互相參補，舍經文而但釋傳者，亦非也。（同上）

正因爲聖人注疏乃參伍錯綜者，故文王之彖，周公之象，孔子之傳，皆爲釋
伏羲畫卦之意也。是以「舉三率以知一率，則庶乎易矣！」因此，執一章一
句以求《易》，而不知聖人參伍錯綜，觸類引申之意者，又如何能求得《易經》
之正解呢？故疑《易》非聖人所作者，非也；分割〈彖、象、序、雜〉諸傳

於經句之下者，亦非也。

## 七、原　筮

《史記‧儒林列傳》云：

> 及至秦之季世，焚《詩、書》書，坑術士，六藝從此缺焉。

司馬遷所謂的「六藝」，是指《詩、書、易、禮、樂、春秋》六經，則其以爲《易經》亦在秦火焚燒之列也。然班固著《漢書‧儒林傳》卻謂：

> 及秦焚學，《易》爲卜筮之書，獨不禁，故傳授者不絕也。

則班固以《易》爲卜筮之書，故不在秦火焚燒之列。可是《漢書‧儒林傳》又云：

> 及至秦始皇併天下，燔《詩、書》，殺術士，六學從此缺焉。

則班固所謂「六學」除非不包括《易經》，否則豈不爲自相矛盾之說乎？高懷民先生著《兩漢易學史》，以爲《易》分「符號易、筮術易、儒門易」三個階段，分別爲伏羲、文王、孔子所領導，而「儒門易」是《易》學，「筮術易」不是《易》學，故秦火所焚者乃「儒門易」，非「筮術易」，而《易經》便由於包者筮術的外衣而保存了下來。如此一來，則《史記》、《漢書》之「六藝從此缺焉」、「六學從此缺焉」之言，與《漢書》「及秦焚學，《易》爲卜筮之書，獨不禁」之言，則各自成立而不相矛盾矣！〔註12〕這麼說來，《易》所以可保存下來之因，乃由於其爲卜筮之書乎？不論筮術在《易經》中所佔的地位爲何？其與《易》乃不可分者自無疑矣！而里堂本篇所要探討的便是卜筮之法在《易經》中到底佔有著什麼樣的地位。

### （一）筮《易》之法與聖人作《易》之旨一以貫之

里堂在「以經解經」的角度下，認爲《周禮》所云「九筮」，正可以解《易經》之筮之惑矣！其云：

> 夫以聖人作《易》而僅以供人之筮，吾疑焉。及觀《春秋》傳諸筮法，又與聖人作《易》迥乎不同，吾益疑焉。〈春官〉「筮人掌『三易』以辨九筮之名，一曰巫更，二曰巫咸，三曰巫式，四曰巫目，五曰巫易，六曰巫比，七曰巫祠，八曰巫參，九曰巫環。」鄭氏注

---

〔註12〕關於高先生之論述，可參見其所著《兩漢易學史‧第一章‧第一節‧易與秦火的問題》頁1～7。

謂：「九巫讀皆當作筮。」其說更、咸等義，傅會未合。余既悟得變
通之旨，乃知聖人作《易》之義如是，九筮占《易》之法亦如是。」
（《易圖略·卷六·原筮第八》）

里堂既以《易》爲聖人之作，而聖人作《易》目的乃在正人倫，教人改過遷
善，則若謂《易》僅爲卜筮之書，則與聖人作《易》之旨不相干矣！里堂又
觀《春秋》諸傳之筮法，乃僅爲預知某事之說。如：

「秦伯之戰」，則以爲必獲晉君（《左傳·僖公十五年》），「晉伯姬之
嫁」，即知其敗於宗邱而死於高梁之墟（同上），「穆子之生」，即知
其讒人之名曰牛。（《左傳·昭公五年》）

似皆以《易》爲卜筮之書，此與里堂聖人作《易》之意有所乖隔。若《春秋》
諸傳筮法不可全信，則又可據何而言《易》之筮法？里堂以爲《周禮·春官》
中有「九筮」之說，正可以說明聖人作《易》之意，以及卜筮何以居聖人作
《易》之道之一也。「九筮」之義爲何？里堂以爲鄭玄注《周禮》謂「九巫皆
當讀作筮」，及其說更、咸之義爲傅會之說，未能合於「九筮」之原意。那麼
「九筮」之義究竟爲何呢？里堂云：

夫《易》者，聖人教人改過之書也。更者，改也。極孤危凶困，一
經改過，遂化爲吉而無咎，故首曰更。己有過宜更，人有過宜感，
以我感孚乎人，使之亦無過，所謂「寂然不動，感而遂通」，咸者，
感也，故次曰咸。式者，法也，謂先二、五以爲則也。目者，條目
也，謂初、四、三、上從乎二、五以爲之應也。何以更？何以感？
則必以二、五交易之，故曰易。二、五交易可爲式法矣！而初、四
從之則爲比，比即輔相之也，故易之次爲比。初、四比之，三、上
又從之，則終止窮矣！必使終則有始，乃爲續終，故謂之祠。祠者，
猶繼嗣也，謂不成兩既濟也。參猶驂也，兩旁曰驂，謂旁通也。環
猶周也，謂反復其道，周回不已也。此九者，作《易》之旨也，而
即筮《易》之法也。（《易圖略·卷六·原筮第八》）

里堂以爲《周禮·春官》之「九筮」，不僅說明了聖人作《易》之旨，且爲筮
《易》之法。何謂「九筮」？「九筮」首謂「巫更」，更者，改也，己有過則
宜改之也。次曰「巫咸」，咸者，感也。他人有過則宜感通他人而使之改過也。
再次曰「巫式」，式者，法也，此所謂者何法？即旁通法則中「二、五先行」
之法也。四曰「巫目」，目者，條目也，指初、四、三、上從乎二、五以爲之

應也。如何可以更、可以感？則必以二、五交易之爲法則矣！故五曰「巫易」。
再以初、四、三、上從二、五而行則爲比，比之義爲何？即相輔相承之義也，
故六曰「巫比」。若二、五先行而初、四應之，三、上又應之，則終止道窮，
與《易》主旁通之義不合，故必使之終則有始。終則有始即爲續終，故曰「巫
祠」。參者，驂也，兩旁曰驂，謂旁通也。如何能終則有始，則旁通也，故八
曰「巫參」。環猶周也，二卦旁通之後則反復其道，周回不已，故九曰「巫環」。
如此則聖人作《易》主旁通之旨明矣！而聖人以卜筮爲《易》道之一之意，
爲藉此教人改過亦明矣！

　　由上述說明，既知里堂對「九筮」之說，以解釋字義與其所主旁通說賦
予了與鄭注不同之新義，完成其「《易》爲聖人之作」的一貫之說。故其又云：

> 然則筮《易》之法與聖人作《易》之旨，一以貫之矣！聖人作《易》
> 非爲卜筮而設也，故《易》有聖人之道四，卜筮僅居其一而已。（同
> 上）〔註13〕

〈繫辭傳〉何以云卜筮僅居《易》道之一，亦由此可知之矣！此又里堂「經
傳互釋」解《易》方法之應用也。

### （二）《易》道之有卜筮者，非欲以前人知也，乃聖人欲藉此以示百姓知《易》道也

　　吾人已知卜筮與聖人作《易》之旨同，則聖人言卜筮之法目的爲何？里
堂云：

> 「君子居則觀其象而玩其辭，動則觀其變而玩其占」，所謂「以言者
> 尚其辭，以動者尚其變」，不必卜筮而自合乎《易》之道。惟是百姓
> 日用而不知，未可以道喻也。而人謀鬼謀，百姓與能，其所欲者吉與
> 利，其所忌者凶與災，欲與忌交固於胸而不能無疑。聖人神道設教，
> 即以所作之《易》用爲卜筮，因其疑而開之，即其欲而導之，緣其忌
> 以震驚之，以趨吉避凶之心，化而爲遷善改過之心，此聖人卜筮之用
> 所以爲神而化也。君子言尚辭，動尚變，不必假諸卜筮；百姓言尚辭，
> 動尚變，則假諸卜筮。故尚辭、尚變，而又尚占也。（同上）

里堂引〈易傳〉「君子居則觀其象而玩其辭，動則觀其變而玩其占」之語，以

---

〔註13〕里堂所云「《易》有聖人之道四，卜筮僅居其一而已」之語，乃出自〈繫辭傳〉
　　　之《易》有聖人之道四焉，以言者尚其辭，以動者尚其變，以制器者尚其象，
　　　以卜筮者尚其占」。

為君子言尚辭，動尚變，不必求乎卜筮。然百姓與有德君子不同，百姓日用而不知，不可以道喻之。且百姓之心所欲者吉與利，所忌者凶與災，故聖人因之而神道設教，以所作之《易》用為卜筮之道，開百姓之疑，導百姓之欲，將其趨吉避凶之心，化而為遷善改過之心，此正是聖人之《易》用為卜筮之道之因也。故君子言尚辭、動尚變，不必假諸卜筮，而卜筮者，專為百姓設也。是故里堂又云：

> 夫察於民之故，知民疑於吉凶也。知民疑於吉凶而以神道設教，其道神，其物亦神，故稱筮策為神物，神明其德，所謂「濟民行」也。君子自明其德，百姓不能自明其德，而神道設教以明其德，所為「神而明之」也。〔註14〕夫云德、云行、云亹亹，而筮以濟之，則《易》之用於卜筮者，假筮以行《易》，非作《易》以為筮也。《易》為君子謀，用《易》於卜筮則為小人謀，此筮之道即《易》之道也，而寧有二哉？（同上）

其以為筮策所以為神物者，乃因卜筮可以解百姓之疑，其道神，所用以行此道之物亦神也，故謂筮策為神物，謂卜筮為聖人神道設教者也。然何以百姓須藉卜筮方可知《易》道，而君子卻不必呢？里堂以為此乃因君子可以自明其德，而一般百姓無法自明其德之故也。君子可以自明其德，自己可以隨時反省自己的行為，故言尚辭，動尚變，而不須假卜筮以知聖人教人遷善改過之《易》道也。百姓無法自明其德，須藉他物以明之，故聖人設卜筮於《易》中也。能反省自己而加以改進者謂之君子，故自可行《易》道，不必假卜筮以行之；無法反省改進自己者謂之百姓，故須假卜筮方能行《易》道也。故里堂贊顧亭林《日知錄》所云：

> 《易》以前民用也，非以為人前知也。求前知非聖人之道也。（同上）

僅求前知，非聖人作《易》之道，乃術士之道也。此中之別甚大，不可不察。是以聖人作《易》之旨，既為教人改過遷善，則其所以用卜筮於《易》中者，亦欲藉此教人改過遷善也。由此觀之，近人謂里堂《易》學為「漢易」一派，其為謬亦已明矣！〔註15〕

---

〔註14〕里堂此處云：「君子自明其德，百姓不能自明其德，而神道設教以明其德，所為神而明之也。」「所為」似有筆誤，應作「所謂」方是。

〔註15〕今人多以里堂《易》學為「漢易」，如熊十力先生於《讀經示要》卷三云：「漢儒治『漢易』，而不欲蹈術數家之術，思就經文別有創發者，焦循其人也。」（頁41）明白指出焦循為治「漢易」之清儒。又於《原儒・原學統》中云：「焦循

# 第二節　焦循對前人《易》說之批評——「十論」之分析

　　《易圖略》之「八原」乃里堂闡述其對於《易經》之基本觀念處，其中或有論及前人《易》說者，並表示出自己的看法，然多爲偶然論及，非專爲闡述對前人《易》說之意見而作也。此十篇以「論」字開頭的文章，則爲里堂專門論述其對前人《易》說看法之處，吾人可由此集中且清晰的得知里尚對前人《易》說之看法，並可藉此見里堂論《易》之態度。

## 一、論《連山、歸藏》

　　在傳統《易》學中，除《周易》外，多有人論及《河圖、洛書、連山、歸藏》，《河圖、洛書》爲宋人陳摶、邵雍等人之作，非如宋、元、明儒所謂出於伏羲、文王之手，此問題已由清儒毛大可著《河圖洛書原舛》、胡朏明著《易圖明辨》言之甚詳，然對於《連山、歸藏》來源之說法，則眾說紛紜，莫衷一是。《周易正義·第三·論三代易名》云：

> 案：《世譜》等群書，神農一曰連山氏，黃帝一曰歸藏氏，既連山、歸藏並是代號，則《周易》稱周，取歧陽地名。《毛詩》云：「周原膴膴」是也。又文王作《易》之時正在羑里，周德未興，猶是殷世也，故題周別於殷，以此文王所演，故謂之《周易》。

是孔穎達以神農之《易》爲《連山》，黃帝之《易》爲《歸藏》，而所以謂之《連山、歸藏》者，乃如《周易》之稱周者，皆用以爲時代之別也。而鄭玄、

---

承漢人之卦之說，而異其運用，本荀、虞旁通與升降之意，而兼用比例之法，以觀其會通，其於大《易》全經之辭，無有一字不鈎通縫合，焦氏之自得者在此，而其技亦盡於此矣！夫卦爻所以顯理，而卦爻猶不即是理，譬如以指示月，而指不即是月。焦氏有言『讀此卦此爻，知其與彼卦彼爻相比例，遂檢彼以審之，由此及彼，又由彼及彼，千脈萬絡，一氣貫通』云云，焦氏之觀會通蓋如此。然而每卦每爻之辭，所以顯理也。焦氏貫通六十四卦、三百八十四爻之辭，究發現若何道理來？焦氏實宗『漢易』，雖不必以術數家說法作根據，而其方法確是『漢易』。」（頁153）是以熊先生以爲里堂之《易》學乃出於漢人「之卦」之說，其本於荀、虞升降、旁通之法而將卦爻之辭鈎通縫合，卻未見大《易》之理，故論斷里堂乃宗「漢易」也。然熊先生以里堂《易》學本於荀、虞之說，並不精確。吾人已於本文第二章〈論里堂治易之法〉中詳細將里堂《易》法與荀、虞二人《易》法間的差別論之矣！至於里堂有無從《易》中觀得《周易》之理，則觀牟宗三先生〈清焦循的道德哲學之易學〉即可知里堂實乃吾國學術史中，屬一屬二的思想家也。

杜子春、賈公彥等人則以為伏羲之《易》所以名為《連山》，黃帝之《易》所以名為《歸藏》，乃以義名之故也。如《周易》之所以云周，乃取「易道周普，无所不備」之義，〔註16〕非如孔氏以《連山、歸藏》為時代之別也。然鄭、杜、孔、賈諸人皆以《歸藏》屬黃帝，《連山》屬伏羲或神農者，一也。且皆以為《連山》夏因之，《歸藏》殷因之，故有三代《易》之別。儘管前人皆以為《連山、歸藏》來源如此，然里堂則有其不同看法。

### （一）《連山》首艮，非六十四卦之序以艮為首也，乃以八卦屬八方也

以《連山》為伏羲所創之《易》而夏因之者，以為《連山》之所以不同於《周易》，乃因《周易》以乾為首，而《連山》以艮為首。如此，則夏之《易》與周之《易》不同矣！然則里堂既以為伏羲作八卦、重六十四卦之目的乃在定人倫之道，而孔子作〈說卦傳〉云：

> 乾，天也，故稱乎父。……艮三索而得男，故謂之少男。

是若謂艮為《連山》六十四卦之首，則子先乎父，此與聖人作《易》之旨背矣！故里堂云：

> 惟《連山、歸藏》言人人殊，大率多以《連山》為伏羲而夏因之，《歸藏》為黃帝而殷因之。又謂《連山》以艮為首，《歸藏》以坤為首，婦不可以先夫，則坤不可為首也；子不可先父，則艮不可為首也。伏羲作八卦、重六十四卦，其首皆以乾、坤，故曰「乾坤定矣」！何得又首艮？神農、黃帝繼伏羲以治天下，尊卑長幼，何容變索其序。首艮、首坤之說，殊足疑焉。（《易圖略·卷七·論連山、歸藏第一》）

是里堂以為《連山》首艮之說，與聖人作《易》為定人倫之道之旨迥異，而疑《連山》首艮非「《連山》以艮為六十四卦之首」之意。其以為所謂《連山》者，當如于令升之說。里堂云：

> 以余推之，《連山》者，當如于令升之說。即「帝出乎震，齊乎巽，相見乎離，致役乎坤，說言乎兌，戰乎乾，勞乎坎，成言乎艮」是也。艮位東北，坤位西南，象辭及之。四時首春，春始於寅，當東北艮位，艮成終，亦成始，故曰《連山》首艮，非六十四卦之序以艮為首也。（同上）

---

〔註16〕此處所言可參見《周易正義·卷一·第三論三代易名》一文。

里堂以〈說卦傳〉謂：

> 帝出乎震，齊乎巽，相見乎離，致役乎坤，說言乎兌，戰乎乾，勞
> 乎坎，成言乎艮。萬物出乎震，震，東方也。齊乎巽，巽，東南也，
> 齊也者，言萬物之絜齊也。離也者，明也，萬物皆相見，南方之卦
> 也。聖人南面而聽天下，嚮明而治，蓋取諸此也。坤也者，地也，
> 萬物皆致養焉，故曰致役乎坤。兌，正秋也，萬物之所說也，故曰
> 說言乎兌。戰乎乾，乾，西北之卦也，言陰相薄也。坎者，水也，
> 正北方之卦也，勞卦也，萬物之所歸也，故曰勞乎坎。艮，東北之
> 卦也，萬物之所成終，所成始也，故曰成言乎艮。

由此可知艮為東北之卦。又〈說卦傳〉雖未明云坤為西南之卦，然由此段所
云之方位次第，可發現其乃由東方的震而至於東南的巽，再至南方的離，然
後至坤卦而未言方位，再至兌卦亦未言及其方位，接著言乾為西北之卦，然
後是坎為北方之卦，最後則言艮為東北之卦，是由東而東南、而南、而西南、
而西、而西北、而北、而東北也，故坤卦之位正處於西南之上也。〔註17〕又
〈說卦傳〉直云「艮，東北之卦也，萬物之所成終，所成始也」，故曰《連山》
首艮。是艮所以為首者，乃在於艮為「萬物之所成終，所成始」之說也。在
八卦的方位排列上，乃兼居終與首之位，故《連山》首艮之義，非六十四卦
之次序以艮為首，乃指八卦與其方位之排列次第而言也。如此，則《連山》
首艮之說與六十四卦之次第無關，亦與聖人作《易》之旨不相悖逆矣！

## （二）《歸藏》首坤，非謂六十四卦之次第以坤為首，乃指十二辟卦 以屬十二月也

《連山》首艮既與六十四卦次第無關，則《歸藏》首坤亦應與六十四卦
次第無關矣！若六十四卦次第以坤為首，則婦先於夫也，此又與聖人作《易》
之旨為定人倫之道悖矣！故里堂云：

> 《歸藏》以坤為首，婦不可先夫，則坤不可為首也。（同上）

其以為《歸藏》以坤為首之說，乃指十二辟卦而言。里堂云：

> 《歸藏》當如近世徐敬可之說，即「子復、丑臨、寅泰、卯大壯、

---

〔註17〕里堂此段言「艮位東北，坤位西南，象辭及之」，實則象辭並未言及「艮位東
北，坤位西南」。坤卦卦辭，即里堂所謂之象辭，僅有「西南得朋，東北喪朋」
之語，至於「東北、西南」各指何者？則未明言也。明言坤為西南之卦，艮
為東北之卦者，乃〈說卦傳〉也。

辰夬、巳乾、午姤、未遯、申否、酉觀、戌剝、亥坤」爲十二辟卦

是也。始於子而實受氣於亥，坤初生爲復，至二爲臨，至三爲泰，

至四爲大壯，至五爲夬，至上爲乾。乾初生爲姤，至二爲遯，至三

爲否，至四爲觀，至五爲剝，至上仍爲坤。故曰《歸藏》首坤，由

坤而乾。故又曰「坤乾」。非六十四卦之序以坤爲首也。（同上）

所謂十二辟卦者，乃是由坤卦爲始，依初、二、三、四、五、上之次第，將

其爻由陰變陽，而依次變初爻爲子，變二爻爲丑，變三爻爲寅，變四爻爲卯，

變五爻爲辰，六爻全變爲巳。變上爻而成乾卦之後，再以乾卦爲始，仍依初、

二、三、四、五、上之次第，將其爻由陽變陰，變初爻接乾卦之巳而爲午，

變二爻爲未，變三爻爲申，變四爻爲酉，變五爻爲戌，六爻全變則爲亥，又

復而爲坤矣！此坤卦爲首之變化，依次與十二天干相搭配，便成「子復、丑

臨、寅泰、卯大壯、辰夬、巳乾、午姤、未遯、申否、酉觀、戌剝、亥坤」

之十二辟卦矣！是故《歸藏》首坤之說，非指六十四卦之次第，乃指坤卦爲

十二辟卦循環之首也。取十二卦配十二天干而成十二辟卦之義爲何？里堂云：

> 取十二卦以屬十二月以爲消息。（同上）

是里堂以爲《歸藏》所以首坤而成十二辟卦者，乃在於藉此以配一年十二個

月之消長變化也。

### （三）伏羲之卦所以明人道，《連山、歸藏》所以明術數也

若《連山》首艮，《歸藏》首坤之說，非指六十四卦之次第，而是僅以《易》

卦之名配合八方、十二月之說，則《連山》首艮，《歸藏》首坤之意義何在？

其用處又何在？里堂以爲《連山、歸藏》之出，乃專爲術數家之用，其目的

則在占驗災祥，與伏羲畫卦之旨迥異也。里堂云：

> 伏羲通神明之德，類萬物之情，以乾、坤爲首而序六十四卦，無可
> 移者也。取八卦以屬八方，即以屬四時。又取十二卦以屬十二月，
> 以爲消息。於重卦、序卦之外，別取一義，以始艮終艮而目之爲《連
> 山》，以始坤終坤而目之爲《歸藏》，與五運六氣之說目爲表裏，後
> 世讖緯術數家多本之。（同上）

里堂以爲伏羲所以取八卦以屬八方、四時，又取十二卦以屬十二月消息，乃

是於重卦、序卦之意外，別取一意而爲之，與卦序無關，乃專與五運六氣之

說相爲表裏，是以六十四卦之變化言天地四時之變化也。八方、四時、十二

月者，皆自然運行之造化，伏羲畫卦以定人倫之道，則以《易》卦配合四時、

八方、十二月，是再自然不過了，亦因此而爲後世術數家引而用之也。後世術數家引用伏羲以八卦配八方，以十二卦配十二月之說，其初本不與《易》卦相配合，《易》卦自爲明人倫之道者，《連山、歸藏》則爲術數家所用，各自爲之而不相妨。然時至夏、商之季，術數之說盛行，伏羲畫卦以定人倫之意漸失，而人民遂僅知六十四卦之爲占驗災祥之物。里堂云：

> 余嘗思其義，伏羲之卦，明人道者也，《連山、歸藏》，明術數者也。鄭康成云：「殷陰陽書之存者有《歸藏》。」謂之陰陽之書，則陰陽五行家言也。大幽堪輿之屬，托諸神農、黃帝，《連山、歸藏》蓋其類。其始本不與設卦觀象之意相混淆而自爲用。夏、殷以來，術數之說行，而伏羲之卦象漸失其本。殷人尚鬼，蓋有更甚者，其季世之人，第知六十四卦爲占驗災祥之用，而不知其爲天道人倫之學，故文王專取伏羲之卦而繫之以辭，指之曰「元、亨、利、貞」，曰「吉、凶、悔、吝、厲、无咎」，而陰陽術數之叢雜，一槩屏之。周公制官，以《連山、歸藏》存諸太卜，示卜筮之占可參用之而已。孔子贊《易》，直本伏羲，以及神農、黃帝、堯、舜，而夏、商絕不言之。且曰：「殷之末世，周之盛德。」然則《連山、歸藏》傳於夏、殷，原非禹、湯之制作。蓋其時，伏羲之教明而未晦，雖有《連山、歸藏》而自別行，故禹、湯無容闡明之。殷季《易》道晦，而術數之說惑人，故文王屏《連山、歸藏》而繫辭，猶孔子屏辛廖、卜楚邱、卜徒父、史蘇等之說而作〈十翼〉，伏羲之卦晦於殷季而文王闡明之，文王之《易》晦於春秋而孔子贊《易》之。聖道明，邪說黜，故《易》直爲羲、文、周、孔四聖人之書也，《連山、歸藏》何得而並之。（同上）

故里堂以爲《連山、歸藏》所以出，乃因夏、商之季，術數之說盛行，加之以商人尚鬼，故伏羲畫卦欲定人倫之旨，漸不爲人所知，而六十四卦專爲占驗災祥之用，《連山、歸藏》遂與六十四卦混而爲一矣！是以文王摒《連山、歸藏》，專取伏羲六十四卦而繫辭曰「元、亨、利、貞、吉、凶、悔、吝、厲、无咎」，欲去術數之說，而傳聖人畫卦之旨也。時至春秋，文王繫卦辭之意又晦，是以孔子贊以〈十翼〉，摒春秋以《易》爲術數之說，而傳聖人作《易》之旨也。是故《易》乃聖人爲定人倫之道而作，非爲卜筮而作也。

由此觀之，《連山、歸藏》之出，本乃欲以配八方、四時、十二月之說，

伏羲後之術數家見八卦可配八方、四時，十二卦可配十二月，且又有天干與之相配，正可以因之而納於術數中，故將《連山、歸藏》納於術數中，而託諸於神農、黃帝，遂使伏羲畫卦以定人倫之意不明，而《易》乃被視爲卜筮而作者也。故吾人若欲明《連山、歸藏》之爲何，則須先知伏羲畫卦之意，聖人作《易》之旨，而將之區別開來，則《周易》自爲《周易》，《連山、歸藏》自爲《連山、歸藏》，一爲聖人之說，一爲術數家之用，其不同亦甚明矣！是以里堂云：

> 故凡《左傳》諸說《易》，皆不得漫引以爲《易》義，而《連山、歸藏》可知矣！然則周公存之太卜者何也？曰：「以《易》教論，則術數在所屏；以術數論，則《連山、歸藏》實爲陰陽五行之正宗。執方位、十二辟卦以說《易》，《易》之外道也；舍十二方位以爲術數，又術數之外道也。」（同上）

《左傳》說《易》，多以卜筮之事、前知之例言之，非《易》之真義，不得漫引之而以爲《易》義如此。《連山、歸藏》之於《易》而言，雖爲外道，然則其爲伏羲以八卦、十二卦配八方、四時、十二月之說，爲術數家引而用之，再託諸爲伏羲、神農、黃帝之說者，則《連山、歸藏》方位、十二辟卦之說，又爲術數之說之祖也。

故里堂以爲《連山、歸藏》皆傳自伏羲之手，此又與前人言《歸藏》傳於黃帝之說不同矣！然《連山、歸藏》僅爲伏羲以八卦配八方、四時，十二卦配十二月消息，將六十四卦配合天地運行之道，自然變化之理而已，毫無術數之說存於其中。但《易》道本有四，而卜筮居其一，故伏羲後之術數家遂將《連山、歸藏》之說，納於術數之列，而又託之於聖人之本意也，實則聖人無意於此也。

## 二、論卦變

### （一）虞氏卦變言各卦所由來有七，是謂諸卦各有所自來乎？或謂每卦兼有所自來乎？其爲自相矛盾之說也

里堂深研虞氏《易》學，其綜合虞氏卦變所言者，發現虞氏言各卦所由來者有七種可能，分別爲：由「乾坤」而來一也；由「六子」而來二也；由「十辟」而來三也；由「上下相加」而來四也；由「上下剛柔相變」而來五也；由「兩象易」之說而來六也；由「兩爻齊之」而來七也。而此七項中，

又以「十辟」爲主，其餘六項皆因以十辟說之而有困難，不得不以他說補充者。故欲知虞氏之卦變，則須先知何謂「十辟」？

### 1、自「十辟」而來之卦

里堂云：

> 荀氏書殘缺不完，虞氏備矣！以「十辟」爲主，以明夷、解、升、震四卦自臨來，晉、蹇、萃、艮四卦自觀來，訟、无妄、家人、革、巽五卦自遯來，需、大畜、睽、鼎、兌五卦自大壯來，蠱、賁、恒、損、井、歸妹、豐、節、既濟九卦自泰來，隨、噬嗑、咸、益、困、漸、旅、渙、未濟九卦自否來。三陰三陽既本諸泰、否，二陰四陽、四陰二陽既本諸臨、觀、大壯、遯，則一陰五陽、五陰一陽亦宜本諸復、姤、剝、夬矣！（同上）

由此可知，所謂「十辟」乃指：泰、否、臨、觀、大壯、遯、復、姤、剝、夬十卦。里堂又於此段下附上虞氏之注云：

> 明夷、臨二之三，解、臨初之四，升、臨初之三，震、臨二之四，晉、觀四之五，蹇、觀上之三，萃、觀上之四，艮、觀五之三，訟、遯三之二，无妄、遯上之初，家人、遯初之四，革、遯上之初，巽、遯二之四，需、大壯四之五，大畜、大壯初之上，睽、大壯上之三，鼎、大壯上之初，兌、大壯五之三，蠱、泰初之上，賁、泰上之乾二，乾二之坤上，恒、乾初之坤四，損、泰初之上，井、泰初之五，歸妹、泰三之四，豐、泰二之四，節、泰三之五，既濟、泰五之二，隨、否上之初，噬嗑、否五之坤初、坤初之五，咸、坤三之上、乾上之三，益、否上之初困、否二之上，漸、否三之四，旅、否三之五，渙、否四之二，未濟、否二之五。（同上）

由此段小注，已可知虞氏卦變中，各卦由來之過程。吾人亦由此可知，虞氏之卦變，其各卦爻之變化，全無規則可言。初、二、三、四、五、上各爻皆可互易，如此一來，若非虞氏言各卦之變化之首由「十辟」起，則六十四卦間，各卦皆可隨意而成他卦，則卦變有何意義？

若照虞氏卦變之說，三陰三陽之卦所以本諸泰、否，乃因泰之下卦爲三陽，否之下卦爲三陰，一爲三陽之卦之始，一爲三陰之卦之始。二陰四陽之卦所以本諸遯、大壯，乃因遯之初、二爻爲陰，其餘皆爲陽爻，大壯之五、上爻爲陰，其餘皆爲陽爻，一爲二陰四陽之卦之始，一爲二陰四陽之卦之終。

四陰二陽之卦所以本諸臨、觀，乃因臨之初、二爻爲陽，其他各爻爲陰，觀之五、上二爻爲陽，其他各爻爲陰，一爲二陽四陰之卦之始，一爲二陽四陰之卦之終。如此，則一陰五陽、五陰一陽之卦應本自復、姤、剝、夬。因姤卦之初爻爲陰，其他各爻皆爲陽；夬卦之上爻爲陰，其他各爻爲陽；姤爲一陰五陽之卦之始，夬爲一陰五陽之卦之終。而復卦之初爻爲陽，其他各爻皆爲陰；剝卦之上爻爲陽，其他各爻爲陰，復爲一陽五陰之卦之始，剝爲一陽五陰之卦之終。然虞翻之卦變，是否可以「十辟」將《周易》各卦由來解釋清楚而又無不通呢？顯然虞氏於其安排各卦變化之時，已知「十辟」無法將六十四卦之由來交代清楚，故又以其他各種說法補「十辟」說之不足。

### 2、自「乾坤」而來之卦

照虞氏各卦由來說法，凡一陽五陰之卦應自復、剝而來，然其於謙卦（第三爻爲陽，其餘爲陰）卻謂「乾上九來坤」。又凡三陰三陽之卦應來自泰、否，然其於恆卦（二、三、四爻爲陽）卻謂「乾初之坤四」，於咸卦（三、五、上爻爲陽）謂「坤三之上成女，乾上之三成男」，乾上之坤三，則坤成謙；乾初之坤四，則乾初爻成陰，坤四爻成陽，此時二卦合而爲恆，然咸卦不可由坤三之上，乾上之三而成之，則又不知虞氏此注爲何義？不論虞氏所言卦象變化是否可成其欲成之卦，此處所言變化，皆與前面以「十辟」言各卦所由來之例不同。里堂云：

> 一陰五陽、五陰一陽亦宜本諸復、姤、剝、夬矣！乃謙則乾上九來
> 之坤，與荀氏同，所謂自「乾坤」來，無復、姤、夬、剝之例矣！
> （同上）

是里堂亦見虞氏說一陰五陽、五陰一陽之卦時，已自壞其例矣！

### 3、自「六子」而來之卦

「六子」爲兌、離、震、巽、坎、艮六卦，由李鼎祚《周易集解》中，可見虞氏注《易》於二陽四陰之屯卦（初、五爻爲陽）下云「坎二之初」，於蒙卦（二、上爻爲陽）下云「艮三之二」，是虞氏於屯、蒙二卦又不從「十辟」之說，反以「六子」言此二卦之由來。里堂云：

> 二陽之卦，自臨來者宜爲明夷、解、升、震四卦，自觀來者宜爲晉、
> 蹇、萃、艮四卦，其屯、蒙、頤、坎四卦，可自觀來，亦可自臨來，
> 莫知所指，乃以屯爲坎二之初，蒙爲艮三之二，用荀說也。（同上）

是里堂亦見虞氏言屯、蒙二卦時，不以「十辟」、「乾坤」說之，而以「六子」

言，是又於「十辟」、「乾坤」外，另立一例矣！

### 4、由「上下相加」而來之卦

依今所見虞氏卦變之例，可知虞氏言各卦變化，皆以各卦之爻相易爲主。然其言大畜、无妄、損、益四卦時，則又有不同解釋。其於大畜下注「大壯初之上」，於无妄下注「遯上之初」，於損下注「泰初之上」，於益下注「否上之初」，然大壯初之上爲鼎，不爲大畜；遯上之初爲革，不爲无妄；泰初之上爲蠱，不爲損；否上之初爲隨，不爲益。初不知虞氏所注之義爲何？然細審之則知虞氏言此四卦之所由來時，不僅以爻之相易言之，且將已易之爻，上下相加而成新卦。里堂云：

> 且所謂之者，兩爻相易也。如遯三之二爲訟，大壯四之五爲需，四之五亦五之四，三之二亦二之三是也。至大畜則云：「大壯初之上」，无妄則云：「遯上之初」，損則云：「泰初之上」，益則云：「否上之初」。依諸例，則大壯初之上，鼎也；遯上之初，革也；泰初之上，蠱也；否上之初，隨也，此則以初爻加於上爻之上，上爻續於初爻之下，與兩爻相易者迥別。（同上）

里堂見虞氏注《易》，所謂之者，皆指兩爻相易也。如遯三之二爲訟，大壯四之五爲需之例。然虞氏言大畜、无妄、損、益四卦由來時，其所謂之字，又非兩爻相易也。其言「大壯初之上、遯上之初、泰初之上、否上之初」者，皆以初爻加於上爻之上，上爻續於初爻之下，於是「大壯初之上」之意爲：大壯初爻移至上爻之上，上爻一變而爲五爻，五爻爲四爻，四爻爲三爻，三爻爲二爻，二爻爲初爻，故「大壯初之上成大畜」。「泰初之上」之意爲：泰卦初爻移至上爻之上，上爻變而爲五爻，五爻爲四爻，四爻爲三爻，三爻爲二爻，二爻爲初爻，故「泰初之上成損」。「遯上之初」之意爲：遯卦上爻移至初爻之下，於是初爻成二爻，二爻爲三爻，三爻爲四爻，四爻爲五爻，五爻爲上爻，故「遯上之初爲无妄」也。又「否上之初」之意爲：否卦上爻移至初爻之下，初爻變爲二爻，二爻爲三爻，三爻爲四爻，四爻爲五爻，五爻爲上爻，故「否上之初成益」。如此一來，則虞氏所謂之字有二義，或爲「兩爻相易」，或爲「某爻加於某爻之上、某爻續於某爻下」，其義遂混而莫知其所謂也。

### 5、由「上下剛柔相變」而來之卦

虞氏言卦之由來者，除了以上四種可能外，又立一「上下剛柔相變」之

例。虞氏注小畜卦爲「需上變爲巽」，注履卦爲「謂變訟初爲兌也」。初視之不知所云爲何？里堂云：

> 履則變訟初爲兌，小畜則需上變爲巽，此亦荀氏萃本否卦之說，於卦變中，別一義矣！（同上）

何謂「萃本否卦」？荀氏此說乃用焦延壽《易林》所謂「否之萃」之說。荀氏於萃卦云：

> 此本否卦，上九陽爻，見滅遷移。

何謂「上九陽爻，見滅遷移」？此謂否卦上爻本爲陽，今變而爲陰，則否卦成萃卦矣！故云「此本否卦，上九陽爻，見滅遷移」，而虞氏云小畜、履之由來，亦用荀氏此法。需上爻爲陰，變而爲陽則成小畜；小畜初爻爲陽，變而爲陰則爲巽，故注小畜爲「需上變爲巽」。訟初爻爲陰，變而爲陽則成履；履上爻爲陽，變而爲陰則成兌，故注履爲「謂變訟初爲兌也」。是虞氏此處所言卦變，乃是將一卦上爻變而爲他卦，再將此新成卦之初爻變而再爲另一新卦，故里堂謂此法爲「上下剛柔相變」，如此一來，虞氏言《易》卦之由來，又多了一種說法。

### 6、由「兩象易」而來之卦

里堂云：

> 豫則復初之四，此則師二之五，說者以爲從「兩象易」之例，非乾、坤往來。……其於豐云：「此卦三陰三陽之例，當從泰二之四，而豐三從噬嗑上來之三，折於坎獄中而成豐。」於旅云：「賁初之四，否三之五，非乾、坤往來也，與噬嗑之豐同義。」說者又以此爲「兩象易」之例。（同上）

是治虞氏《易》者，謂豫、比、豐、旅四卦之由來，乃自「兩象易」而來也。何謂「兩象易」？即某卦之上卦與下卦互易而成他卦之謂也。故豫爲復之上下卦互易而成之卦，比爲師之上下卦互易而成之卦，豐爲噬嗑之上下卦互易而成之卦，旅之由來與豐同，乃由賁之上下卦互易而成也。如此，則豫、比雖爲一陽五陰之卦，而其所由來與復、剝無關；豐、旅雖爲三陰三陽之卦，而其所由來與泰、否無關，此虞氏言卦之由來的另一種方法也。

### 7、由「兩爻齊之」而來之卦

除了以上六種方法外，虞氏尚有一種「兩爻齊之」法。里堂云：

> 中孚、小過兩卦無所依附，則云：「中孚，訟四之初也，此當從四陽

二陰之例。遯陰未及三，而大壯陽已至四，故從訟來。小過，晉上
之三，當從四陰二陽臨、觀之例。臨陽未至三，而觀四已消也。」
所說殊艱澀不易解，究而推之，不過謂遯初之四，而二不能及三。
大壯上或之三，而陽實在四，惟自訟來，則遯二已及三，而初又之
四，即爲中孚。然則大壯五先之四成需，需上又之三成中孚亦可也。
臨陽未至三，二未至三成明夷也；觀四已消，五未之四成晉也。五
先之四則四不消，四不消則晉上之三爲小過，則臨二先之三成明夷，
明夷初又之四成小過亦可也。蓋兩陽爻齊之乃成小過，兩陰爻齊之
乃成中孚，無兩爻齊之之理。而其例既窮，乃變其說爲訟四之初，
晉上之三。晉上之三，仍是觀五先之四，觀上次之三也；訟四之初，
仍是遯二先之三，遯初次之四也，仍是兩爻齊之。虞氏自知其不可
彊通，姑晦其辭，貌爲深曲，而究無奧義也。（同上）

里堂此處已將虞氏說中孚、小過二卦由來解釋得非常清楚。小過之所以不得
從二陽四陰之臨、觀之例，非有多奧妙之因，乃因不論由臨卦變來，或由觀
卦變去，皆無法動一爻而將之變爲二陽爻齊之之卦，須經兩層手續以上，方
得成爲小過。或由臨二先之三成明夷，明夷初又之四而成小過；或由觀五先
之四成晉，再由晉上之三成小過。中孚之所以不得從二陰四陽之例，亦因不
論由遯卦變來，或由大壯卦變去，皆無法動一爻而將之變爲二陰爻齊之之卦，
須經兩道手續以上，方得成爲中孚。或由遯二先之三成訟，再由訟初之四成
中孚；或由大壯五先之四成需，需上又之三成中孚也。然此皆須經兩道手續
變化，不合於虞氏「二陰四陽、四陰二陽」之卦，只需將二爻互易便可得一
新卦之例，故晦其辭而貌似深曲，其實乃其說窮而變其例者也。

### （二）以卦變言六十四卦之生成爲謬說也

吾人既知虞氏卦變言六十四卦由來，分別以七種方法言之，則某卦之所
由來，或可由彼，亦可由此，如此，則卦之所由來莫衷一是矣！里堂自言於
卦變求之最深最久，故分析完卦變之說後，指出卦變之謬有五。其云：

余於此求之最深最久，知其非《易》義所有，決其必無此說。夫乾、
坤索爲六子，八卦錯爲六十四，相摩相盪而設卦之義已畢，其旁通以
各正性命，時行以自彊不息，〔註18〕則爻之變化也。今謂卦之來由爻

---

〔註18〕里堂此段所言，廣文書局據《皇清經解》庚申補刊本所印行之《易學三書》
上冊作「其旁通以各正性命，時行以自強不急」（頁175）。「自強不急」之「急」

－126－

之變，其謬一也。諸卦生於六子，六子又生於諸卦，其謬二也。一陽之卦不生於剝、復，一陰之卦不生於姤、夬，與泰、否、臨、觀等卦參差不一，其謬三也。彭城蔡景君說謙、剝上來之三，蜀才謂師本剝卦，同人本夬卦，則一陽一陰與二陽二陰之例通矣！然一陽之卦有四，皆可兼自復、剝來，一陰之卦有四，皆可兼自姤、夬來，與革、鼎、屯、蒙、坎、離、頤、大過之於遯、大壯、臨、觀等，於彼於此，無所歸附，其謬四也。至於晉、訟可生中孚、小過，噬嗑可生豐，賁可生旅，蔓衍無宗，不能自持其例，其謬五也。（同上）

里堂於〈原卦〉一文早已說明不僅八卦爲伏羲所畫，六十四卦亦爲伏羲所重。兌、離、震、巽、坎、艮六子爲乾、坤所生，六十四卦則爲八卦相錯而成，而爻之變化，即〈易傳〉所云「旁通、時行」，與六十四卦生成無關。然虞氏以卦變言六十四卦由來時，全以爻之變化言某卦之生於某卦，此以爻之變化言卦之生成之說，非《易》義所有也，此其謬一也。其次，虞氏卦變言屯、蒙二卦由來時，以屯爲坎二之初，蒙爲艮三之二，是屯、蒙由坎、艮而來也。而其於坎卦則謂「乾二、五之坤，于爻觀上之二」，注艮則謂「觀五之三也」，注離卦則云「于爻遯初之五」，注兌卦則云「大壯五之三也」，注巽卦則云「遯二之四」，注震卦則云「臨二之四」，是虞氏以爲諸卦生於六子，而六子又生於諸卦也，天下豈有子生於母而母復生於子之理乎？其謬二也。又依虞氏卦變之例，一陽之卦應生於剝、復，一陰之卦應生於姤、夬。然觀虞氏《易》注，發現一陽之卦除復、剝外，有師、謙、豫、比四卦，然僅有豫卦下云「復初之四」，其餘皆與復、剝無關。一陰之卦除姤、夬外，有同人、履、小畜、大有四卦，卻全與姤、夬無關。此又與二陽之卦生於臨、觀，二陰之卦生於遯、大壯，三陰三陽之卦生於泰、否之例參差不一，其謬三也。又生於虞氏之後如蔡景君說謙爲剝上來之三；蜀才謂師本剝卦，同人本夬卦，則一陰一陽之卦之例與二陰二陽之卦之例通矣！可解決上述之疑。然如此說來，則一陽之卦有四，皆可兼自復、剝來；一陰之卦有四，皆可兼自姤、夬來；二陽之卦十五，皆可兼自臨、觀來，二陰之卦十五，皆可兼自遯、大壯來。某卦究由此來，或由彼來，不可知矣！故里堂云：

於彼於此，無所歸附，其謬四也。（同上）

最後，虞氏既已爲其卦變之說立了七例，或云卦自「乾坤」來，自「六子」

當作「息」。

來，自「十辟」來，自「上下相加」來，自「上下剛柔相變」來，自「兩象易」來，自「兩爻齊之」而來，則何以又云：

> 晉可生頤，小過、訟可生中孚，噬嗑可生豐，賁可生旅。（同上）

晉、訟、噬嗑、賁既非「乾坤」，非「六子」，亦非「十辟」，則虞氏又不能自持其例，蔓衍無所宗也，此其謬五也。卦變之謬如此，生於虞氏之後者，如：蜀才、盧氏、姚信、侯果、李挺之、朱漢上之流，不論其如何爲虞氏說解，皆不免左支右絀。故卦變之謬，卦變之不可信，由此可見矣！

## （三）說《易》者必言卦變、反對，乃因〈彖傳〉有「往來、上下、進退」之文也。然《易》文不可強通，而《易》亦不可以卦變、反對之說而通之

吾人既知以卦變言六十四卦生成之道爲非，則何以自荀、虞以來，說《易》者多說卦變、反對呢？里堂以爲此乃因〈彖傳〉中有「往來、上下、反對」之言也。里堂云：

> 說《易》者必沾沾於卦變、反對者何也？以〈彖傳〉有「往來、上下、進退」之文也。荀、虞以來，大抵皆據以爲說。傳文不可以彊通，故不能畫一耳。（《易圖略・卷七・論卦變下第三》）

既然〈彖傳〉中有「往來、上下、進退」之文，則卦變以爲爻之可上、可下、可往、可來者，亦出之有因矣！里堂何以非之呢？蓋其以爲傳文不可彊通也。里堂又如何證實以卦變、反對說《易》者爲非？其言《易》以實測爲主，實測經文、傳文，確定其所言皆合於經傳，方爲的說。若有一絲一毫未能合於經文、傳文者，則其說爲非也。故里堂於〈易圖略敘目〉云：

> 夫《易》猶天也，天不可知，以實測而知。七政恒星，錯綜不齊，而不出乎三百六十度之經緯；山澤水火，錯綜不齊，而不出乎三百八十四爻之變化。本行度而實測之，天以漸而明；本經文而實測之，《易》亦以漸而明。非可以虛理盡，非可以外心衡也。

里堂以實測經文之態度研察欲以卦變、反對將全《易》通之而無礙，乃不可能也。今舉里堂所言數例以證之。

1、里堂云：

> 傳稱剛來者四。隨「剛來而下柔」，謂否上之三。[註19] 訟「剛來而

---

〔註19〕里堂此處言虞氏以隨卦謂否上之三，恐有誤矣！否上之三成咸，不爲隨。李

得中」，謂遯三之二。渙「剛來而不窮」，謂否四之二。似矣！而无妄「剛自外來」而爲主於內，獨加內外二字，若豫知後有謂遯三之初者，而早破之。黃氏宗羲云：「遯之初、三相易，皆在內卦，非外來。」是也。其說窮，不得不改爲上加於初矣！或謂三在下卦中爻之外，自三來居初，在中畫之內而爲卦主（見朱升《周易旁注·十辟卦變圖》）。上卦爲外，下卦爲內，常例也。以三爲外，是內外溷淆矣！三可爲外，虞氏何必遷移其說以自紊乎？訟傳云：「訟，有孚窒惕，中吉，剛來而得中也。」明以「剛來得中」爲解釋彖辭之文，以爲遯三之二。遯二、三皆正，一經卦變而皆不正。二、五兩剛不正，而可謂之吉乎？渙傳云：「剛來而不窮，柔得位乎外而上同。」非變通不可謂不窮，傳以剛來爲不窮，乃謂否四之二。二、五兩剛與訟同，不窮安在？「柔得位乎外」，謂否二之四矣！而所云「上同者」何謂也？（同上）

里堂綜合全《易》，發現〈彖傳〉稱「剛來」之卦有四。隨卦〈彖傳〉「剛來而下柔」，虞氏注隨卦爲「否上之初」。否卦上爲陽爻，初爲陰爻，謂隨爲否上之初而成者，合於「剛來」之說。否爲「十辟」之卦，則又合於「十辟」之例。訟〈彖傳〉「剛來而得中」，虞氏注之爲「遯三之二」，遯卦三爲陽爻，二爲陰爻，謂訟爲遯三之二所成之卦，合於「剛來」之說。遯爲「十辟」之卦，則又合於「十辟」之例矣！渙卦〈彖傳〉「剛來而不窮」，虞氏注爲「否二之四」，否二爲陽爻，四爲陰爻，謂渙卦爲否二之四而成之卦，合於「剛來」之說。而否又爲「十辟」之卦，則又合於「十辟」之例矣！然无妄〈彖傳〉「剛自外來，而爲主於內」，虞氏注云「遯上之初」。遯上之初若以前述之例言，之字爲爻與爻相易之義，如此，則遯上之初不爲无妄而爲革矣！虞氏於革卦下注云「遯上之初」，是爲重複之說也。細審之乃知虞氏似已知若依其卦變之例，則无妄應爲遯三之二而成之卦，然若謂无妄爲遯三之二，則二、三兩爻皆在內卦，而〈彖傳〉乃謂「剛自外來，而爲主於內」，兼內外而言之。由三之二，是二者皆在內卦，不合於〈彖傳〉所謂「剛自外來」矣！故更改其說，以无妄爲遯上之初。然遯上之初如何可成无妄呢？此即吾人上述「虞氏卦變言卦之所由來」中之第四項，由「上下相加」而來之卦之法也。將遯卦上爻

鼎祚《周易集解》虞氏之注爲「隨爲否上之初」，否上之初方爲隨也。里堂此處云「虞氏以隨卦謂否上之三」有誤。

加於初爻之下，其他各爻依次上升一個爻位，如此，遯上之初乃成无妄也。
然所謂之者，兩爻相易也。今或以之爲某爻加於某爻之下，或以之爲兩爻相
易，是自亂其例也。虞氏見卦變之說未能合於〈象傳〉之義，故改其卦變之
例以求合於〈象傳〉之辭，然一改其卦變之例，即已說明卦變之法不合於經
傳矣！或如朱升《周易旁注・十辟卦圖變》欲爲虞氏此處釋之而云：

> 三在下卦中爻之外，自三來居初，在中畫之內而爲卦主。（同上）

若以三在中爻之外而謂三爲外，則上卦爲外，下卦爲內之義又有何意義呢？
上卦爲外，下卦爲內，常例也。爲通一不可通之說而毀常例，可乎？

　　2、里堂云：

> 噬嗑傳云：「剛柔分，動而明，雷電合而章，柔得中而上行。」節傳
> 云：「剛柔分而剛得中。」以節爲泰三之五，噬嗑爲否初之五〔註20〕
> 似矣！乃噬嗑之「柔得中而上行」承「雷電合而章」，則所謂「上行」
> 者，言合不言分。分之不可爲合，猶大之不可爲小也。顧上行既指
> 合而不指分，則以否初之五爲「剛柔分」者，即不得以「上行」爲
> 否初之五矣！謙傳云：「地道卑而上行。」爲卦變之說者，乾上之坤
> 三也；爲反對之說者，豫下坤到於上也。坤居上，五失位，以三先
> 五爲災、爲傷、爲大敗、爲冥、爲晦、爲迷、爲死，正所謂「卑而
> 踰」矣！何亨之有？何吉之有？又何有終之有？（同上）

里堂綜全《易》見噬嗑、節皆云「剛柔分」，而節卦〈象傳〉「剛柔分，而剛
得中也」，虞氏注節卦謂「泰三之五」。泰卦第三爻爲爲陽爻，第五爻爲陰爻，
五爲上卦之中，故三之五謂之「剛得中」。三爲陽爻，五爲陰爻，故謂之「剛
柔分」。以卦變解節卦可也。然噬嗑傳亦爲「剛柔分」，則噬嗑之「剛柔分」
應與節卦「剛柔分」之義相通也。噬嗑〈象傳〉「剛柔分，動而明，電電合而
章，柔得中而上行」，虞氏注噬嗑卦爲「否五之坤初，坤初之五。」若依虞氏
之注，否五之坤初，坤初之五，不論如何變化，皆無法成噬嗑也。依卦變之
例，則噬嗑當爲否初之五所成之卦也。否初之五爲上行，而否卦初爻爲陰爻，
五爻位居上卦之中，故初之五爲「柔得中」，是以噬嗑傳謂「柔得中而上行」。
「柔得中而上行」乃承「雷電合而章」而言之者，則所謂「上行」者，言合

---

〔註20〕里堂此處云虞氏注噬嗑爲「否初之五」，然《周易集解》虞氏之注噬嗑爲「否
　　　　五之坤初、坤初之五」。蓋里堂謂噬嗑爲「否初之五」，乃依卦變之例言之，
　　　　而虞氏於此處不以卦變言之，又自壞其例矣！

不言分也。分之不可爲合，猶大之不可爲小也。若以否初之五爲「剛柔分」，則不可又以否初之五爲「上行」也。何者？蓋「上行」既言合，而今又謂之爲「剛柔分」，可乎？此以卦變之說解噬嗑〈象傳〉之辭，又不可通也。

以卦變說謙卦〈象傳〉「地道卑而上行」者，謂謙爲乾上之坤三而來也。虞氏亦注謙卦爲「乾上九來之坤」。然以三爻先五爻而行，非時行也，故里堂謂之爲災、傷、大敗、冥、晦、迷、死。謙卦〈象傳〉「卑而不可踰」，三先五而行，是卑而踰也，何能釋卦辭之「亨，君子有終」之義？以反對之法說之者，則謂謙由豫下坤倒於上也，亦即謂將豫卦整個倒過來，初變爲上，二變爲五，三變爲四，四變爲三，五變爲二，上則變爲初，如此則成謙卦矣！然則坤居於上卦，則第五爻爲陰爻，爲失位，又何能解卦辭所謂「亨，君子有終」呢？卑而踰、失位，又何亨之有？何有終之有？故不論以卦變解謙卦經傳之辭，或以反對解謙卦經傳之辭，皆不可通經傳之義矣！此又里堂斥卦變、反對說之一例矣！

### （四）卦變之適用範圍

若如上述所言，似謂卦變之說一無是處矣！此又非也，卦變亦有其適用範圍。里堂云：

> 然則卦變之說何所來乎？曰：「亦有之。」乾二之坤五爲比，謂比之來由乾二之坤五可也。然離五之坎二亦爲比，師二之五亦爲比也。坎三之離上爲豐，謂豐之來由坎三之離上可也。然巽上之震三亦爲豐，噬嗑上之三亦爲豐也。辭也者，各指其所之，所之或當位，或失道，而辭則指其所之以明之，謂此卦之吉由某卦之所之如此，此卦之凶由某卦之所之如此，此卦之悔、吝由某卦之所之失道而能變通如此。隨舉其所之以爲辭，謂之「之卦」可也；謂卦由某卦而生不可也。（同上）

所謂之字，乃兩爻互易之義。兩爻互易而成某卦，若直謂某卦由某卦之爻之變化而來，則將面臨他卦亦可由爻之變化而成此卦之問題。一旦如此，則若謂此卦由某卦而來，則吾亦可謂此卦亦可由他卦而來也。如：乾二之坤五爲比，然離五之坎二，師二之五皆爲比，則汝謂比由乾二之坤五來，吾可謂比由離五之坎二而來，他則可謂比由師二之五而來。如此，則一卦可由數卦而來，卦之生成將莫衷一是矣！故里堂乃謂「謂卦由某卦而生不可也」。然而若將卦變之說配以卦爻辭之所指，則卦變之說亦有其用也。《易》辭所以言吉、

凶、悔、吝者，皆指爻之變化而言。此卦爻之所以爲吉，乃由此卦之卦爻變化合於旁通法也；此卦之所以爲凶，乃由於此卦之卦爻變化不合於旁通之法也；此卦之所以悔、吝，亦由其卦爻變化先失道而後又知變通之故也。是故若隨《易》辭而言卦爻變化，則卦變之說仍可用也。然若欲以卦變而言卦之由來，則又超出卦變之適用範圍矣！

今將卦變之說配以《易》辭，觀里堂所舉之例，以定其是非。里堂云：

> 故謂噬嗑上之三爲豐可也，謂泰二之四爲豐則不可也；謂旅初之四爲賁可也，謂否三之五爲旅則不可也；謂晉上之三爲小過可也，謂觀四之五爲晉不可也；謂訟四之初爲中孚可也，謂遯三之二爲訟不可也。（同上）

何以噬嗑上之三爲豐可，而泰二之四爲豐不可？蓋噬嗑〈彖傳〉爲「剛柔分，動而明，雷電合而章」，〈象傳〉爲「雷電，噬嗑，先王以明罰敕法」。而豐卦〈彖傳〉則爲「豐，大也。明以動，故豐」，〈象傳〉爲「雷電皆至，豐，君子以折獄致刑」。噬嗑之〈彖傳〉爲「雷電合而章」，豐卦〈象傳〉爲「雷電皆至」，而噬嗑〈象傳〉亦爲「雷電」。噬嗑〈彖傳〉爲「動而明」，而豐卦〈彖傳〉則爲「明以動，故豐」。噬嗑〈象傳〉爲「先王以明罰敕法」，豐卦〈象傳〉則爲「君子以折獄致刑」。噬嗑、豐兩卦之〈彖、象〉二傳，一爲「雷電合」，一則爲「雷電皆至」；一爲「動而明」，一則爲「明以動」；一爲「明罰敕法」，一則爲「折獄致刑」，其呼應如此明顯，故謂豐由噬嗑上之三而來可也。而泰卦〈彖、象〉二傳之辭，與豐卦〈彖、象〉二傳之辭則全無關連，若謂豐由泰二之四來，則不知其證爲何。且謂某卦由某卦而來，則此二卦應有呼應之處，否則六十四卦之生成變化，可隨意言之矣！

再看何以旅初之四爲賁可，否三之五爲旅則不可？旅卦〈彖傳〉爲「旅，小亨，柔得中乎外而順乎剛，止而麗乎明，明以小亨，旅貞吉也，旅之時義大矣哉！」〈象傳〉則爲「山上有火，旅，君子以明愼用刑，而不留獄。」賁卦〈彖傳〉爲「賁亨，柔來而文剛，故亨。分剛上而文柔，故小利有攸往，天文也；文明以止，人文也。觀乎天文以察時變，觀乎人文以化成天下。」〈象傳〉爲「山下有火，賁，君子以明庶政，无敢折獄。」旅卦〈彖傳〉有「柔得中乎外」，而賁卦〈彖傳〉則有「柔來而文剛」，「柔得中乎外」故曰「柔來」。旅卦〈彖傳〉有「旅之時義大矣哉」，賁卦〈彖傳〉則有「觀天文以察時變」，二卦又同時言「時」之義也。旅卦〈象傳〉「山上有火」，謂離上艮下也；賁

卦〈象傳〉則爲「山下有火」，謂離下艮上也。旅卦〈象傳〉爲「君子以明愼用刑，而不留獄」，賁卦〈象傳〉則爲「君子以明庶政，无敢折獄」也，是其呼應如此明顯。而否卦〈彖、象〉二傳之辭與旅卦〈彖、象〉二傳之辭毫無關係，是故「謂旅初之四爲賁可也，謂否三之五爲旅則不可也」。

　　觀此二例，可例其餘。故若將各卦之爻之變化配合經傳之辭觀之，則卦變之說亦有其用。倘若僅欲以卦變之說而釋卦之由來，則不可通也，此爲卦變適用之範圍矣！故里堂於篇末云：

　　　　蓋漢、魏之時，孔門說《易》之遺尚有景響，而荀、虞不求其端，
　　　　不訊其末，不知各指所之之義，而以爲卦爻可隨意推移，遂成千古
　　　　謬說之所由來。余旣爲當位失道等圖，以明其所之之吉、凶、悔、
　　　　吝，此即爲荀、虞之卦之說之所本。去其僞，存其眞，惜不能起荀、
　　　　虞而告之耳。倘殁後有知，當與之暢談於地下也。（同上）

是里堂以爲孔門說《易》之法，至漢、魏時期尚有所遺，荀爽、虞翻皆知其法也。然荀、虞二人未能眞求孔門說《易》之法，以爲卦爻變化可以隨意推移，而不知卦爻變化之限制，故有卦變之說起，後人又群起而學之，遂造成了千古謬說也。然里堂爲何會以無法與荀爽、虞翻暢談而覺得可惜呢？此乃因里堂所以能知聖人作《易》本旁通之旨者，亦由於卦變之說的啓迪，倘無荀、虞將卦變之說留傳下來，則里堂亦無以知旁通諸法也。故里堂雖非荀、虞卦變之說，然對於荀、虞二人，仍心存敬重之意矣！

## 三、論「半象」

　　「半象」者，乃虞氏注《易》所用之法，亦爲後世《易》家所引用之。里堂於虞氏《易》學研究多年，甚覺以「半象」解《易》爲不可之說，故特於《易學三書》中，別列一篇以言之矣！欲論「半象」，須先知何謂「半象」？

### （一）何謂「半象」

　　《周易》六十四卦，每卦皆有六畫，每一卦又可分爲內、外二卦，內卦指初、二、三爻所成之卦，又稱下卦；外卦指四、五、上爻所成之卦，又稱上卦。而內卦、外卦皆爲八卦之一，故六十四卦實生於八卦也。然虞翻爲了將卦爻變化與《易》辭配合，在他發現其卦變說不足以將《易》辭解通時，創出了「半象」之說。「半象」者，以兩爻爲一卦也。然又因兩爻不足以成一

卦，故特謂之「半象」。高懷民先生著《兩漢易學史》云：

> 所謂「半象」，其含義即是「未完成的象」。何謂未完成的象？就是
> 這個象正在趨向於變，而他的變的勢能正在起作用，但尚未達到成
> 熟的階段。〔註21〕

故所謂「半象」，乃是以兩爻爲一卦之意，只是此卦尙未完成，仍有變的可能。
如八卦中，兩陽爻相連之卦有乾、巽、兌三卦，以「半象」言之，兩陽爻相
連可謂之乾半象、巽半象，亦可謂之兌半象。八卦中兩陰爻相連之卦有坤、
艮、震三卦，以「半象」言之，凡兩陰爻相連者可謂之坤半象、艮半象，亦
可謂之震半象也。如此卦象又憑空增加了許多，一卦除了本身之卦象外，又
多了初至二爻，二至三爻，三至四爻，四至五爻，五至上爻這五個象了，這
就是所謂的「半象」。

### （二）「半象」實爲牽合之說也

若「半象」之說眞合於《易》義，則六十四卦每一卦除了本身所有的卦
象外，又多了五種可能，且兩陽爻相連之象，既可謂之乾半象，又可謂之巽
半象、兌半象，則吾人遇卦爻變化，而欲以「半象」說之時，則將莫知所從
也。里堂亦云：

> 虞翻解「小有言」爲「震象半見」，又有「半坎」之說，余以爲不然。
> 蓋乾之半亦巽、兌之半，坤之半亦艮、震之半，震之下半何異於坎、
> 離之下半？坎之半又何異於兌、巽、艮之半？求其故而不得造爲半
> 象，又造爲三變受上之說。試思半象之說興，則履、姤之下均堪半
> 坎，師、困之下皆可半震，究何所從手？虞氏之學，朱漢上譏其牽
> 合，非過論也。（同上）

虞氏卦注，多有以「半象」言之者。如其注需卦九二「小有言」云「震象半
見」。何以虞氏以「小有言」爲「震象半見」？蓋二本爲陰位，需卦以陽爻居
之，是失其位也。變而爲陰，則需卦之初爻爲陽，二爻爲陰，有震之半象也。
虞氏何以不言其爲半兌象、半坎象、半離象？乃因需卦〈象傳〉有「君子以
飲食宴樂」之文，文中有「食」字，而〈雜卦傳〉有「噬嗑，食也」之語，
故虞氏以需卦二爻爲陽，不當位，變而爲陰，如此則初至二爲震之半象，三
至五爲離，離上震下則爲噬嗑也。故需卦經「半象」之說而成噬嗑，而需卦

---

〔註21〕見《兩漢易學史·第五章·後期注經派象數易家》（頁226、227）。

〈象傳〉之「食」字亦可解釋矣！如此，則卦爻變化爲符合《易》辭而又別立一例，且無規則可尋，全是跟著經文而變，是故「半象」之說被朱漢上譏爲牽合也。吾人當知，一旦「半象」之說立，則卦爻變化將可任意言之，而《易》將漫無規則可循矣！故里堂以爲漢上謂「半象」爲牽合之說，非過論也。

## 四、論「兩象易」

吾人於「論卦變」一節中，曾提及虞翻以七種方法言卦之生成，其中一種便是「兩象易」，而里堂除了於〈論卦變〉中提及「兩象易」外，又別立一文，言以「兩象易」解《易》之不當也。

### （一）何謂「兩象易」

所謂「兩象易」者，乃指兩卦之上下卦象正好相反，則此二卦謂之「兩象易」。如：大壯上震下乾，无妄上乾下震，則大壯與无妄爲「兩象易」。又如：大過上兌下巽，中孚上巽下兌，則大過與中孚爲「兩象易」也。若以「兩象易」說《易》，則《易》之變化又多了許多種可能性了。

### （二）將虞翻以「兩象易」說〈繫辭傳〉之例較之以〈繫辭傳〉原文，發現虞氏並未以同一方法說同樣之例，故以「兩象易」說《易》爲不當也

吾人既知何謂「兩象易」，如欲知以「兩象易」說《易》之可否，則須以實測經文的態度觀之。今以虞氏注《易》時，以「兩象易」注者爲例，觀其以「兩象易」言《易》卦之變化與《易》辭是否可通，以論「兩象易」是否可行。里堂云：

> 虞翻説〈繫辭傳〉「宮室取大壯」，謂與无妄「兩象易」；「棺槨取大過」，謂與中孚「兩象易」；「書契取夬」，謂與履「兩象易」，此與相錯似近而非。細究取「宮室、棺槨、書契」之義，而所謂「兩象易」者殊不切，而蓋取十三。其取離、益、噬嗑、乾、坤、渙、隨、小過、暌，又何不以「兩象易」也？（同上）

吾人讀〈繫辭傳〉之

> 古者包犧氏之王天下也，仰則觀象於天，俯則觀法於地，觀鳥獸之文與地之宜，近取諸身，遠取諸物，於是始作八卦，以通神明之德，

以類萬物之情。作結繩而爲岡罟，以佃以漁，蓋取諸離。包犧氏沒，神農氏作，斲木爲耒，耒耨之利以教天下，蓋取諸益。日中爲市，致天下之民，聚天下之貨，交貨而退，各得其所，蓋取諸噬嗑。神農氏沒，黃帝、堯、舜氏作，通其變，使民不倦，神而化之，使民宜之。《易》窮則變，變則通，通則久，是以自天祐之，吉无不利。黃帝、堯、舜垂衣裳而治天下，蓋取諸乾、坤。剝木爲舟，剡木爲楫，舟楫之利，以濟不通，致遠以利天下，蓋取諸渙。服牛乘馬，引重致遠，以利天下，蓋取諸隨。重門擊柝，以待暴客，蓋取諸豫。斷木爲杵，掘地爲臼，臼杵之利，萬民以濟，蓋取諸小過。弦木爲弧，剡木爲矢，弧矢之利，以威天下，蓋取諸睽。上古穴居而野處，後世聖人易之以宮室，上棟下宇，以待風雨，蓋取諸大壯。古之葬者，厚衣之以薪，葬之中野，不封不樹，喪期无數，後世聖人易之以棺槨，蓋取諸大過。上古結繩而治，後世聖人易之以書契，百官以治，萬民以察，蓋取諸夬。

此段〈繫辭傳〉共言十三卦，分別爲離、益、噬嗑、乾、坤、渙、隨、豫、小過、睽、大壯、大過、夬，且分別以一事配一卦而云「蓋取諸」，則此十三卦應爲同一系列之卦，其解釋方法亦宜相同。然虞氏卻僅對「宮室取諸大壯、棺槨取諸大過、書契取諸夬」三者以「兩象易」論之，並以爲「宮室取大壯」乃與无妄「兩象易」，「棺槨取大過」乃與中孚「兩象易」，「書契取夬」乃與履「兩象易」，而對其他十卦皆不以「兩象易」言之。〈繫辭傳〉中同一系列且所言者皆相似之例，卻不以同一方法言之。如此，則吾人不知虞氏何以僅以「兩象易」言此三卦，而不言及其他十卦也。此爲以「兩象易」言《易》不當之因也。

## 五、論「納甲」

### （一）何謂「納甲」

「納甲」者，以八卦分納十天干，而取十天干中的第一位甲作爲代表，故謂之「納甲」。其法則如高懷民先生《兩漢易學史》所云：

> 其法：先分八卦爲陰陽兩組，乾、震、坎、艮爲陽卦；坤、巽、離、兌爲陰卦。復分十天干爲陰陽兩組，甲、丙、戊、庚、壬爲陽干；乙、丁、己、辛、癸爲陰干。然後以陽卦納陽干，以陰卦納陰干，

乾與坤二卦分內外象，各納二干，其他六卦則各納一干，於是：乾
之內卦納甲，外卦納壬，震納庚，坎納戊，艮納丙，坤內卦納乙，
外卦納癸，巽納辛，離納己，兌納丁。（頁 147、148）

高先生雖將「納甲」解釋的相當清楚，然其對「納甲」何以產生及「納甲」
與八卦爲何如此相配之因？全不論及，並謂：

乾、坤二卦各分內外象納二干，乃不得已的變通辦法，因天干數十，
卦數爲八，多餘二干無處安排，乾、坤爲父母卦，遂使之各多納一
干以解決此一難題。本來符號間的相互配合，規定在於人爲，後人
竟有從此大做文章者，如夢溪筆談贊納甲之言曰……。（頁 148）

如果「納甲」與八卦之相配，僅因一爲十天干，一爲八卦，於是將乾、坤二
卦各多配以一干，以求數字之配合，則何以不取「十辟」以配天干，此不正
好數目相合嗎？又，何以乾納甲、壬，坤納乙、癸？震何以納庚？坎何以納
戊？艮何以納丙？巽何以納辛？離何以納己？兌何以納丁？其所以相互配
合，亦應有因也。否則豈不以爲一人忽有奇想，於是「納甲」之說出乎？「納
甲」之說創於漢代，漢以後之學者如欲以「納甲」之說爲是，則必爲「納甲」
何以如此找出一個合理的解釋。否則，不知此說何以如此，而言此說之是非
優劣，恐難有公允之論也。《夢溪筆談》贊「納甲」之說是否正確，暫不論之。
然其欲爲「納甲」之說尋一原因，則該被肯定才是。

　　「納甲」中，八卦如何與天干配合？又何以如此配合？里堂以爲紛紛諸
說中，以沈括的《夢溪筆談》說之最精。其云：

「納甲」之法始見京房《易傳》，其說云：「分天地乾、坤之象，益
之以甲、乙、壬、癸，震、巽之象配庚、辛，坎、離之象配戊、己，
艮、兌之象配丙、丁。八卦分陰陽，立位配五行。」陸績注云：「乾、
坤二分天地，陰陽之本。故分甲、乙、壬、癸，陰陽之終始。庚陽
入震，辛陰入巽，戊陽入坎，己陰入離，丙陽入艮，丁陰入兌。」
然十干之配八卦，第以陰陽分配六子，而乾、坤爲之始終。其乾卦
傳云：「甲、壬配外內二象。」注云：「乾爲天地之首，分甲、壬入
乾位。」蓋以乾內三爻配甲，外三爻配壬。初、二、三爲始，四、
五、上爲終也。沈括《夢溪筆談》說之最精，「乾、坤始於甲、乙，
則長男、長女乃其次，宜納丙、丁；少男、少女居其末，宜納庚、
辛。乃反此者，卦必自下生，先初爻、次中爻、末乃至上爻。」其

說是也。蓋由壬、癸而庚、辛，而戊、己，而丙、丁，而甲、乙，

自終而始，亦循環之義也。（《易圖略·卷八·論納甲第六》）

是「納甲」之說雖起於京房，然京房僅言何卦配何干，並末言及何以此卦配此干，彼卦彼干之因。陸績爲之注而以爲乾、坤二卦爲天地，爲陰陽之本，因甲、乙、壬、癸爲天干之始與終，故配乾、坤以甲、乙、壬、癸四干，以言乾、坤爲陰陽終始之義也。而庚、戊、丙爲陽，故配以震、坎、艮三陽卦；辛、己、丁爲陰，故配以巽、離、兌三陰卦。而乾內卦初、二、三爻爲乾之始，故配之以甲，甲爲天干之始也；外卦四、五、上爻爲乾之終，故配之以壬。坤內卦初、二、三爻爲坤之始，故配之以乙；外卦四、五、上爻爲坤之終，故配之以癸，癸爲天干之終也。然乾、坤既始於甲、乙，則長男、長女之震、巽應爲丙、丁，中男、中女之坎、離應爲戊、己，少男、少女之艮、兌應爲庚、辛也。然何以震爲庚，巽爲辛，而艮爲丙，兌爲丁？沈括以爲震、巽之爲庚、辛，艮、兌之爲丙、丁，乃因卦之生成，必自下而上。先初爻，後中爻，末爲上爻，故除乾、坤之配甲、乙、壬、癸外，其餘六卦配六干者，乃由小而大，依次爲丙、丁配少男、少女之艮、兌，戊、己配中男、中女之坎、離，庚、辛配長男、長女之震、巽也。故十干之配八卦者，乃由終至始也。由壬、癸而庚、辛，而戊、己，而丙、丁，而甲、乙也。此爲自終至始之循環，正合於《易》循環不已之義也。此十干所以配八卦之因、之法也。

## （二）虞氏直據魏伯陽「納甲」之說解《易》，與《易》義相乖隔

以「納甲」言《易》，本非《易》中之說，京氏當時以此說《易》，而翟牧、白生猶以爲不可也。那麼，里堂謂「納甲」之說爲非之因爲何呢？其云：

魏伯陽《參同契》本京氏此文，而係之於日月，爲《易》之說，以月三日生明，始受一陽之光，昏時見於西方，爲震、納庚。八日上弦，受二陽之光，昏時見於南方，爲兌、納丁。十五望日，全受日光，昏時見於東方，爲乾、納甲。十六始受一陰，平旦沒於西方，爲巽、納辛。二十三日下弦受二陰，平旦沒於南方，爲艮、納丙。三十日晦於東方，爲坤、納乙。坎戊爲日精，離己爲日光，壬、癸納甲、乙爲乾、坤終始。〔註22〕其說用以明修煉之法，假庚、辛、丙、丁、甲、乙爲

---

〔註22〕里堂此處所云魏伯陽之語，並非魏氏之原文，乃里堂爲原文解釋過之語。魏氏原文爲「三日出爲爽，震庚受西方；八日兌受丁，上弦如平繩；十五乾體就，盛滿甲東方：蟾蜍與兔魄，日月氣雙明，蟾蜍視卦節，兔者吐生光；七

月出沒之方。然兌少陰而以爲二陽，艮少陽而以爲二陰，固非陰陽之
義，而同一東方，何生甲而沒乙？同一西方，何生庚而沒辛？同一南
方，何生丁而沒丙？如謂生於陽沒於陰，則甲、庚爲陽而生，丁爲陰
而亦生；乙、辛爲陰而沒，丙爲陽而亦沒：戊陽入坎，以坎中男，屬
陽也；己陰入離，以離中女，屬陰也。今依坎月離日言之，而以坎納
戊，以離納己，異乎京氏之義矣！（同上）

京氏言「納甲」時，並未以日月之象配之，然其說至魏伯陽，則將之以配日月，
其意爲「月之初三日，上弦新月於初昏之時，始見於西方庚地，而月形如鉤，
只見月下形之三分之一，如震之卦象，故以震納庚屬西方。至初八，初昏時，
月見於南方丁地，受二陽之光，於卦形如兌之卦象，故以兌納丁屬南方。至於
十五，黃昏之時，月見於東方甲地，其爲滿月，全受日光，於卦如乾之卦象，
故以乾納甲屬東方。十五月形已滿，故至十六而月形轉虧，一陰生於下，平明
之時，見月沒於西方辛地，於卦則如巽之卦象，故以巽納辛屬西方。至二十三
日，二陰生於其下，於平明之時，見月沒於南方丙地，於卦則如艮之卦象，故
以艮納丙屬南方。至三十日，月中陽光盡失，不見月，故曰晦，而依月之運行，
此時之月乃晦於東方乙地，於卦如坤之卦象，全爲陰爻，故以坤納乙屬東。」
里堂亦知魏氏此說乃借「納甲」以言丹道修煉之法，然其既借「納甲」說以配
四方十干，則吾人亦應觀魏氏之言當否，而不應曲爲魏氏解之。〔註23〕里堂察
魏氏此說，指出其錯誤之處，如：兌爲少陰之卦，而魏氏以二陽說之；艮爲少
陽之卦，而魏氏卻以二陰說之。此與〈說卦傳〉所云：

艮三索而得男，故謂之少男；兌三索而得女，故謂之少女。

之義乖矣！少男可以二陰言之，少女可以二陽言之乎？再以四方配八卦而
言，何以同一東方，生甲而沒乙？同一西方，生庚而沒辛？同一南方，生丁
而沒丙？如果魏氏以生爲陽、沒爲陰，解上述之疑，則甲、庚於八卦爲乾、
震，固爲陽而生。然丁於八卦爲兌，爲少女屬陰，則丁何以亦生？乙、辛於

---

八道已訖，屈折低下降：十六轉受統，巽辛見平明：艮值於丙南，下弦二十
三：坤乙三十日，陽路喪其明。節盡相禪與，繼體復生龍，壬癸配甲乙，乾
坤括始終，七八數十五，九六亦相當，四者合三十，陽氣索滅藏，八卦布列
曜，運移不失中。」（見《參同契・天符進退章第四》）

〔註23〕高先生於《兩漢易學史》中亦明白表示魏氏之言有不妥處，故謂「魏氏之說，
只是取其大略，不能精確得若合符節。……但應知魏氏納甲的目的不是在做
學問，而是以卦象合月做爲丹道修煉的理論根。」

八卦爲坤、巽，固爲陰而沒。然丙於八卦爲艮，艮爲少男屬陽，則丙又何以沒乎？又戊屬坎，己屬離，乃因坎爲中男屬陽，離爲中女屬陰，故戊陽入坎，己陰入離。然今若依魏氏以「納甲」配日月之說，則坎爲月，離爲日，坎月爲陰，何以戊陽納之？離日爲陽，何以己陰納之？是又不通之說也。是故魏氏以「納甲」配日月、四方、十干而說之，雖僅欲借此以修煉丹道，然其說不論是以八卦配日月，以十干配八卦、四方，皆有多處矛盾也。

　　魏氏本意僅爲借「納甲」以言修煉丹道之術，而其說已不可通。今虞氏復以其不可通之說解《易》，可乎？試觀虞氏以「納甲」言《易》之例，以明「納甲」之不可解《易》也。里堂云：

> 其解（指虞翻）「八卦成列」云：「乾、坤列東，艮、兌列南，震、巽列西，坎、離在中。」因而解「四象八卦」云：「乾、坤生春，艮、兌生夏，震、巽生秋，坎、離生冬。」直據魏伯陽之說以定八卦之方位，四時之所生，於孔子離南坎北之位既悖，於孔子兌正秋之位亦悖。蓋甲、乙、壬、癸並納乾、坤，列東不得，又列於北，乃以戊、己所納之坎、離列之北方，魏伯陽之說固未有此也。其解「水火不相射」云：「水火相通，坎戊離己，月三十日一會於壬。」或以上爲坎、離列北之義。（同上）

指出虞翻解「八卦成列」，以乾、坤爲東方之卦，艮、兌爲南方之卦，震、巽爲西方之卦，坎、離二卦則居中，此說與魏伯陽「納甲」「乾、坤屬東，艮、兌屬南，震、巽屬西」之說完全相同。又虞氏解「四象生八卦」，則以爲乾、坤生春，艮、兌生夏，震、巽生秋，坎、離生冬，此又全依魏伯陽之說也。蓋魏氏既以爲乾、坤屬東方之卦，故虞氏乃謂「乾、坤生春」。何者？東方爲春也。又魏氏既以爲艮、兌屬南方之卦，而南方爲夏，故虞氏謂「艮、兌生夏」。而魏氏既以震、巽屬西方之卦，西方爲秋，故虞氏云「震、巽生秋」。如此，則四方之中僅餘北方，而八卦之中也僅剩坎、離，故虞氏云「坎、離生冬。」此皆爲虞翻直據魏伯陽之說以定八卦方位，四時所生也。然以虞氏所言八卦方位及四時所生者，較之以〈說卦傳〉之言，則又與〈說卦傳〉大相逕庭。如虞氏言「震、巽生秋」，而〈說卦傳〉則言「兌、正秋也」；虞氏言「乾、坤列東」，而〈說卦傳〉卻言「震、東方也，乾、西北之卦也」；虞氏言「艮、兌列南」，而〈說卦傳〉則謂「艮、東北之卦也」；虞氏言「震、巽列西」，而〈說卦傳〉則云「震、東方也，巽、東南也」；虞氏言「坎、離

在中」，而〈說卦傳〉則云「離也者，南方之卦也，坎者，正北方之卦也」。凡此種種，皆可見虞氏直據魏伯陽「納甲」之說以解《易》與〈易傳〉所說不合。在里堂看來，〈易傳〉乃孔子爲述文王、周公之意而作者，故與《易經》同爲聖人之意，而虞氏說八卦方位、四時所生既與〈說卦傳〉相乖隔，則虞氏以魏伯陽「納甲」說爲據而解《易》者，亦皆爲非也。是以里堂所以非「納甲」者，乃在非虞氏據魏伯陽「納甲」說以解《易》，至於京房所云之「納甲」，則尚合於《易》，故非里堂所辨正者也。

## 六、論「納音」

### （一）「納音」之由來

首先我們來看看「納音」的來歷。里堂云：

> 《禮記・月令・季夏行春令》注云：「辰之氣，乘之也。未屬巽，辰又在巽位，二氣相亂爲害。」《正義》引《易林》云：「震主庚、子、午，巽主辛、丑、未，坎主戊、寅、申，離主己、卯、酉，艮主丙、辰、戌，兌主丁、巳、亥。」惠徵士謂《抱朴子》所引《玉策記・開名經》，以五音六屬知人年命之所在，爲周、秦時書，焦氏本之。京氏之說本之焦氏，錄《火珠林・八卦六位圖》爲京君明《易》學（詳見《易漢學》）。按《抱朴子・仙藥篇》引《玉策記》及《開名經》云：「子、午屬庚，卯、酉屬己，寅、申屬戊，丑、未屬辛，辰、戌屬丙，巳、亥屬丁。一言得之者，宮與土也；三言得之者，徵與火也；五言得之者，羽與水也；七言得之者，商與金也；九言得之者，角與木也。」（《易通釋・卷八・論納音第七》）

由此段所云，可見在鄭玄注《禮記》時，已將十二地支與八卦相配矣！鄭玄以未屬巽，而《正義》則引焦氏《易林》中「震主庚、子、午，巽屬辛、丑、未，坎主戊、寅、申，離主己、卯、酉，艮主丙、辰、戌，兌主丁、巳、亥」之言，以釋鄭注《禮記》之說。由此知鄭玄、焦延壽二人皆以巽屬未，此時八卦已與天干、地支相互配合了，然猶未見五音之配八卦也。至東晉葛洪作《抱朴子》引《玉策記・開名經》二書之言，以五音六屬知人年命之所在，此爲首見以五音論人年命也。清人惠棟作《易漢學》言《玉策記》及《開名經》二書爲周、秦時之書，而以五音論人年命之所在乃爲周、秦已有之說。焦延壽《易林》以天干、地支配八卦之說，即本此二書而來，而京房之《易》

又自焦延壽而來，故以五音配天干、地支、八卦之說，乃周、秦以來已有之說，而漢之焦、京二氏猶存之也。里堂則引《抱朴子》所引《玉策記》及《開名經》之言，而云：

> 子、午屬庚，卯、酉屬己，寅、申屬戊，丑、未屬辛，辰、戌屬丙，巳、亥屬丁。一言得之者，宮與土也；三言得之者，微與火也；五言得之者，羽與水也；七言得之者，商與金也；九言得之者，角與木也。（同上）

《抱朴子》所引《玉策記》及《開名經》中的天干與地支之相配，與焦氏《易林》所言完全相同，而《抱朴子》則較《易林》多出五行與五音相配之說。至於何以一言屬土、三言屬火、五言屬水、七言屬金、九言屬木？里堂考之《南齊書·樂志》以一言得土、三言得火、五言得水、七言得金、九言得木爲「納音數」，而《知不足齋叢書》內所刻隋、蕭吉之《五行大義》亦謂此「一言、三言、五言、七言、九言」者爲「納音數」。由此觀之，則「納音」之由來，最早見於《抱朴子》所引《玉策記》及《開名經》，而此二書中所云天干、地支相配的情形，又與焦氏《易林》所言同。不論《玉策記》與《開名經》是否眞如惠棟所云爲周、秦時書，然「納音」之出現，最遲在東晉，而且此說在魏晉南北朝時期似乎頗爲盛行，故《南齊書·樂志》亦載此說。

### （二）「納音」乃依「納甲」之說而配之以干支、五行、八卦與五音而成者也

依上述所言，「納音」者，乃將天干、地支、八卦、五行、五音綜而配之之說也，此與「納甲」配天干相似矣！里堂綜此五者而言曰：

> 乾納甲、壬，坤納乙、癸，震納庚，巽納辛，坎納戊，離納己，艮納丙，兌納丁，「納甲」也。子、午屬庚，則震初子四午；丑、未屬辛，則巽初丑四未；寅、申屬戊，則坎初寅四申；卯、酉屬己，則離初卯四酉；辰、戌屬丙，則艮初辰四戌；巳、亥屬丁，則兌初巳四亥。推之乾初甲、子，四壬、午，坤初乙、未，四癸、丑，即「納甲」加十二支，如《易林》所云也。一言得之者，子、午得庚也，丑、未得辛也，寅、申得戊也，卯、酉得己也，辰、戌得丙也，巳、亥得丁也。三言得之者，子、午屬戊，自戊得庚也；丑、未屬己，自己得辛也；寅、申屬丙，自甲得丙也；巳、亥屬乙，自乙得丁也。五言得之者，子、午屬丙，自丙得庚也；丑、未屬丁，自丁得辛也；

寅、申屬甲，自甲得戊也；卯、酉屬乙，自乙得己也；辰、戌屬壬，自壬得丙也；巳、亥屬癸，自癸得丁也。七言得之者，子、午屬甲，自甲得庚也；丑、未屬乙，自乙得辛也；寅、申屬壬，自壬得戊也；卯、酉屬癸，自癸得己也；辰、戌屬庚，自庚得丙也；巳、亥屬丁，自丁得辛也。九言得之者，子、午屬壬，自壬得庚也；丑、未屬癸，自癸得辛也；寅、申屬庚，自庚得戊也；卯、酉屬辛，自辛得己也；辰、戌屬戊，自戊得丙也；巳、亥屬己，自己得丁也。甲子、乙丑七言而得庚、辛，故納金。而壬申、癸酉、庚辰、辛巳、甲午、乙未、壬寅、癸卯、庚戌、辛亥視此矣！丙寅、丁卯，三言而得戊、己，故納火。而甲戌、乙亥、戊子、己丑、丙申、丁酉、甲辰、乙巳、戊午、己未視此矣！戊辰、己巳九言而得丙、丁，故納木。而壬午、癸未、庚寅、辛卯、戊戌、己亥、壬子、癸丑、庚申、辛酉視此矣！庚午、辛未一言而得庚、辛，故納土。而戊寅、己卯、丙戌、丁亥、庚子、辛丑、戊申、己酉、丙辰、丁巳視此矣！丙子、丁丑五言而得庚、辛，故納水。而甲申、乙酉、壬辰、癸巳、丙午、丁未、甲寅、乙卯、壬戌、癸亥視此矣！納土者，納宮也；納火者，納徵也；納水者，納羽也；納金者，納商也；納木者，納角也，故曰「納音」。「納音」之原，本於「納甲」如此。（同上）

此即為「納音」之全貌也。上節已云「納甲」為何，今觀焦氏《易林》與葛洪《抱朴子》天干、地支相配之說，其既以子、午屬庚，庚於「納甲」中屬震，則震初為子、四為午也；既以丑、未屬辛，辛於「納甲」中屬巽，則巽初為丑、四為未也；既以寅、申屬戊，戊於「納甲」中屬坎，則坎初為寅、四為申。依此類推，則八卦為天干、地支配矣！再觀所謂一言得之、三言得之、五言得之、七言得之、九言得之所指為何？一言得之者，即其天干與地支之配，一如焦氏《易林》及葛洪《抱朴子》所言情形，無任何變動。如焦氏以子午屬庚，則子午得庚也；焦氏以丑未屬辛，則丑未得辛也。故庚子、庚午、辛丑、辛未為一言得之者也。其他依此推之，所謂三言得之者，即以《易林》及《抱朴子》中所言天干、地支相配情形為基礎，再將原本之干支相配中之天干包含自己本身，往前推三，則此時所得之新的天干與原本之地支相配，為三言得之者。如：焦氏原以子午屬庚，此時將天干中之庚（包括自己在內）往前推三，則庚成戊也，此時再將戊與子午配之，則為子午得戊

也。此即爲子午之三言得之之法也。故里堂於「子午屬戊」之後言「自戊得庚也」，故庚子、庚午爲三言得之者也。其他三言得之者，以此推之可得。五言得者，一如三言得之者之法，如：巳亥本屬丁，然在五言得之者中，須將丁向前推五（包括自己本身），則丁變而爲癸，再將癸與原本之地支相配，則爲巳亥得癸也，故癸巳、癸亥皆爲五言得之者也。七言得之者、九言得之者，皆如三言得之者之例，此不贅言。如此，則一言得之者爲：庚午、辛未、戊寅、己卯、丙戌、丁亥、庚子、辛丑、戊申、己酉、丙辰、丁巳；三言得之者有：丙寅、丁卯、甲戌、乙亥、戊子、己丑、丙申、丁酉、甲辰、乙巳、戊午、己未；五言得者有：丙子、丁丑、甲申、乙酉、壬辰、癸巳、丙午、丁未、甲寅、乙卯、壬戌、癸亥；七言得之者有：甲子、乙丑、壬申、癸酉、庚辰、辛巳、甲午、乙未、壬寅、癸卯、庚戌、辛亥；九言得之者有：戊辰、己巳、壬午、癸未、庚寅、辛卯、戊戌、己亥、壬子、癸丑、庚申、辛酉。而《抱朴子》所引《玉策記》及《開名經》與《南齊書‧樂志》所云，皆以一言得之者爲宮與土，三言得之者爲徵與火，五言得之者爲羽與水，七言得之者爲商與金，九言得者爲角與木。再將此說與上述「一言得之者、三言得之者、五言得之者、七言得之者、九言得之者」之干支相配合，則可以得：一言得之者爲納土，納宮者也；三言得之者爲納火，納徵者也；五言得之者爲納水，納羽者也；七言得之者爲納金，納商者也；九言得之者爲納木，納角者也。

　　蓋「納音」之說本於「納甲」，再配以地支、五行、五音而成也。

### （三）「納音」說之是非

　　今以「納音」所配之八卦、五行、天干、地支、五音爲例，論其如此說是否有不當之處？若有，則「納音」說無法成立矣！若無，則「納音」之說至少在一定的規範中是成立的。五行既爲「納音」所言者，故里堂以五行生剋觀「納音」之說五行是否可通，以論其是非。里堂云：

> 至一、三、五、七、九之數，蕭吉謂本諸《樂緯》。凡五行有生、老、壯三數，木生數三，壯數八，老數九；火生數二，壯數七，老數三；土生數五，壯數十，老數一：金生數四，壯數九，老數七；水生數一，壯數六，老數五。其生、壯之數，即天一地二、天三地四、天五地六、天七地八、天九地十之數也。金剋木，木老於九；火剋金，金老於七；土剋水，水老於五。金、火、土之生數、壯數，即木、

金、水之老數，此有理可推。乃土宜老於三，火宜老於一。今則土老於一，火老於三，一爲土之所剋，三爲火之所母，與金、木、水之老數不能化一。（同上）

「納音」中，以一言納土、三言納火、五言納金、七言納水、九言納木，此乃「納音」之規定者也。蕭吉以爲一、三、五、七、九之數乃本於《樂緯》，凡五行皆有生、老、壯三數。今以五行之生、老、壯三數考「納音」所言五行之數是否相同，結果發現「納音」所言五行之數乃以五行之老數而言之，如：土之老數爲一，故「納音」以一言爲納土；火之老數爲三，故「納音」以三言爲納火；水之老數爲五，故「納音」以五言爲納水；金之老數爲七，故「納音」以七言爲納金；木之老數爲九，故「納音」以九言爲納木。是以蕭吉以爲「納音」一、三、五、七、九之數本於《樂緯》。然以五行生、老、壯數觀「納音」之說，依五行生剋論之，則金剋木，故金之壯數爲九，而木之老數亦爲九；火剋金，故火之壯數爲七，而金之老數亦爲七；土剋水，故土之生數爲五，而水亦老於五。金、火、土之生數、壯數，即木、金、水之老數，此於五行生剋之理可通。然以此論之，則木剋土，木之生數爲三，壯數爲八，則土之老數不爲三，即爲八也。然「納音」之說卻謂「一言納土」。又水剋火，而水之生數爲一，壯數爲六，依理，則火之老數不爲一，即爲六也。然「納音」之說卻謂「三言納火」。是土宜老於三，而「納音」以一言之；火宜老於一，而「納音」卻以三言之，如此，則與其謂金、木、水數不能畫一矣！是自亂其例之說也。由此觀之，「納音」之說於自己所言五行之數已未能通，今以此言《易》，可乎？是以里堂非之也。

# 七、論「卦氣六日七分」

## （一）何謂「卦氣六日七分」

何謂「卦氣」？高懷民先生於《漢代易學史》中說得非常清楚。其云：

卦氣是以六十四卦三百八十四爻象配合一年中四時、十二月、二十四氣、七十二候、三百六十五日的一套龐大系統組織。（頁105）

但因爲一年並非是三百六十五日，而是三百六十五又四分之一日，有小數出現，爲了要將六十四卦與一年之日數相配合，故又有六日七分之說出，此之謂「卦氣六日七分」。其配合的方式今可見於《易緯稽覽圖》與《唐書》所載《一行十二載》中第六篇〈卦議〉。據今所見資料，「卦氣值日」之說最早見

於《易緯稽覽圖》。里堂云：

> 「卦氣值日」見《易緯稽覽圖》，以甲子起於中孚，以小過、蒙、益、
> 漸、泰屬寅，需、隨、晉、解、大壯屬卯，豫、訟、蠱、革、夬屬
> 辰，旅、師、比、小畜、乾屬巳，大有、家人、井、咸、姤屬午，
> 鼎、豐、渙、履、遯屬未，恒、節、同人、損、否屬申，巽、萃、
> 大畜、賁、觀屬酉，歸妹、无妄、明夷、困、剝屬戌，艮、既濟、
> 噬嗑、大過、坤屬亥，未濟、蹇、頤、中孚、復屬子，屯、謙、睽、
> 升、臨屬丑，坎、離、震、巽四正卦爲四象，每歲十二月，每月五
> 卦，卦六日七分（漢上《易卦圖》引《是類謀》云：「冬至日在坎，
> 春分日在震，夏至日在離，秋分日在兌。「四正」之卦，卦有六爻，
> 爻主一氣，餘六十卦，卦主六日七分。八十分日之七，歲十二月，
> 三百六十五日四分日之一，六十而一周。」按：今《是類謀》無此
> 文，亦附見《稽覽圖》，未稱《易緯是類謀》，朱漢上蓋本此。）（《易
> 圖略·卷八·論卦氣六日七分上第八》）

由此可知所謂「卦氣」乃是將除了坎、離、震、巽四卦之外的六十卦，分別
配之以天干、地支，再以坎、離、震、巽四卦爲四正卦，主四季，而以坎爲
冬至，震爲春分，離爲夏至，兌爲秋分。四正卦既主四季，且四正卦共有二
十四爻，爻主一氣，則正好代表一年二十四節氣。至於十二月與《易》卦之
配合，則可見於一行《大衍歷議》所引孟喜《章句》之言。里堂亦引之云：

> 《唐書》載一行《十二議》，其第六篇〈卦議〉云：「十二月卦出於
> 孟氏《章句》，其說《易》本於氣，而後以人事明之。」（同上）

孟喜之十二月卦分別爲：復、臨、泰、大壯、夬、乾、姤、遯、否、觀、剝、
坤十二卦，其所以取此十二卦代表十二月，乃因復之卦象正好爲一陽在五陰
之下，可代表冬至之十一月，微陽生於地下矣！然後依次陽漸進而陰漸退，
二陽在四陰之下的臨爲十二月，三陽在三陰之下的泰爲一月，四陽在二陰之
下的大壯爲二月，五陽在一陰之下的夬爲三月，再至純陽乾卦爲四月。此時
陽氣已達至盛之境，故接著而微陰生於地下，而五月遂爲一陰在五陽之下的
姤。然後陰漸進而陽漸衰，依次爲二陰在四陽之下的遯卦爲六月，三陰在三
陽之下的否卦爲七月，四陰在二陽之下的觀爲八月，五陰在一陽之下的剝爲
九月，最後至純陰卦的坤爲十月。此時陰氣已至極盛，故有一微陽生於地下，
於卦象正爲復之一陽在五陰之下，爲十一月。如此周而復始，則與一年四季、

十二月之變化相當。又此十二月卦，每卦皆有六爻，則十二卦共有七十二爻，正可與七十二候相配合矣！是以「卦氣」說中，四正卦乃配四季、二十四節氣，而十二月卦則配十二月、七十二候也。

　　最後來看六十四卦是如何與一年三百六十五又四分之一日相配合。一年之日數並非整數，若以六十四卦三百八十四爻與之相配，則爻數有餘，不可合也。於是有六日七分之說出。里堂云：

> 《唐書》載一行《十二議》，其第六篇〈卦議〉云：「十二月卦於孟氏《章句》，其說《易》本於氣，而後以人事明之。京氏又以卦爻配期之日，坎、離、震、兌，其用事自分至之首，皆得八十分日之七十三；頤、晉、井、大畜，皆得五日十四分，餘皆六日七分。止於占災眚與吉凶善敗之事，至於觀陰陽之變，則錯亂而不明。自乾象秝以降，皆因京氏，惟天保秝依《易通統軌圖》，自八十有二節，五卦初爻相次用事，及上爻而與中氣偕終，非京氏本旨。及《七略》所傳，案：郎顗所傳卦皆六日七分，不以初爻相次用事，齊秝謬矣！引京氏減七十三分為四正之候，其說不經，欲附會緯文「七日來復」而已。夫陽精道消，靜而無迹，不過極其正數，至七而通矣！七者，陽之正也，安在益其小餘？令七日而後雷地中乎，當據孟氏。自冬至初，中孚用事，一月之策，九、六、七、八是為三十，而卦以地六，候以天五，五六相乘，消息一變，十有二變而歲復。（同上）

由此知所謂六日七分，本為占吉凶而作，並非用以言《易》也。且一行引六日七分之說時，亦僅據此以制曆也，非據此以說經，此又與後世《易》家以六日七分言《易》之義迥異矣！六日七分者，乃是以《周易》六十四卦中，除了四正卦以外之六十卦三百六十爻，一爻配一日，如此則已有三百六十日矣！此時，一年之日尚餘五又四分之一日，為了解決這個餘數，孟喜特別採了一個方法，其不採用十進位法，乃先將一日分為八十分，五日則有四百分，四分之一日則為二十分，於是所餘之五又四分之一日為四百二十分。再以除了四正卦以外之六十卦去除，則每卦可得七分，如此一來，則原本每爻為一日，而一卦有六爻，是為六日，再加上上述每卦可分得之七分，故每卦合計有六日七分矣！如此，是為六日七分矣！一卦有六日七分，則六十卦合之為三百六十日又四百二十分，八十分為一日，故四百二十分為五又四分之一日，如此可得出一年為三百六十五又四分之一日也。以上所述便為「卦氣六日七

分」之大概也。

## （二）「卦氣六日七分」乃術數家之言，與《易》義無涉

「卦氣六日七分」之說出，而後世《易》家如京房、鄭玄諸人，皆以六日七分言《易》辭「七日來復」之說。上節已言「卦氣六日七分」本非用以說《易》，乃用以配四時、十二月、二十四節氣、七十二候、三百六十五又四分之一日也。然今以之而言《易》，可乎？今且暫不論以六日七分解《易》之是非，乃直接由「卦氣六日七分」說本身看起，觀此說內容是否言之成理。若是，則此說在其系統內，當屬確當之論；若此說之內容已有不通之處，則此說之不當亦已明矣！里堂云：

> 「卦氣」之說，宋劉牧《鉤隱圖》、元胡一桂《啓蒙易傳外篇》辨之已詳，近時講「漢學」者，復尊而理之，余故略為之辨矣！夫《易》六十四卦、三百八十四爻，與一歲三百六十五又四分之一日，本不可強配。術家取卦名以紀之，以坎、震、離、兌為「四正」，以乾、坤儕於「十辟」，以艮、巽為六日七分雜卦。彼本無取於八卦、六十四卦之義，譬如「納甲、先天」為丹家修煉之法，原不妨乾南、坤北、離東、坎西，亦不妨乾甲、坤乙、兌丁、震庚，彼別有用意，則風雨、寒溫、自徵、飛候、汞龍、鉛虎，本《契參同》，〔註24〕用以說經則謬矣！其取坎、離、震、兌為「四正」，本諸〈說卦傳〉東、南、西、北之位；其取「十二辟卦」，第以陰爻、陽爻自下而上者以為之。度其餘，不足以配，於是乾、坤、復、姤等既用以配十二月，又用以當一月中之六日七分，譬之羅經二十四向，於十幹則捨戊、己，於八卦止用乾、巽、坤、艮，其別有用意，原無關於《易》也。（同上）

「卦氣」之說，已如上節所云。那麼六十四卦、三百八十四爻是否可與一年三百六十五又四分之一日配合呢？里堂以為不可。蓋由於孟喜欲將六十四卦、三百八十四爻與一年三百六十五又四分之一日強配，碰到了五又四分之一日這種非整數的困擾，無法順利將卦爻配合，故創出了六日七分之說。而孟氏以後的《易》學家卻又以「卦氣六日七分」之說解《易》辭「七日來復」，遂使得解《易》之說混亂不堪。里堂以為卦爻數與一年之日數本不可以強配，

---

〔註24〕里堂此處云「本《契參同》」，似應做「本《參同契》」。《參同契》乃書名也，不知里堂何以倒而言之。

而將卦爻數與一年日數配合者，乃術數家取卦名以方便紀之而已，與《易》義無關。猶如「納甲」爲丹家修煉之法，與〈說卦傳〉乾南、坤北、離東、坎西之說，本不相違背，其將《易》卦配以天干、地支，亦有自己用意，與《易》義亦無干，而後世《易》家卻據之以說《易》，故里堂非之矣！而今所言「卦氣六日七分」之說，一如「納甲」之說，本無關於《易》，後世《易》家卻必以之說《易》，遂造成與《易》義乖隔之處。如其既取「十二辟卦」以配十二月，然又用乾、坤、復、姤諸卦配一月中之六日七分，是乾、坤、復、姤既爲月又爲六日七分矣！如此說《易》，可乎？是故里堂云：

> 「納甲、卦氣」皆《易》之外道，趙宋儒者闢「卦氣」而用「先天」，
> 今人知「先天」之非矣！而復理「納甲、卦氣」之說，不亦唯之與
> 阿哉。（同上）

里堂已於〈論納甲第六〉中言「納甲」之非，此處又論證「卦氣」說之不合於《易》道，而「先天、後天」之說，胡渭、毛大可諸人亦已駁之甚詳，則所謂「納甲、先天、卦氣」之說，皆術數家之言一也，皆非專爲《易》而設，故於《易》道皆未能合也。後世《易》家不辨是非，引而用之以說《易》，遂有千古之謬說出，且愈說愈玄也。

## 八、論「爻辰」

### （一）何謂「爻辰」

「爻辰」乃鄭玄注《易》之說。其大略爲將乾、坤二卦共十二爻配以地支，一爻配一支，乾卦六爻依次由下而上配子、寅、辰、午、申、戌六辰，坤卦六爻亦由下而上依次配未、酉、亥、丑、卯、巳六辰，如此便是所謂的「爻辰」。

### （二）「爻辰」之由來

#### 1、《易緯乾鑿度》之「爻辰」

依惠棟所言，鄭氏「爻辰」乃出於《易緯乾鑿度》。然里堂以爲鄭氏「爻辰」與《易緯乾鑿度》之「爻辰」並不相同。其云：

> 鄭康成以「爻辰」說《易》，本於《乾鑿度》而實不同。《乾鑿度》
> 云：「乾貞於十一月、子，左行陽時六；坤貞於六月、未，右行陰時
> 六，其歲終，次從於屯、蒙。屯、蒙主歲，屯爲陽，貞於十二月、

丑,其爻左行,以閏時而治六辰;蒙爲陰,貞於正月、寅,其爻右行,亦閏時而治六辰,歲終則從其次卦。陽卦以其辰爲貞丑與左行(疑字有誤),閏辰而治六辰,〔註25〕陰卦與陽卦同位者,退一辰以爲貞,其爻右行,閏辰而治六辰。泰、否之卦獨各貞其辰,共北辰,左行相隨也。爲貞,其爻右行,閏辰而治六辰。泰、否之卦獨各貞其辰,共北辰,左行相隨也。中孚爲陽,貞於十一月、子;小過爲陰,貞於六月、未,法於乾、坤,三十二歲期而周。(《易圖略‧卷八‧論爻辰第十》)

《乾鑿度》所言,主要在於以兩卦主一歲,兩共有十二爻,而一年亦正好有十二個月,於是一爻主一月,如此,則每兩卦爲一年。由乾、坤起,而次屯、蒙,再次需、訟,再次師、比,依次而下,至既濟、未濟而歷六十四卦,三十二歲,此爲一周。而陽卦之爻左行,陰卦之爻右行,至於屯卦何以爲陽?蒙卦何以爲陰?則各種說法不同。朱漢上以「世應」言之,而里堂則謂:

> 漢上以乾、震、坎、艮所生爲陽,坤、巽、離、兌所生爲陰,蓋以屯爲坎二世卦,蒙爲離四世卦,於是中孚爲艮之遊魂爲陽,小過爲兌之遊魂爲陰,似也。而推之需、訟則不合。(同上)

朱漢上以「世應」言「爻辰」中之此卦爲陽,彼卦爲陰之說法,較之以屯、蒙、中孚、小過爲合;然推之以需、訟二卦則不合也。蓋在「世應」中,屯爲坎之二世卦,故坎爲陽,屯亦爲陽;蒙爲離之四世卦,則離爲陰,蒙亦爲陰也;中孚爲艮之遊魂卦,故艮爲陽,中孚亦爲陽;小過爲兌之遊魂卦,兌爲陰,則小過亦爲陰也,以此觀之皆合。然需爲坤之遊魂卦,坤爲陰,需何以爲陽?訟爲離之遊魂卦,離爲陰,訟又何以爲陽?以此觀之,則「爻辰」中所以謂某卦爲陽、爲陰者,非如漢上以「世應」之法區之者也。〔註26〕那

---

〔註25〕里堂此處所云「閏辰而治六辰」,應做「閏時而治六辰」。因其前文既謂「屯爲陽,貞於十二月丑,其爻左行,以閏時而治六辰;蒙爲陰,貞於正月寅,其爻右行,亦閏時而治六辰」,則其後若謂「以其辰爲貞丑與左行,閏辰而治六辰,其爻右行,閏辰而治六辰」,是前後文不相同也,故以文意校之,應做「閏時而治六辰」也。

〔註26〕何謂「世應」?簡而言之爲:以乾、兌、離、震、巽、坎、艮、坤八卦爲八宮,此八卦以其上爻爲世爻,其他一、二、三、四、五世卦各依初、二、三、四、五爻爲次序。初爻變而爲一世卦,初、二兩爻皆變爲二世卦,初、二、三皆變爲三世卦,依此類推而有五世之卦。如姤僅初爻而與乾不同也,故謂姤爲乾宮之一世卦,遯則初、二兩爻爲陰,其他各爻爲陽,是其爲初、二兩爻與乾卦不

麼卦之所以為陽，所以為陰之故何在？里堂取胡煦之說云：

> 需為坤之歸魂，訟為離之歸魂，則皆陰矣！何以分陰陽？光山胡氏
> 名煦，著有《周易函書》云：「前為陽，後為陰，是緯之本意也。造
> 緯者雜取而成，於乾、坤本京氏，而陰陽之分遂以前後為目，其淺
> 鄙可知矣！」屯在蒙前故為陽，小過在中孚後故為陰，需在前為陽、
> 貞於卯，訟在後為陰、貞於辰；師在前為陽，比在後為陰，師、比
> 皆四月，則宜同貞於巳。兩爻同貞一辰，則巳、未、酉、亥、丑、
> 卯每辰二爻，而午、辰、寅、子、戌、申空而無貞，非其法矣！故
> 云：「陽卦以其辰為貞，陰卦與陽卦同位者，退一辰以為貞。」師在
> 前為陽卦，自貞於巳而左行以訖於卯；比在後為陰，則退一辰貞於
> 午，右行以訖於申，兩卦十二爻仍值一辰也。泰宜貞正月、寅，否
> 宜貞七月、申，而師、比同值巳為同日，泰、否、寅、申相衝為「在
> 衝」，「在衝」與同日等。依師、比例，泰宜貞正月，否宜退一辰貞
> 八月酉，乃不用退避而用隨行，不用閒行而用連行，於是泰貞寅、
> 卯、辰、巳、午、未，否貞申、酉、戌、亥、子、丑，仍爻值一辰，
> 不相重複，於諸卦別為一例。中孚宜貞子，小過宜貞寅，子、寅亦
> 同為陽辰，當依退法。乃中孚之貞子者仍貞於子，而小過宜退而貞
> 於卯者，不退於卯而貞於未。以中孚等乾，小過等坤，故云「法乾、
> 坤」，此又一變例也。蓋乾宜貞巳，坤宜貞亥，改而貞子、貞未，亦
> 相避也。自乾、坤、中孚、小過、泰、否六卦變例外，若比宜避師，
> 復宜避剝，觀宜避臨，大壯宜避遯，姤宜避夬，井宜避困，升宜避
> 萃，恒宜避咸，益宜避損，賁宜避噬嗑，歸妹宜避漸，旅宜避豐，
> 大有宜避同人，履宜避小畜。其坎、離、震、兌、巽、艮六卦無明
> 文，以坎值子，以離值午，則離宜避坎，以震值卯，而艮在亥，艮

同，故其為乾宮之二世卦，其他各宮之各世之卦依此類推可得。而遊魂卦則是
以各宮之五世卦為基準，與某宮之五世卦之第四爻異，其他各爻皆同者為某宮
之遊魂卦也。而歸魂卦則指某卦之第五爻與某宮不同，而其他各爻皆同於某宮
卦者，則為歸魂卦也。遊魂、歸魂之卦，各宮皆僅有一個。如大有僅第五爻為
陰，其他各爻為陽，故吾人謂大有為乾宮之歸魂卦也；晉卦與乾宮之五世卦剝，
僅有第四爻不同，其他各爻皆同，則吾人謂晉卦為乾宮之遊魂卦也，其他各宮
之歸魂、遊魂之卦依此類推可得。而所謂應者，乃指與該世卦之世爻相應之爻
也。相應之法為初與四應、二與五應、三與上應也。如乾卦上爻為世爻，則應
爻為第三爻也，其他各卦可依此類推，此謂之「世應」也。

宜避震。以兌值酉，而巽亦在酉，則兌宜避巽。本無深意，第以相
避，濟其窮也。《乾鑿度》之說如此。（同上）

如上述所言，里堂以爲胡煦所言之「前爲陽，後爲陰」之說，方是《易緯乾
鑿度》言陰陽之卦之本意也。以此言之，則乾在前，坤在後，故乾爲陽，坤
爲陰；屯在蒙前，故屯爲陽，蒙爲陰；需在訟前，故需爲陽，訟爲陰。其他
各卦之爲陰、爲陽，皆依此類推，與「世應」之法無關也。而《乾鑿度》謂
「陰卦與陽卦同位者，退一辰以爲貞」之意，乃爲若陰卦與陽卦所值爲同一
辰，則十二支中就會有六辰同值二爻，而其他六辰則空而無貞的情形發生。
如：師、比二卦皆爲四月之卦，四月貞於巳，則師、比二卦同貞一辰，而十
二支中的巳、未、酉、亥、丑、卯每辰二爻，午、辰、寅、子、戌、申空而
無貞，故爲濟其說之窮，不得不有「陰卦與陽卦同位者，退一辰以爲貞」之
說出。再以師、比爲例，師在比前爲陽，自貞於巳而左行以訖於卯；比在後
爲陰，則由巳退一辰而貞於午。陰卦之爻右行，故依次而貞辰、寅、子、戌、
申，如此，則兩卦十二爻仍值十二支而爲一年也。其他各卦除乾、坤、中孚、
小過、泰、否六卦有變例之外，皆同於師、比「陰卦與陽卦同位者，退一辰
以爲貞」之例。故復宜避剝，觀宜避臨，大壯宜避遯，姤宜避夬……皆與比
宜避師之例同也。乾、坤之例爲何？蓋乾於十二月卦中屬四月卦貞巳，坤則
爲十月卦貞亥，而《乾鑿度》以乾貞子、坤貞未，亦爲相避之用也。若不相
避，則依陽卦左行之例，乾卦所值之辰依次爲巳、未、酉、亥、丑、卯，而
坤卦爲陰右行，其所值之辰爲亥、酉、未、巳、卯、丑，如此，則乾、坤二
卦之十二爻值六辰，是兩爻值一辰，而子、寅、辰、午、申、戌六辰無貞，
不合於兩卦十二爻值十二辰爲一歲之例也。故變乾值巳爲值子，變坤值亥爲
值未，如此，則合於一爻值一辰之例也。中孚與小過之例同於乾、坤二卦，
故《乾鑿度》謂之「法乾、坤」。中孚於十二月卦中屬十一月貞子，小過屬正
月貞寅，小過在中孚後爲陰卦、宜退，然小過本貞於寅，退而應貞於卯，其
所以不貞於卯而貞於未者，以中孚等乾而貞於子，小過等坤而貞於卯，此爲
中孚、小過之變例也。再論泰、否之變例，在十二月卦中，泰爲正月之卦貞
寅，否爲七月之卦貞申，寅、申同爲陽辰相衝，若不變，則兩卦之爻同貞於
子、寅、辰、午、申、戌六辰，而其他六辰空而無貞，不合於一爻值一辰之
例也。故若依師、比之例，則否在泰之後爲陰，應退一辰而貞八月酉。然泰、
否二卦之不同於他卦處，在於其不用師、比退避之法，而用隨行之法，不用

閒行而用連行。既爲連行，則泰卦依次而貞寅、卯、辰、巳、午、未，否卦依次而貞申、酉、戌、亥、子、丑，如此，則仍合於一爻值一辰之例也。然而乾何以貞子？坤何以貞未？陽卦之爻何以左行？陰卦之爻何以右行呢？里堂云：

> 愚謂乾所以貞子，坤所以貞未，此本京氏《易》。其陽卦、陰卦非用「世應」法也。京氏乾初納子，二納寅，三納辰，四納午，五納申，上納戌，爲左旋；坤初納未，二納巳，三納卯，四納丑，五納亥，上納酉，爲右旋，所謂左行陽時六，右行陰時六也。屯貞十二月，蒙貞正月，則又「本卦氣值日」。（同上）

乾之貞子，坤之貞未，各卦之與十二地支相配者，皆同於京氏「卦氣值日」說。而京房「卦氣值日」說以乾初納子，二納寅，三納辰，四納午，五納申，上納戌，依序爲向左而行，故謂之左旋；坤初納未，二納巳，三納卯，四納丑，五納亥，上納酉，依其序爲向右而行也，故謂之右旋。以上所言爲《易緯乾鑿度》「爻辰」之大概。

## 2、鄭玄之「爻辰」

鄭玄「爻辰」之法可由其注《乾鑿度》及注《易》之言得知。里堂云：

> 鄭氏注云：「泰、否獨各貞其辰，言不用卦次。泰卦當次於戌，否卦當次於亥。」推此說，所謂卦次者，以乾貞子，則屯、蒙貞丑、寅，需、訟貞卯、辰，師、比貞巳、午；坤貞未，小畜、履貞申、酉，故泰、否貞戌、亥。是則不用「卦氣」，非《乾鑿度》本意。然所謂左右交錯者，無有異也。至其注《易》，則以乾自子左行無異也，而坤則初貞未、二貞酉、三貞亥、四貞丑、五貞卯、上貞巳，則亦左旋。而屯、蒙以下仍用乾、坤。逢九從乾爻所值，逢六從坤爻所值，何以明之？坤上六爲蛇，蛇，巳也。知坤自未左行至巳，於是坎上六、大過上六爻亦在巳，則坎、大過之上六即坤之上六也。泰六五在卯，即坤六五在卯也。中孚六四、坎六四爻辰在丑，即坤六四在丑也。中孚六三在亥，即坤六三在亥也。明夷六二在酉，即坤六二在酉也。困、比初六在未，即坤初六在未也。困九四在午，即乾九四在午也。賁九三、坎九三、明夷九三在辰，即乾九三在辰也。（同上）

鄭玄注《易緯乾鑿度》之「泰、否之卦獨各貞其辰」云「泰、否獨各貞其辰，言不用卦次，泰卦當次於戌，否卦當次於亥」。里堂推此說而得鄭玄所謂卦次

者，乃是以乾爲子，坤爲未，然後依序而屯貞丑，蒙貞寅，需貞卯，訟貞辰，師貞巳，比貞午，而未既已爲坤所貞，則比下一卦之小畜則貞申，履則貞酉，如此，故泰貞戌，否貞亥也。是以鄭玄乃以乾貞於子，坤貞於未爲基礎，再以〈序卦傳〉之卦序依次配其他的地支，而得出泰貞戌，否貞亥也。《乾鑿度》說卦次以「卦氣」說爲主，鄭氏此說不用「卦氣」，故二者不同，而各卦爻所值之辰亦不相同也。此爲鄭氏「爻辰」之異於《乾鑿度》「爻辰」一也。另一不同處在於《乾鑿度》以陰卦之爻右行，陽卦之爻左行說「爻辰」，而鄭玄「爻辰」之說則論乾、坤二卦時，全以左行言之。如依《乾鑿度》之說，則乾爲陽卦，其爻左行，依次爲初子、二寅、三辰、四午、五申、上戌，坤卦爲陰，其爻右行，依次爲初未、二巳、三卯、四丑、五亥、上酉。若依鄭玄之說，則乾卦左行，與《乾鑿度》同，然其言坤卦之爻亦爲左行，如此，則坤卦與地支相配情形爲初未、二酉、三亥、四丑、五卯、上巳，與《乾鑿度》不同也。且鄭玄除論乾、坤二卦之外，於其他各卦相配情形，全依乾、坤二卦言之，凡逢六則從坤爻所值，逢九則從乾爻所值。如坤卦上六貞巳，於是坎卦上六、大過上六所貞亦爲巳，舉凡其卦之上爻爲陰者皆值巳也。又如坤卦之六五貞卯，則泰卦六五亦貞卯，舉凡其卦之五爻爲陰者，皆從坤卦六五爻而貞卯也。依此類推，乾卦九三爻貞辰，則賁九三、坎九三、明夷九三皆貞辰也，即凡其卦之三爻爲陽者，皆從乾卦九三而貞辰也。此又與《乾鑿度》以「卦氣」言各卦之爻所值之辰異矣！

### （三）《乾鑿度》、鄭玄之「爻辰」說皆與律呂無關

《易》家言「爻辰」，以爲其說與律呂相同，然此二實不同也，不可以強合之。里堂云：

> 錢溉亭教授謂：「京氏本律呂之合聲，鄭氏本月律，其說具見〈春官・太師〉。」鄭注「太師掌六律六同以合陰陽之聲」，陽聲黃鐘子，太蔟寅，姑洗辰，蕤賓午，夷則申，無射戌，其次與乾左旋相近。陰聲大呂丑，應鐘亥，南呂酉，函鐘未，小呂巳，夾鐘卯，其次與坤六爻右旋相近。〔註27〕然坤初六貞於未，而大呂起於丑，故鄭氏既以十二次十二月，明其聲之合，而又詳其所生之序。則黃鐘下生林鐘，黃鐘子，林鐘未，是合乎乾貞子、坤貞未。林鐘上生太蔟之九二，太蔟下生南

---

〔註27〕里堂此處所謂「鄭注太師掌六律六同以合陰陽之聲」，非鄭注原文，乃里堂簡化之文也。原文可參見《十三經注疏・三・周禮》頁354、355。

呂之六二，太蔟丑，是乾由子而丑；〔註28〕南呂酉，是坤由未而酉。
賈公彥云：「陽聲據左旋而言，陰聲據右轉而說。」此與《乾鑿度》
左行、右行相近。疏又云：「六律左旋，六同右轉。」以陰陽左右爲
相合，若相生，則六律、六同皆左旋，以律爲夫，以呂爲婦，婦從夫
之義，故皆左旋，此與鄭氏「爻辰」坤自未至巳之例相近。夫《乾鑿
度》依合聲，宋朱震已言之，作《陽呂陰呂合聲圖》，見漢上《周易
卦圖》，第以合聲之起源於大呂者，易而爲林鐘，以傅會於乾貞子、
坤貞未，而相生之序遂與合聲相混。惠氏棟謂《乾鑿度》之說與《十
二律相生圖》合，引鄭氏上生下生之序，此亦非也。《乾鑿度》坤貞
於未而自由未右轉，與林鐘生於未而左行者殊異。（同上）

錢溉亭教授謂鄭玄之「爻辰」本於月律，其說見於鄭注《周禮・春官・太師》。
鄭氏注〈春官・太師〉以音律合地支，並配之以言乾、坤左旋、右旋之說，
其以陽聲之黃鐘、太蔟、姑洗、蕤賓、夷則、無射配以子、寅、辰、午、申、
戌，其次爲左旋，與乾六爻左旋相近。又以陰聲之大呂、應鐘、南呂、林鐘、
小呂、夾鐘配以丑、卯、巳、未、酉、亥，其次爲右旋，與坤卦六爻右旋相
近。然若再細較之以乾、坤二卦與十二地支相配之情形，可發現坤卦之初六
爻貞於未，而陰聲之首大呂卻起於丑，此爲以鄭氏之說與律呂合的一個矛盾
處。又，十二律有上生下生之次序，依十二律相生之次，陽聲之首黃鐘下生
林鐘，黃鐘子下生林鐘未，是合乎乾貞子、坤貞未之說。而林鐘未又上生太
蔟寅，太蔟寅又下生南呂酉，太蔟寅是乾初貞子而次貞寅，南呂爲酉是坤初
貞未次貞酉，皆合於乾卦六爻左旋，坤卦六爻右旋而配地支之次第。而賈公
彥所云之「陽聲據左旋而言，陰聲據右轉而說」，又與《乾鑿度》所云之「左
行、右行」之說相近。賈氏以律爲夫，以呂爲婦，六律左旋，六同右轉，若
陰陽左右相合而相生，則六律、六同皆左旋也，取婦隨夫之義也。此說又與
鄭玄爻辰乾、坤諸爻皆左旋之說相近。然合聲乃起於大呂，大呂爲丑，不合
於乾貞子、坤貞未之說，故將大呂易而爲貞於未之林鐘，以求合於坤貞未之

---

〔註28〕里堂此處以太蔟配丑，與其前文所云之「太蔟寅」，（《易學三書》頁217）不
　　　　合。吾人觀十二律與十二支相配之說，可知太蔟應與寅相配，非與丑相配也。
　　　　又與下文連而觀之，里堂云：「林鐘上生太蔟之九二，太蔟下生南呂之六二，
　　　　太蔟丑，是乾由子而丑；南呂酉，是坤由未而酉。」以陰陽而分十二地支，
　　　　坤爲酉，下爲酉是也。然乾爲子，不論左旋、右旋，要不是配寅，便應配戌，
　　　　無論如何也無丑之可能。故里堂此處以「太蔟丑」說之，恐爲筆誤矣！

說，如此，則律呂相生之次序遂與合聲之說相混矣！而惠棟又以爲《乾鑿度》「爻辰」說合於《十二律相生圖》之說，故與律呂之說相配。其又以爲鄭氏「爻辰」出於《乾鑿度》，故鄭氏「爻辰」亦與律呂相生之說合，此說亦非也。蓋《乾鑿度》坤貞於未而右行，與林鐘生於未而左行之說迥異，而鄭氏之坤貞於未亦左行，故《乾鑿度》「爻辰」說與律呂相生之說、鄭氏「爻辰」皆不同也。是以「爻辰」之說不可與律呂相生之次第相混矣！

然陽左行，陰右行之說又據何而言呢？里堂云：

> 愚謂陽左行，陰右行，如《占夢》，觀天地之會，陽建左行，陰厭右行，即《淮南子》所云：「北斗之神有雌雄，五月合午，十一月合子。」又《説文》包字注「元氣起於子，男左行三十，女右行二十」。《史記‧天官書》言「歲星、歲陰」，董子言「陰陽出入上下」諸篇，皆以陰陽分左右。《乾鑿度》同之，不必本於律呂之合聲。依合聲之陽左陰右，則與貞未相乖；依相生之林鐘生未，又與右旋大戾，此漢上所由混合於前，惠氏不免舛誤於後也。（同上）

里堂以爲陽左行，陰右行之說與律呂並不相涉，如《占夢》所云之「陽建左行，陰厭右行」，又如《説文》所云之「男左行三十，女右行二十」，皆以陰陽分左右，陰爲右，陽爲左，女爲右，男爲左，如此而已，並非與律呂有關。若強以律呂合之，依合聲之陽左陰右原則，則合聲起於大呂，大呂貞丑，與坤貞未之義相乖；若依律呂相生原則，則陰聲之首林鐘生於未而左行，又與陰右行之說相乖矣！故漢上、惠棟諸人以律呂合於爻辰之說，皆誤也。

### （四）里堂對於「爻辰」之說無所取也

里堂既已言諸家說「爻辰」合於律呂爲非，則其對以「爻辰」說《易》又抱持著何種態度呢？里堂云：

> 要之，緯家之書淆雜無定，原無與於聖經。鄭氏注《乾鑿度》自依緯爲說，其注《易》不用《乾鑿度》，爲「爻辰」之序皆用左旋，既以諸卦之爻統於乾、坤，如九之在初者皆子，六之在初者皆未也；又以諸卦之爻合於六子，如萃九五、井九二、中孚二、五皆坎爻，損六五、頤二、五皆離爻，萃九四、震爻，賁六四、損六四、巽爻，艮上九、離九三、井九三、豐九三皆艮爻，推之上六、六三爲兑爻，初六亦巽爻，初九亦震爻也。自爲鄭氏一家之學，

非本之《乾鑿度》，亦不必本於月律也。然以離九三爲艮爻，〔註
29〕位值丑，丑上值弁星，弁星似缶，坎上六爻辰在巳，蛇之盤曲
似徽纆，臨卦斗臨丑，爲殷之正月，以見周改殷之正數，謬悠非
經義。至以焚如爲不孝之刑，女壯爲一女當五男，尤非聖人之義
也。余於「爻辰」無所取焉。（同上）

里堂以爲「爻辰」之說既見於《乾鑿度》，而《乾鑿度》又爲緯家之書，緯書本
就淆雜，而鄭玄注《乾鑿度》本依緯家之說而注，更與《易》無涉。其注《易》
則不用《乾鑿度》陽左旋、陰右轉之說，全以左旋言「爻辰」，由此可知鄭玄並
不以緯家之說言《易》也。且其以諸卦之爻統於乾、坤二卦，又與《乾鑿度》
以六十四卦言「爻辰」不同，是鄭氏「爻辰」與《乾鑿度》之「爻辰」大不相
同也。而鄭氏由諸卦統於乾、坤，爻之爲九而在初者爲子，爻之爲六而在初者
爲未之說，更延伸而言諸卦之爻合於六子，以凡一卦之上卦或下卦之中爻爲陽
者爲坎爻，一卦之上卦或下卦之中爻爲陰者爲離爻，一卦之上卦或下卦之初爻
爲陰者爲巽爻，一卦之上卦或下卦之初爻爲陽者爲震爻，一卦之上卦或下卦之
上爻爲陰者爲兌爻，一卦之上卦或下卦之上爻爲陽者艮爻，此即爲屈萬里先生
《先秦漢魏易例述評》中所云之「爻體」，爲鄭氏一家之學，非本之《乾鑿度》
也。然鄭氏以其「爻辰」之說注《易》，里堂亦以爲不可也。如鄭氏注坎六四「樽
酒簋、貳用缶」云：

爻辰在丑，丑上值斗，可以斟之象。斗上有建星，建星之形似簋，……
建星上有弁星，弁星之形又如缶。

又注坎上六「係用徽纆」云：

爻辰在巳，巳爲蛇，蛇之盤曲似徽纆也。

又以臨卦六四貞丑爲殷之正月，以此見周改殷之正數，凡以此等諸說注《易》
者，皆令人有不知所云之感。至其以焚如爲不孝刑，女壯爲一女當五男，又
不知其所說爲何？此等以「爻辰」說注《易》者，既與《易》義無關，且其
所說又皆非經義，故里堂於「爻辰」之說無所取耳。

〔註29〕里堂此處云鄭玄「以離九三爲艮爻，位值丑，上值弁星」，恐有誤。吾人察
鄭注應作「坎六四爲巽爻，位值丑，上值弁星」方是。其因爲：依鄭氏「爻
辰」之說，離九三爲艮爻，應值辰，不爲丑，位值丑者應爲六四爻。而鄭
注坎六四「樽酒簋、貳用缶」云：「爻辰在丑，丑上值斗，可以斟之象，斗
上有建星，……建星上有弁星，弁星之形又如缶。」（見屈萬里先生《先秦
漢魏易例述評》）

# 第三節　結　語

　　《易圖略》在《易學三書》中的份量不重，一般人又以為《易圖略》僅為《易通釋》之提要，故多以等閒視之；或僅採其「五圖」為里堂《易》學方法作簡介，而未嘗檢查出里堂此五種《易》學方法中的一些小錯誤處，或謂其說為是，或謂其說為非，此等言論皆流於表面，未能真知里堂研《易》之旨也。蓋里堂之說所以為是，所以為非，皆應有其根據，非大略介紹里堂《易》學之內容而不加以檢視即可言之也。故於第二章中，幾乎以逐字逐句檢視的方法，將里堂《易》學方法一一論之，並檢查里堂以旁通、相錯、時行、比例、當位失道諸法解《易》時，是否有違於自己所立之例？是否有不通之說？再將其錯誤指出，以觀里堂《易》學方法之能否成立。吾人既已於第二章得知里堂《易》學方法除了有少許筆誤及一時推論之誤外，並無任何違背以自己《易》學方法解《易》之處，可知以里堂之《易》法解《易》，至少在其《易》學系統內，是可以成立的。再以此為基礎，檢視里堂《易》學基本觀念及其對前人《易》說看法有無不當之處，則更能得知里堂《易》學觀念與其《易》學方法間實有相輔相承的關係。

　　由本章第一節所論，可知里堂治《易》的基本觀念為：

　　一、伏羲不僅畫八卦，且重之為六十四卦；而其畫卦目的，乃在定人倫之道也。

　　二、六十四卦之卦名為伏羲所命，而其命名之法乃由旁通法而來，非據卦畫而說卦名也。

　　三、六十四卦之卦序為伏羲所定，而卦序所以如今日吾人所見者，乃是伏羲以反對、旁通之法而說之也，其目的亦為說明人倫之道。

　　四、彖辭為文王所作，即是今日吾人所謂之卦辭。彖之義為退，乃文王為知進不知退者言也。象辭為周公所作，即是今日所謂爻辭。象之義為像也、續也，乃周公為述文王之意而作者也。

　　五、卦爻辭所以出現之因，乃因文王離伏羲畫卦已千百年，伏羲當日口授之義已漸不為人所知。又因文王時人口已遠較伏羲時為多，無法再以簡單的卦爻變化使百姓知伏羲畫卦之意，故乃繫卦辭示百姓伏羲畫卦所以為定人倫之道之意也。而卦爻辭之功用乃在：吾人可藉《易》辭以知卦爻變化當則為吉，不當則為凶。而《易》辭重複處正為求知聖人之意處也。

　　六、〈十翼〉為孔子所作，而〈十翼〉中許多重複之處，正為聖人示吾人

《易》道乃參伍錯綜、觸類引申者，爲知聖人作《易》之旨之幾也。後人不知聖人之注乃參伍錯綜、觸類引申，與一般經生、學究之注之枝枝節節，執一章一句以求《易》者不同，復以此而言〈易傳〉非孔子所作，是未能眞知《易》者也。

七、筮《易》之法與聖人作《易》之旨一以貫之，而卜筮所以居《易》道四中之一者，非聖人欲以前人知也，乃聖人欲藉卜筮之道以示百姓《易》道爲何也。

本章第二節則以里堂治《易》之法與里堂言《易》之基本觀念爲基礎，探究其論前人《易》說之是非。綜而言之，其論前人《易》說不當者有八：

一、《連山、歸藏》乃明術數者，伏羲之卦則爲明人道者，故《連山、歸藏》非所謂夏、商之《易》，乃術數家之言也。《連山》首艮，非謂六十四卦之卦序以艮爲首，乃是以八卦配八方之說耳。《歸藏》首坤，非謂六十四卦之卦序以坤爲首，乃是以十二辟卦配十二月而言也。前人之說《連山》爲「夏易」、《歸藏》爲「商易」，非也。或以《連山》爲伏羲之卦、《歸藏》爲黃帝之卦，亦非也。

二、虞翻言卦變之由來有七，或來自「十辟」，或來自「乾坤」，或來自「六子」，或來自「上下相加」，或來自「上下剛柔相變」，或來自「兩象易」，或由「兩爻齊之」而來，不知虞氏是以爲各卦皆有其所自來乎？或是每卦兼有其所自來乎？而虞氏又以此卦變之法言六十四卦之生成，更爲謬說也。至於何以說《易》者必言卦變、反對呢？蓋因〈象傳〉中有「往來、上下、進退」之文也。然《易》文不可強通，《易》義亦不可以此自相矛盾的卦變之法釋之也。

三、「半象」者，以兩爻爲一卦也，因其不足三爻，故謂之「半象」。《易》既以三爻爲一卦，今又忽以二爻爲一卦，則六畫之卦將可任隨己意而亂變之矣！是以里堂非之。

四、「兩象易」者，指兩卦之上下卦的卦象正好相反，則此二卦謂之「兩象」，如此，則六十四卦中「兩象易」之例甚多。然虞氏論《易》時，遇到「兩象易」之例，又非皆以「兩象易」言之，故以「兩象易」言《易》，里堂以爲不可也。

五、「納甲」者，乃以八卦配合十天干之法也。魏伯陽以「納甲」言丹道修煉之術，與《易》義本無所涉。然虞翻卻直據魏伯陽「納甲」法解《易》，

與《易》義相乖也。

　　六、「納音」者，乃依「納甲」之說而將天干、地支、五行、八卦與五音相配者也。然「納甲」之法既與《易》義無涉，則以依「納甲」之「納音」說《易》，可乎？

　　七、「卦氣六日七分」者，是以六十四卦、三百八十四爻與一年之四時、十二月、二十四節氣、七十二候、三百六十五又四分之一日相配的一套龐大系統組織。然「卦氣六日七分」乃術數家之言，一如「納甲」爲丹道之說，皆與《易》義無涉。故以「卦氣六日七分」言《易》爲不當之說也。

　　八、「爻辰」者，以乾、坤二卦共十二爻配以十二地支之說也。說者以爲「爻辰」與律呂有關，非也。而里堂檢視鄭玄以「爻辰」說《易》之例，其所注之語皆謬悠不可知者，與經義無涉，故里堂以爲以「爻辰」說《易》不當也。

　　由以上所述可知，里堂論《易》乃是在《易》爲聖人之作的基礎下言之的。《易》既爲聖人所作，則《易》道自是一以貫之，一般經生、學究所指《易》辭重複，並以此爲《易》非一人所作之證者，皆非也。又後人以「卦變、半象、兩象易、卦氣六日七分、納甲、納音、爻辰」諸說言《易》，卻無法將《易》義貫通，無法以此得知聖人之意，里堂亦非之也。是里堂乃在《易》爲聖人之作的基本觀念下，建立了自己一套龐大的解《易》系統，完成了其一生心血所注之《易學三書》。故論《易學三書》時，必先論《易圖略》，由此而知里堂論《易》基本立場，及其治《易》方法有無不當之處；再以之爲基礎而論《易通釋、易章句》，方能眞知里堂之《易》學也。

# 第四章　《易通釋》之分析──焦循《易》例之設立

## 第一節　《易通釋》成書動機與目的

### 一、《易通釋》成書動機在於里堂幼年，其父所問《易》辭何以重複出現之問題也

里堂《易學三書》中，以《易通釋》成書最早，而其份量亦最多。觀其所作〈易通釋敘目〉，可知里堂作《易通釋》動機乃由於其幼年學《易》時，對於父親所問問題無法回應，詢之所謂善《易》者，又無法獲得確切答案，故啓其疑而研《易》。里堂於〈易通釋敘目〉中云：

> 循承祖父之學，幼年好《易》，憶乾隆丙申夏，自塾中歸。先子問曰：
> 「所課若何？」循舉小畜象辭，且誦所聞於師之解。先子曰：「然所
> 謂『密雲不雨，自我西郊』者，何以復見於小過之六五？童子宜有
> 會心，其思之也。」循於是反復其故不可得，推之同人、旅人之「號
> 咷」，蠱、巽之「先甲、後甲、先庚、後庚」，明夷、渙之「用拯馬
> 壯，吉」，益憤塞鬱滯，恡恡於胸腹中，不能自釋。聞有善說《易》
> 者，就而叩之，無以應也。乙巳丁憂，輟舉子業，乃徧求說《易》
> 之書閱之，於所疑皆無發明。

里堂家學爲《易》，其祖父、父親於《易》皆有所得，故里堂對於《易經》亦是甚熟。然其自塾師所學《易》學知識並無法回應其父所問之問題，是以父

親所問乃爲里堂《易》學開啓了大門，亦成爲里堂學《易》極欲通解之問題也。里堂之父以「何以《易》辭重複見於不同卦爻辭中」問於里堂，里堂一時之間亦不知原因，又自己反復追究其因於經文之中，更發現《易》辭重複之例甚多，此問題不解，則《易經》一書必無法讀通，故潛心於《易》，然一時亦無法得《易》辭所以重複出現於不同卦爻辭中之故，益憤塞鬱滯，不能自釋。再拿此問題問於以善《易》聞名者，皆未能答覆之。及至乙巳，尋遍所有可得之《易》書，猶未能解此疑，益發使里堂治《易》方向及方法，皆朝此發展矣！里堂自丙申年其父問《易》辭何以重複之問題開始，至乙巳年丁憂輟舉子業，求諸所有說《易》之書而未能解，已由十四歲之少年一變而爲二十三歲之青年。〔註1〕其間時歷九年，而於此疑問仍一無所解，遂更加堅定其欲破此疑問之心也。

時至嘉慶九年，里堂年四十二歲，已距其父所提之疑問二十八年矣！里堂仍無法解《易》辭何以重複之因，僅能大略猜想可能而已。其云：

> 嘉慶九年甲子，授徒家塾，念先子之教，越幾三十年，無以報命，不肖自棄之罪，過以逃免。竊謂卦起於包犧，八卦成列，因而重之，命之以名。文王以其簡而不易明也，繫以象辭；周公以其簡而不易明也，繫以爻辭。「密雲、庚甲」，以爻辭釋象辭也；「笑號、馬壯」，爻辭自相釋也，然而猶不易明。我孔子韋編三絕而後贊焉，且不一贊而至於十贊者，佐也、引也。佐文王、周公之辭，引而申之也。包犧之卦參伍錯綜，文王、周公之繫辭亦參伍錯綜，故小畜、蠱、明夷之辭互見於小過、巽、渙之辭也。文王、周公之辭以參伍錯綜繫之，孔子十贊亦參伍錯綜贊之，所以明《易》道者備矣！(《易通釋敘目》)

里堂無法解得《易》辭何以重複之因，其距父親所提示研《易》之法愈久，愈覺不肖。然其研《易》既久且勤，亦自有其見解。前人如歐陽修者，見《易》辭有重複處，或者不以同一意思解同一卦爻辭時，便直謂〈易傳〉非孔子所作，非一人所爲。里堂卻以爲此正是吾人見聖人作《易》之旨的關鍵處，其基本立場不同，故解《易》所得亦不相同矣！里堂會有「《易》辭重複處正是吾人求聖人作《易》之意的關鍵處」這個觀念，乃全由於其父於幼年時所提

---

〔註1〕關於里堂之年歲及其何年發生何事，可參見戴培之先生所輯〈江都焦里堂先生年表〉。

示之「『密雲不雨，自我西郊』者，何以復見於小過之六五」一語而來。此爲里堂《易》學之所以如今日吾人所見模樣的最大關鍵。里堂既對於《易》辭重複出現的問題一直存有疑問，則其爲此問題所假設過的情況想亦不少，此處所謂「『密雲、庚甲』，以爻辭釋象辭也；『笑號、馬壯』，爻辭自相釋也」，及「包犧之卦參伍錯綜，文王、周公之繫辭亦參伍錯綜，故小畜、蠱、明夷之辭互見於小過、巽、渙之辭也；文王、周公之辭以參伍錯綜繫之，孔子〈十翼〉亦參伍錯綜贊之」之語者，想是里堂以其旁通、相錯、時行之法通解全《易》後所得的結論吧！吾人不欲誇言里堂研《易》之法如何偉大，然其生於乾嘉考據學極盛之時，論學必講證據，亦爲當時之學風。而其實測全《易》後，是之則存，非之則棄的精神，不正合於今日所強調之科學精神乎？里堂是如何得知《易》辭重複出現於不同處，乃聖人作《易》之參伍錯綜者呢？里堂云：

> 循既學洞淵九容之術，乃以數之比例求《易》之比例，向來所疑，漸能理解。初有所得，即就正於高郵王君伯申，伯申以爲精銳鑿破混沌，用是憤勉，遂成《通釋》一書。（同上）

由此可知，里堂所以能對《易》辭重複出現這個問題有所理解，乃在於其學洞淵九容之術後，以洞淵九容之術中，數之比例求《易》辭之重複出現者，乃發現《易》辭所以重複出現於不同卦爻者，必是此不同卦爻有相互關係也，一如兩數既爲比例，則此二數間亦有關連也。而所謂洞淵九容之數，即今日所謂數學。〔註2〕由於里堂既已能逐漸理解《易》辭何以重複出現之因，故而著成《易通釋》。至於《易通釋》之價值若何，由不輕易許人的王伯申對此書之評語「精銳鑿破混沌」可知矣！故里堂所以作《易通釋》之動機爲：幼年時父親所提示《易》辭何以重複出現之問題，使里堂思之近三十年而不得其解，因而促成《易通釋》一書之出也。

---

〔註2〕里堂之算學如何，可見《清史稿校註，卷四百八十九，列傳二百六十九，儒林三》所云之「循博聞強記，識力精卓，每遇一書，無論隱奧平衍，必究其源，以故經史、曆算、聲韻、訓詁無所不精。」（頁 11090）及《清代樸學大師列傳‧皖派經學家列傳‧第六》所云之「先生思深悟銳，尤精曆算之學，撰有《釋弧》三卷，《釋輪》二卷，《釋橢》一卷，《加減乘除釋》八卷、《天元一釋》二卷、《開方通釋》一卷，又命其子琥作《益古演段開方補》以附《里堂算學記》之末，當時算學名家李銳、汪萊、錢大昕等，皆與討論而嘆服焉。」（頁 199）由此可知里堂算學之精也。無怪乎其能以數之比例之法研《易》，而解其數十年來之疑，終而以此比例之法成就其《易》學也。

## 二、《易通釋》成書目的乃欲求得聖人作《易》之意也

里堂作《易通釋》之動機既由其幼年時父親所問之問題開啓，那麼里堂所以如此用心於《易》者，又有著什麼樣的目的呢？在里堂〈易通釋敘目〉中，我們已可見里堂自謂「聖人之《易》乃參伍錯綜」者，其所發現之參伍錯綜既爲聖人作《易》之法，則只要同樣以參伍錯綜之法去求《易》義，應可由此得知聖人作《易》之意才是。於是里堂便由其所發明的旁通、相錯、時行諸法，將《易》參伍錯綜而研究之，欲由此而知聖人作《易》之意也。里堂謂：

> 訂爲二十卷，皆舉經傳中互相發明者，會而通之也。聖人之義精矣！妙矣！後生末學寧能洞澈其全，得一二端以俟君子之引而申焉可矣！聖人既以參伍錯綜者示其端倪，舍此而他求，烏能合乎？後之說《易》者，或有取乎愚之說也。（同上）

所謂參伍錯綜者，乃指《周易》經文、傳文中重複出現之字，相似之辭，皆爲聖人所寓有深意之所在，故皆比例觀之，以求得聖人作《易》之旨。分而觀之，似爲平常，合而觀之，乃知聖人一以貫之意也。由於里堂認定《易》爲聖人所作，則聖人之意又豈爲吾人所能通貫而全知呢？固其雖自信以參伍錯綜之法研《易》爲求聖人之意的途徑，然亦未敢以爲已全得聖人之意，故謂「後生末學寧能洞澈其全？得一二端以俟君子之引而申焉可矣！」由此可知求得聖人作《易》之意，乃爲其作《易通釋》之目的也。

## 三、里堂生活經驗對其《易》學之重大影響

此處尚有個問題須加以說明，即是里堂何以在自歐陽修後，一片以〈易傳〉非孔子所作的呼聲中，再加之以乾嘉年間考據之風盛行，而其本身聲韻訓詁之學又極佳的背景下，從不懷疑〈易傳〉作者非孔子也？其雖以旁通、相錯、時行諸法，言經傳之辭之重複、矛盾處正爲見聖人之意處，然此已落於里堂自信《易》爲聖人之作的想法之後。要之，吾人皆先有一想法，而後方可能去找證據證明此說是否爲眞。而此處《易》爲聖人之作的假設已被他人所破，里堂仍舊信此已被否定之說，究竟是什麼原因呢？這是需要加以說明的。由里堂〈易通釋敘目〉之言，可看出里堂所以如此確信《易》爲聖人之作，〈易傳〉爲孔子所作者，乃與其個人之生活經驗有絕對的關係。其云：

> 丁卯春三月，遘寒疾垂絕者七日，昏瞀無所知，惟〈雜卦傳〉一篇

往來胸中。既甦,遂一意於《易》。明年以訟事伺候對薄,改定一度。己巳,佐歸安姚先生秋農、通州白先生小山修茸郡志,稍輟業。庚午又改定一度,終有所格而未通。身苦善病,恐不克終竟其事。辛未春正月,誓於先聖先師,盡屏他務,專理此經,日坐一室,終夜不寐,又易稿者兩度。癸酉二月,自立一簿以稽考其業,歷夏迄冬,庶有所就。(同上)

可知里堂所以在他人逐漸認爲〈易傳〉非孔子、非一人所作,而其亦未能提出有效反證時,仍堅信《易》爲聖人之作,〈易傳〉爲孔子之作者,乃與其丁卯春所生的那場大病,「昏瞀七日」對於一切之事皆無所知,只有〈雜卦傳〉往來於胸中,徘徊不已有關。吾臆里堂彼時當以爲其所以於昏瞀中仍有〈雜卦傳〉往來於胸中者,乃是聖人之意也,故其於甦醒後遂一意於《易》,此猶如劉勰夢隨孔子行而作《文心雕龍》也。〔註3〕此等夢中之事,旁人或謂其爲無稽,然此皆爲局外人自以爲是之說也。吾人若身歷其境,且又置身於千百年前,是否還能簡單的說這是妄說呢?故若欲知里堂所以作《易通釋》,所以將一生精力全部投注於《易》,所以認定〈易傳〉爲孔子所作之因,便不能不設身處地的站在里堂當日之情境去想,否則便無法解釋里堂何自信《易》爲聖人之作,〈易傳〉爲孔子所作也。要之,任何一個作者均無法自外於他所依存的年代、環境及當時的社會條件,因此要了解一個作家的意識形態,往往要從其社會背景入手,而任何意義的追尋、分析與詮釋的活動,都無法脫離作者所處的環背景,亦即那一文化時空。〔註4〕除了當時的社會環境、時代背景等因素會影響一個作者之

〔註3〕 劉勰《文心雕龍》卷十〈序志〉云:「予生七齡,乃夢彩雲若錦,則攀而採之。齒在瑜立,則嘗夜夢執丹漆之禮器,隨仲尼而南行。旦而寤,迺怡然而喜。大哉!聖人之難見也,乃小子之垂夢歟?自生民以來,未有如夫子者也。敷讚聖旨,莫若注經,而馬鄭諸儒,弘之已精,就有深解,未足立家。唯文章之用,實經典枝條,五禮資之以成文,六典因之以致用,君臣所以炳發,軍國所以昭明,詳其本源,莫非經典。而去聖久遠,文體解散,辭人愛奇,言貴浮詭,飾羽尚畫,文繡鞶帨,離本彌甚,將遂訛濫。蓋《周書》論辭,貴乎體要;尼父陳訓,惡乎異端。辭訓之奧,宜體於要,於是搦筆和墨,乃始論文。」此篇〈序志〉爲劉勰言其所以作《文心雕龍》之因者也。其中提及三十多歲時,忽夢自己捧著一個漆著紅色的禮器,隨著孔子到南方去,他以爲這乃孔子託夢給他,要他闡述聖人之意也,故作《文心雕龍》一書。而里堂生於劉勰之後,其經歷又如此雷同,則他於丁卯年春天生那場病時所碰見的情形,對於其所以專研於《易》的影響,亦應不下於劉勰吧!

〔註4〕 此語見於姚一葦先生爲鄭樹森先生《文學理論與比較文學》所作的序中。德

外，其本身的生命經驗，更是影響其著作的決定性因素。故吾人實不可對一作
者自謂之生命經驗，尤其是作者自視爲生命中之極重大的經歷，輕易忽略之。

# 第二節　《易通釋》之內容分析

　　《易通釋》內容份量居《易學三書》之冠，初視之，多病其蕪雜；然細
而推之，則見里堂《易》學之規矩與方法，乃吾國數千年來難得有系統、有
方法之著作也。故熊十力先生於《讀經示要》云：

> 清儒治「漢易」，而不欲蹈術數家之術，思就經文，別有創發者，焦
> 循其人也。焦氏之《易》，穿鑿至纖巧，學者號爲難讀。然如以耐心
> 臨之，取《通釋》及《章句》與《易圖略》，往復數番，識其途徑，
> 握其端緒，則脈絡分明，卻甚簡易。但在習混沌而拙解析，尚超悟
> 而厭瑣碎者，恐閱之未肯終卷。故焦氏之書，求知音於後世，殊非
> 易事。（卷三，頁41）

其以爲里堂之《易》，學者所以號爲難讀，皆因此等學者乃「習混沌而拙解析，
尚超悟而厭瑣碎者」也。里堂精於解析全《易》，將全《易》之一字一句皆貫
通縫合，而欲將全《易》解析清楚，又必得一字一句的將《易經》解釋清楚。
一般習於混混沌沌讀書的人，以及只談體悟而不願意腳踏實地的從書本中精
確求得全書原意的人，無法將里堂自然《易學三書》讀畢也。又，牟宗三先
生在《周易的自然哲學與道德函義‧清焦循的道德哲學之易學》中亦云：

> 胡煦、焦循是中國最有系統最清楚最透闢的兩位思想家。（頁265）

由此二位當代大儒所言，可知吾國人所以閱里堂之書而未能終卷者，皆因大
家已習慣於籠統的解讀書本，故無法卒讀里堂之《易學三書》。而《易通釋》
又佔了《易學三書》份量的三分之二，由此可見《易通釋》內容之繁重。然
《易通釋》又爲里堂《易學三書》中最早完成之作，〔註5〕亦爲《易圖略、易

---

　　　　國的法蘭克福學派與詮釋學之學說，雖多被引用至文學理論的範疇中，然里
　　　　堂作《易學三書》既屬於一種創作，則亦可以此類學說觀之。吾人若能藉此
　　　　學說而更了解里堂作《易學三書》之目的、動機，及其何以如此相信〈易傳〉
　　　　爲孔子所作之因，則對於研究里堂之《易》學將有很大的助益。

〔註5〕　〈易圖略敘目〉云：「既撰爲《通釋》二十卷，復提其要爲《圖略》。」由此言
　　　　可知《易通釋》乃在《易圖略》之前完成。而根據《清代稿本百種彙刊‧經部‧
　　　　雕菰樓經學叢書》中所載之〈易章句敘目〉所云：「歲癸酉所爲《易通釋、圖
　　　　略》兩稿粗就，而足疾時發，意殊倦，《章句》一編未及整理之也。甲戌夏，

章句》二書之根本，不將《易通釋》仔細研究清楚，又如何能詳知里堂《易》學之精確內容呢？吾人至今亦未嘗見有任何著作將里堂《易學三書》作徹底的解析與說明，〔註6〕故在此將不厭其煩的對《易通釋》做地毯式的分析與說明，以免因分析、說明過於粗疏而導致錯誤之結論。

　　《易通釋》乃里堂實驗其治《易》方法所在，也是他為《易》立例之所在。里堂運用其所發現之治《易》方法，將《易經》中之辭句，凡相同或相近者置於一處，加以解析，因而得出凡《易經》中出現相同或相近字句者，皆為聖人所寓「一以貫之」之意所在。因此，凡《易》中出現相同或相近之辭句，皆應以同一意義詮釋，遂成就了里堂《易》學之《易》例。下面我們便仔細的來探討里堂所立之《易》例。

## 一、關於文王之十二字教

　　里堂《易通釋》卷一、卷二總共解釋了元、亨、利、貞、悔、吝、吉、

---

　　　　宮保芸臺阮公自漕帥移師江西，過里中，問循所為《易》如何？因節錄其大略，郵寄請教。」（頁19）由此可知里堂在癸酉年已將《易通釋、易圖略》之大體完成，此與今所見〈易通釋敘目〉及〈易圖略敘目〉後所提年月相合。二書之敘目皆成於癸酉年，而彼時里堂尚未將《易章句》之大略完成，故於隔年（即甲戌年）方將《章句》一書寄予阮芸臺。而里堂此篇〈易章句敘目〉後所提之年月為「時嘉慶乙亥冬十二月除夕燈下焦循記」，則《易章句》之序又晚於《通釋、圖略》二書之序兩年矣！由此可知《易學三書》成書次序為：先《易通釋》，再《易圖略》，最後方完成《易章句》也。

〔註6〕　今見論里堂《易》學較為完整而全面的約有二書，一為何澤恒先生所著《焦循研究》中的〈雕菰樓易學探析〉；一為牟宗三先生所著《周易的自然哲學與道德哲學》中的〈清焦循的道德哲學之易學〉。何先生〈雕菰樓易學探析〉一文，雖已將里堂《易》學之手稿本及今日通行之《皇清經解》本中的差異作了詳細的說明，且將里堂《易學三書》之成書過程及其主旨、方法等加以說明、介紹。然吾人仔細研讀里堂《易學三書》後，所發現的一些里堂錯誤處，何先生幾乎無一道及。如所謂「旁通三十證」，何先生嘗引之，然卻未能指出「旁通三十證」中幾個錯誤之處（可參見本文第二章・第二節中關於論里堂旁通之法處）。又里堂《易學三書》中尚有許多小錯誤處，本文皆隨文附註，而何先生亦未嘗論及，此亦說明了關於里堂《易》學之研究仍尚未完整。又，牟先生〈清焦循的道德哲學之易學〉一文，雖已於其題目中界定其所研究範疇為里堂《易》學中的「道德哲學」部分，然而其既論及里堂之方法學（牟先生謂之為「五原則」，見於其書中之頁268），則亦應先探究里堂研《易》之方法有無錯誤之處，方為完整之說，不應直接引述之而不論其是非也。其他各家論里堂之《易》者亦不少，然多為片段言論（可參見本文第三章之註16），缺乏從頭至尾全面性的探討。

凶、厲、无咎十一個字，分做九例加以說明。而里堂於《易圖略‧當位失道圖第二》中云：

> 昔人謂伏羲作十言之教曰：乾、坎、艮、震、巽、離、坤、兌、消、
> 息。余謂文王作十二言之教曰：元、亨、利、貞、吉、凶、悔、吝、
> 厲、孚、无咎。（頁48）

可知里堂所以將此十一字列於《通釋》卷首者，乃因其以爲此十一個字爲文王所欲教人《易》義之精華所在，故將此十一個字列於《通釋》之卷一及卷二。

## （一）元

里堂在《易通釋》中，以兩個路徑說明元字意義。一就乾、坤二卦〈文言傳〉所言元字之義爲基礎，再配合《易經》經傳中曾提及元字之卦辭加以比較，以說明元字在《易經》中之意義。另一條路徑是以其所發現之旁通法，貫通全《易》所有言及元字之辭句，以探求出凡在《易》中出現元字時，有何一貫之義？表面上來看，這兩條路徑似乎不同，然而吾人在讀完里堂所釋元字意義之辭句後，會發現此二者乃殊途而同歸者。要之，二者皆爲說明元字所蘊含之聖人之意也。

### 1、元字之義爲始

里堂依乾、坤二卦〈文言傳〉所釋元字之義爲《易經》元字之標準義，而其他諸卦爻中出現元字之義皆準此。其云：

> 傳之釋元也，一則曰：「大哉乾元，萬物資始，乃統天。」一則曰：
> 「至哉坤元，萬物資生，乃順承天。」元之義爲始。（《易通釋》卷
> 一、元）

里堂論元字時，直據〈文言傳〉所釋元字之義而言之，且並無任何懷疑者，乃因其本就認爲〈易傳〉爲孔子所作。〈易傳〉既爲聖人之作，則自無可懷疑。其所以直言元字之義爲始，乃由於乾卦〈文言傳〉所云「大哉乾元，萬物資始」。依此文句而釋之，萬物之始皆始於乾元也。然元字在《易經》中，又不只僅爲乾卦所有，其云：

> 循按《易》之言元者二十四卦。（同上）

是以里堂以爲〈文言傳〉已直釋元字之義爲始，而聖人所以在乾卦元字言「萬物資始」，不在他卦言之者，乃因《易經》其他六十二卦皆由乾、坤二卦所生也，故聖人於乾卦釋元字之義爲始後，又於坤卦亦作一〈文言傳〉云：

至哉坤元，萬物資生，乃順承天。

蓋萬物之始雖始於元，然萬物之所以欣欣向榮，生生不息者，乃因陰陽之交媾，故於坤卦〈文言傳〉謂「至哉坤元，萬物資生」也。聖人之所以以「大哉、至哉」贊乾、坤二卦者，亦因此二卦實爲其他六十二卦之始、之生。是故聖人既已言元之義爲始，則里堂只繼之而將其解釋的更爲清楚，無須再加以討論也。

### 2、二、五先初、四、三、上而行者爲元

元字之義在字書中亦作始言。如《說文解字》云：

元，始也。（頁1）

若僅以「始」解釋《易》中之元字，則《易》中元字之義便沒有任何特別之處了。里堂以其旁通法爲原則，論《易》中元字與其他書不同的特別意義乃在：《易經》各卦間的相互變化上。其云：

凡六十四卦之生生皆從八卦而起，而八卦之生生則從二、五而起。

初、四、三、上未行而二、五先行乃謂之元。（《易通釋》卷一、元）

里堂以爲六十四卦生於八卦，而八卦之生生不息則從二、五兩爻起。此處之起乃開始之意，而元字之義爲始，所以二、五先初、四、三、上而行謂之元也。里堂如何證明二、五先初、四、三、上而行爲《易》中元字的特別意義呢？其於釋元之文中舉了許多的例子，今試舉數例觀之。

（1）里堂云：

乾二之坤五，坤成比，乾成同人。坎二之離五，坎成比，離成同人。

坤六五「黃裳元吉」，離六二「黃離元吉」，二文相同，明以坎二之離五與乾二之坤五相比例。（同上）

其以乾、坤二卦變化爲基礎，看乾、坤二卦依旁通法則（即二、五先初、四、三、上而行）所得卦爻之辭，是否如前述所云，將有元字出現。若有，則里堂爲《易》中元字所下「二、五先初、四、三、上而行」的特殊定義便行得通了。反之，則否。

以乾、坤二卦爲例，依旁通法言，此二卦六爻皆異，是相互旁通之卦，可用旁通二法則行之。首先爲二、五先行。由於乾卦之二爻爲陽，不合於其位，而坤卦之五爻爲陰，亦不合於其位，故由乾二先之坤五，此時乾卦已成同人，坤卦則成比也。在六十四卦中，二、五先行而可成比、同人二卦者，尚有坎、離二卦。坎二爲陽，離五爲陰，皆不當位，而此二卦之六爻亦全部

相異，以旁通法言，則坎二先之離五也。坎成比，離成同人。由卦爻變化言，乾、坤與坎、離之間似有著某種關係，否則何以乾二之坤五與坎二之離五皆成比、同人呢？此時再觀察經傳之辭，則可發現坤六五爻爻辭有「黃裳元吉」，而離六二爻辭亦有「黃離元吉」，此二文竟如此相似，由此可知聖人乃以坎二之離五與乾二之坤五相比例，而吾人亦由此可得聖人一貫之旨。且不論是乾、坤之成比、同人，或著是坎、離之成比、同人，皆由於二、五先行，故可見坤六五、離六二皆有元字。此其例也一。

（2）里堂云：

> 巽二之震五，震爲隨，巽爲漸。兌二之艮五，兌爲隨，艮爲漸。漸通歸妹，歸妹二之五亦爲隨；隨通蠱，蠱二之五亦爲漸。隨之元謂蠱二之五，即巽二之震五，亦即兌二之艮五，亦即歸妹二之五，即「先甲、先庚」也。蠱之元，謂成蹇而變通於睽，即「後甲、後庚」也。隨元猶乾元，蠱元猶坤元，舉隨、蠱兩卦之元，而震、巽、兌、艮之元，不待言而自見也。（同上）

巽六爻與震六爻皆異，互爲旁通之卦，兌與艮之情形亦然，皆可以旁通之法言之。依二、五先行法則，巽二爲陽，震五爲陰，皆不當位，故巽二先之震五，此時巽成漸，而震成隨。兌、艮二卦之二、五兩爻亦不當位，故兌二先之艮五，此時艮成漸，兌則成了隨，與震、巽二卦情形完全相同。漸六爻又與歸妹六爻全部相異，故漸與歸妹旁通。漸之二、五爻皆當位，而歸妹二、五爻皆不當位，依旁通法則，卦爻變化先由本卦起，本卦無可相易者，再由旁通之卦相易。故歸妹自己二、五兩爻既皆不當位，則其本卦二、五爻互易，是以歸妹二之五而成隨也。隨六爻又皆與蠱六爻相異，故隨與蠱旁通，隨二、五兩爻皆已當位，而蠱二、五爻皆不當位，是以蠱二先之五而成漸也。由此觀之，巽二之震五、兌二之艮五、歸妹二之五、蠱二之五，皆或成漸，或成隨也。此諸卦間之關係亦已明矣！而隨卦卦辭「元、亨、利、貞，无咎」中之元者，乃謂隨通蠱而蠱二之五成漸。亦即爲巽二之震五、兌二之艮五、歸妹二之五皆與隨卦卦辭中之元字有關也。而蠱卦卦辭「元亨，利涉大川」之元字，乃是蠱二先之五，而後上之隨三成蹇，蹇又與睽六爻皆異，二者相互旁通。是以凡二、五先初、四、三、上而行者謂之元也。故隨元猶乾元，蠱元猶坤元，舉隨、蠱兩卦之元可知此一關係系列中的震、巽、艮、兌之二之五爲元也。此其例也二。

（3）里堂云：

八卦二、五不行而初、四先行，則乾四之坤初，乾成小畜，坤成復。
震四之巽初，震成復，巽成小畜。離四之坎初，離成賁，坎成節。
兌四之艮初，兌成節，艮成賁。八卦二、五不行而三、上先行，則
乾上之坤三，乾成夬，坤成謙。離上之坎三，離成豐，坎成井。巽
上之震三，震成豐，巽成井。艮上之兌三，艮成謙，兌成夬。八卦
二、五不行而初、四、三、上先行，則乾四之坤初，上又之坤三，
乾成需，坤成明夷。坎、離、震、巽、艮、兌初、四、三、上先行，
亦成需、明夷，此小畜、復、夬、謙、節、賁、豐、井、需、明夷
十卦不可爲元。乃變而通之，則小畜通於豫，復通於姤，夬通於剝，
謙通於履，節通於旅，賁通於困，豐通於渙，井通於噬嗑，需通於
晉，明夷通於訟。在小畜、復、節、賁，初、四先二、五，不可爲
元。在豫、姤、旅、困，初、四未行，以小畜二之豫五成萃，猶解
二之五也。以賁五之困二成萃，亦解二之五也。以復五之姤二成遯，
猶鼎二之五也。以節二之旅五成遯，亦鼎二之五也。在夬、謙、豐、
井，三、上先二、五，不可爲元。在剝、履、渙、噬嗑，三、上未
行，以夬二之剝五成觀，猶蒙二之五也。以豐五之渙二成觀，亦蒙
二之五也。謙五之履二成无妄，猶睽二之五也。以井二之噬嗑五成
无妄，亦睽二之五也。在需、明夷，初、四、三、上先二、五，不
可爲元。在晉、訟，初、四、三、上未行，以需二之晉五，需成既
濟，晉成否。以訟二之明夷五，訟成否，明夷成既濟。否、既濟相
錯爲同人、比，則亦乾二之坤五，坎二之離五也。故小畜、復、夬、
謙、節、賁、豐、井、需、明夷不可爲元，通於豫、姤、剝、履、
旅、困、渙、噬嗑、晉、訟仍不失爲元。於何見之？復初九「不遠
復，无祇悔，元吉」，乾四先之坤初成小畜、復，即能改悔，旁通於
姤。惟姤四未之初，即先以二之復五，是爲「不遠而復」。「不遠而
復」則元吉矣！履上九「視履考詳，其旋元吉」，乾上之坤三成夬、
謙，謙變通於履，一轉移之間仍不失爲元，所謂旋也。旋即變而通
之也。「其旋」二字與「不遠復」三字互相發明。復之旋在初、四，
故復之元吉明於初九；履之不遠在三、上，故履之元吉明於上九，
此經文自示其例也。（同上）

里堂前面既然已說「六十四卦之生生皆從八卦而起，而八卦之生生則從二、五而起」，是故舉八卦中所有卦爻變化之例而言之。若初、四先行，則八卦分別成小畜、復、節、賁；若三、上先行，則八卦分別成夬、謙、豐、井；若初、四、三、上先行，則八卦皆成需、明夷。因小畜、復、節、賁、夬、謙、豐、井、需、明夷十卦，或由八卦之初、四先行而來，或由三、上先行而來，或由初、四、三、上先行而來，皆爲先二、五而行所成之卦，故皆不可以爲元也。然而一經變通，且以二、五先行，則又爲元也。如依旁通法言，小畜通於豫，復通於姤，夬通於剝，謙通於履，節通於旅，賁通於困，豐通於渙，井通於噬嗑，需通於晉，明夷通於訟。就小畜、復、節、賁四卦而言，皆因初、四先行而不可爲元。然以其與變通後之豫、姤、旅、困四卦相互變化時，若二、五先行，則小畜二之豫五成萃，與解二之五成萃、賁五之困二成萃同。復五之姤二成遯，與鼎二之五成遯、節二之旅五成遯同。夬、謙、豐、井四卦皆由三、上先行而來，本不可以爲元，然而若與其所變通之剝、履、渙、噬嗑四卦相互變化時，以二、五先行，則夬二之剝五成觀，與蒙二之五成觀、豐五之渙二成觀同。謙五之旅二成无妄，與睽二之五成无妄、井二之噬嗑五成无妄同。而需、明夷爲初、四、三、上先行所成之卦，本不可爲元，然當其與其所變通之晉、訟相通時，若以二、五先行，則需二之晉五，需成既濟，晉成否；訟二之明夷五，訟成否，明夷成既濟，此時又可以爲元。故雖由初、四、三、上先行而不可爲元，然一經變通而以二、五先行，則又可以爲元也。

　　再由《易》辭中觀之。復卦初九爻辭爲「不遠復，无祇悔，元吉」，復卦乃乾四先之坤初而成者也。初、四先行本不可爲元，然其爻辭所以爲元者，乃因由乾四之坤初成復時，馬上改悔而旁通於姤；而姤四未之初時，已先以二之復五，故謂之「不遠復」，即不遠而復也。因其以二先之五，故可爲元也。再看履卦上九爻辭爲「視履考詳，其旋元吉」，履與謙旁通，謙又由乾上之坤三來。謙爲乾上先之坤三所成之卦，本不可爲元，然一經變通而成履，仍不失爲元吉。所謂「旋」，即變通、馬上，與「不遠復」的意思相同，故里堂謂「其旋二字與不遠復三字互相發明也」。而復之元在初爻者，乃因復爲乾四之坤初所成之卦，故其旋在初、四，元則在初九；而履之元在上九者，乃因履與謙旁通，而謙又爲乾上之坤三所成，其旋在三、上，其不遠亦在三、上，故其元在上九。此爲其例也三。以此三例觀其他諸例，可知里堂以「二、五先行爲元」非無據也。

3、《易》辭所以言元者，乃聖人欲以此示人改過之道也

里堂以元字之義爲始，又以卦爻變化中二、五先行爲元字在《易》中的特殊含義，其目的何在？一言以蔽之，乃欲說明此爲聖人示人改過之道也。里堂云：

> 其行本得乎元則元，而益求其元；其行或失乎元，則變通以復其元。
> 《易》者，聖人教人改過之書也。故每一卦必推其有過無過，又推其能改能變，非謂某卦變自某卦，某卦自某卦來也。（同上）

其雖以旁通言元字之義，然並非以此爲目的。旁通法所展示出的元字之義，乃是吾人欲求得聖人作《易》之意的手段耳，其目的在展示《易》中眞有聖人一貫之旨。由於卦爻之行不合乎二、五先行原則而不可爲元者，一經變通，且以二、五先行，則又可爲元。是以初、四、三、上先二、五而行者，於人事上而言，即爲犯過之人。犯錯之人只要知錯能改，不要一錯再錯，則可復爲元也。至於其卦爻之行本合乎二、五先行之旨者爲元，則欲更因之而再求得其元也。亦即本爲無過之人，則益求其不可犯錯，否則一旦犯錯，則又不可爲元也。是故里堂乃謂《易》爲聖人教人改過之書，而非荀、虞以降，以卦變言《易》者也。是以牟宗三先生於《周易的自然哲學與道德函義·清焦循的道德哲學之易學》言元之義時云：

> ……並且假定乾六爻初三五爲已定，動而行者爲二四上，這全是以一定之符號組成幾個根本公理以推演倫理思想，非抉發物事之生成及卦爻之如何而起也。這點很重要，要認清。（頁278）

牟先生以倫理道德角度論里堂之《易》學，誠爲卓見，較之其他視里堂《易》學爲「漢易」者，其相距何止千里。

## （二）亨

### 1、二、五先行而後初、四、三、上應之為亨

里堂解釋《易》辭時，凡遇亨字，便以二、五先行，而後初、四、三、上應之加以解釋，並將《易經》中所有出現亨字處，並列觀之，以求其會通，並合於聖人作《易》一貫之旨。其於《易通釋》中云：

> 循按象稱亨者四十卦，爻稱亨者三卦。〈文言傳〉云：「元者，善之長也；亨者，嘉之會也。君子體仁，足以長人，嘉會足以合禮。」
> 〈繫辭傳〉云：「聖人有以見天下之動而觀其會通，以行其典禮，繫

辭焉以斷其吉凶，是故謂之爻。」「典禮」，京房作「等禮」。乾〈象傳〉云：「大哉乾元，萬物資始，乃統天。」此贊元也。「雲行雨施，品物流行，大明終始，六位時成」，此贊亨也。坤傳云：「坤厚載物，德合无疆，含弘光大，品物咸亨。」品即等也，物之有品即禮之有等。「嘉會合禮」即「觀其會通，以行其典禮」。禮所以辨上下、定尊卑。乾二之坤五爲元，乾四、乾上視元之所在而次弟會之。二、五尊貴，四、上卑賤，卑從尊而不踰，賤從貴而不僭，是以合禮。乾二之坤五，四會之則坤成屯，上會之則坤成蹇，既會而成屯則通於鼎，既會而成蹇則通於睽。鼎成遯，而屯三又會於鼎上；睽成无妄，而蹇初又會於睽四，是會而通，又通而會也。（卷一、亨）

里堂引用〈文言傳〉所云「亨者嘉之會也」、「嘉會足以合禮」，配合〈繫辭傳〉所云「觀其會通，以行其典禮」，以作爲其亨爲二、五先行，而後初、四、三、上應之的證據。要之，里堂解《易》之法爲「以經解經」也。〈易傳〉既已提及亨字，則言《易經》亨字之義，當以傳中所云爲準。〈文言傳〉既謂「亨者，嘉之會也」，則亨爲「嘉之會」明矣！然「嘉之會」爲何義？〈文言傳〉又謂「嘉會足以合禮」，是所謂「嘉之會」乃「合禮」之義也。也就是說，合禮爲亨。禮者何也？〈繫辭傳〉謂「聖人有以見天下之動而觀其會通，以行其典禮」，由此可知禮之所以行者，乃由聖人觀天下之會通而來，故里堂乃謂「嘉會合禮即觀其會通，以行其典禮」也。而禮又有等級之分，猶如物之有品別之異，是以乾〈象傳〉謂「品物流行」，〈文言傳〉則謂「品物咸亨」，皆與禮之意義相同。又禮既有等，則其作用乃在辨上下、定尊卑。在《易》卦六爻中，以二、五各居下卦、上卦之中爲尊，初、四、三、上居上、下卦之外爲卑。尊先於卑，貴先於賤，此乃合於禮者也。既然合禮方可謂之亨，則在卦爻變動中，須以二、五先初、四、三、上而行方可謂之合禮，亦方可爲亨也。故里堂以二、五先行，而後初、四、三、上應之爲亨也。以乾、坤爲例，乾二之坤五而後四之坤初應之，則坤成屯。坤既成屯，而屯又通於鼎，鼎之二、五爻皆不當位，則鼎二之五而使二、五爻當位，鼎又成遯，而屯、鼎旁通，屯三、鼎上皆不當位，則屯三又之於鼎上也。乾二先之坤五而後上之坤三應之，則坤成蹇。坤既成蹇則通於睽，睽之二、五皆不當位，故睽二之五，此時，睽成无妄。而蹇與睽旁通，蹇初、睽四皆不當位，故蹇初又之於睽四。某爻之某爻爲會，如二爻之相會也。如此則是會而又通，通而又會，是故〈繫

辭傳〉謂「聖人有以見天下之動而觀其會通,以行其典禮」也。此處所謂「會通」者,乃指卦爻之變化,故不知旁通爲聖人作《易》之法者,如何可見聖人所寓之意哉?

**2、既然合禮方可爲亨,則里堂以倫理角度言《易》之用心亦明矣**

承上段所論,里堂所以謂二、五先行,而後初、四、三、上應之爲亨者,乃由於二、五兩爻居上、下二卦之中,故爲尊、爲貴;而初、四、三、上居上、下二卦之外,故爲卑、爲賤。尊者先於卑而行,貴者先於賤而動,是合於禮也,合於禮方可謂之爲亨。是以里堂乃謂二、五先行,而後初、四、三、上應之爲亨。若以表面觀之,里堂所言亨字之義,乃專以卦爻變化言,是「漢易」家路數。然若仔細探究里堂何以謂二、五先行,而後初、四、三、上應之爲亨之意,則可知其以卦爻變化言亨字之義,僅是表面意義,其眞正目的乃在說明在《易》之卦爻變化中,是蘊藏著聖人立人倫之道的用意。以義理角度言《易》者,若一味拒言卦爻變化,在里堂看來,無非是拒聖人作《易》之意於不顧也。專以卦爻變化言命理者,固無法得聖人作《易》之旨;然只以義理言《易》而不論卦爻之變化者,亦無法眞得聖人作《易》之旨也。何者?蓋《易》辭固然爲《易》,卦爻亦爲《易》也。

## (三)利

### 1、利者,變通之謂也

凡知變通者爲利,不知變通者則爲不利矣!里堂云:

> 〈繫辭傳〉贊利字最詳,既云:「變而通之以盡利。」又云:「變動以利言。」既云:「往者屈也,來者信也,屈信相感而利生焉。」又云:「情僞相感而利害生。」於益云:「益以興利。」於解上六云:「君子藏器於身,待時而動,何不利之有。」凡三引「自天祐之,吉无不利」而揭其要云:「通其變,使民不倦,神而化之,使民宜之。」《易》窮則變,變則通,通則久。(《易通釋》卷一)

里堂所引〈繫辭傳〉言利之語,皆與變通、相感有關。如:「變而通之以盡利、變動以利言、屈信相感而利生焉、情僞相感而利害生」,相感者,即變通之意,亦即旁通也。於是在里堂的釋《易》系統中,凡是利字,皆以二卦相互旁通釋之矣!而所謂「吉无不利」者,即指二卦旁通之意也。故里堂於本篇之末云:

> 總之,能變通則无不利;不能變通,無論得失存亡,皆歸於不利而

已矣！（同上）

是故里堂以旁通來釋《易》辭利字之義明矣！今舉乾、坤二卦爲例。里堂云：

> 元亨則乾成家人，坤成屯。家人上之屯三則窮，故「藏而不動」。變
> 通於解，解二之五，而後家人上之解三，所謂「待時而動」也。元
> 亨成蹇、革，革通蒙，蹇通睽，利貞而革、蹇成既濟、睽，蒙成益，
> 故「益以興利」。（同上）

在里堂釋《易》系統內，元字之義爲二之五，亨字之義爲二、五先行而後初、
四、三、上應之。一言亨，則元字之義亦在其中矣！故凡言亨者必有元之義，
既爲元亨，則乾二之坤五，而後四之坤初應之，乾成家人，坤成屯。又或爲乾
二先之坤五，而後上之坤三，則乾成革，坤成蹇。乾、坤成家人、屯，則若家
人上先之屯三，則不但不合於二卦相互旁通，其爻方可互易之法則，且三、上
不待二、五而先行，是故爲窮也。此時，若「藏而不動」，家人先旁通於解，而
解二、五爻皆不當位，故解二先之五，而後家人上之解三則爲利，亦即所謂「待
時而動」。又以乾、坤成革、蹇而言，革通於蒙，蹇通於睽，一旦利貞，則蒙二
先之五，而後革四之蒙初應之，革成既濟，蒙成益。又蹇既與睽旁通，待睽二
先之五，而後蹇初之睽四應之，則蹇成既濟，睽成益，是故傳云「益以興利」。
此處所謂之利，即指革、蹇通於蒙、睽，而後二、五又先初、四、三、上而行
之謂也。

### 2、利者，義之和也；和也者，天下之達道也

里堂以變通言利，並非專爲旁通之說而言，其乃欲藉變通爲利導出「利
者，義之和也」之義來。里堂云：

> 義者，宜也。解失道成臨，變而通於遯，則「大君之宜」，是所爲「使
> 民宜之也」。〔註7〕能變通則「夫子制義」，不能變通則「從婦而終」。
> 履失道成中孚，豫失道成小過，兩相通則「其子和之」，是所謂「義
> 之和也」。和也者，天下之達道也。仁者安仁，知者利仁。成己，仁
> 也；成物，知也。利仁乃爲知，利天下乃爲成物。（同上）

所謂義者，宜也。凡爲吾人宜做之事爲義，不宜做之事爲不義。就卦爻變化來
說，二、五先初、四、三、上而行者爲宜也。如解卦若二不先之五而初先之四，
則解卦失道而成臨也。若知變通，則臨通於遯，故臨六五爻辭爲「知臨，大君

---

〔註7〕里堂此處云：「所爲使民宜之也。」按文意而言，「所爲」應作「所謂」方是，
　　　此恐爲里堂之筆誤也。

之宜，吉」，而其〈象傳〉則爲「大君之宜，行中之謂也」。行中方得爲宜，何謂行中？二、五先行之謂也。故臨卦六五爻辭之所以謂「大君之宜」者，乃由於知變通也。臨通於遯，臨二先之五，而後三之遯上，則遯成恒也。二、五先初、四、三、上而行是爲宜，故恒卦六五爻謂之爲「夫子制義」也。若不知二、五先行之義，而以初、四、三、上先行，則爲恒卦六五〈象傳〉所謂「從婦凶也」。同一〈象傳〉，而一爲「夫子制義」，一爲「從婦凶也」，端視其是否知變通，知二、五先初、四、三、上而行，故里堂謂知變通者爲利。又以履卦爲例：履卦二不先之五，而四先之謙初，則失道而成中孚。若知變通，則中孚旁通於小過。以豫卦爲例：豫卦五不先之小畜二，而三先之小畜上，則失道而成小過。倘知變通，則又通於中孚矣！故以履、豫二卦爲例，若失道後知變通，則仍不失爲利也。是以中孚六五爻辭爲「鳴鶴在陰，其子和之，我有好爵，吾與爾靡之」，〈象傳〉爲「其子和之，中心願也」。知變通，則謂「其子和之」。何以謂「其子和之」？蓋因「中心願」也。何謂「中心願」？二、五先行也。是以知所變通，則爲「夫子制義」、「其子和之」；不知變通，則爲「從婦而終」。故里堂以爲爻辭所以謂「其子和之」者，蓋由於二、五先行之爲宜也。義既爲宜，是以其謂「是所謂義之和也」，指履、豫二卦失道後而知變通，履由中孚而通小過，豫由小過而通中孚。中孚、小過相互旁通，是爲義之和。和者，天下之達道也。里堂藉此以言利之道德意義爲義、爲和，而利之爲義、爲和，又是卦爻變化與《易》辭中早已蘊含之義矣！而里堂謂「仁者安仁，知者利仁。成己，仁也；成物，知也。利仁乃爲知，利天下乃爲成物」，全以道德哲學角度引申《易經》卦爻變化之意義。至於其所謂利者，義也、宜也，合卦爻變化言，則爲知變通於他卦之謂也。

## （四）貞

### 1、貞者，正也。合於二、五先初、四、三、上而行者爲正、爲貞也

里堂以正釋貞，則必將面臨《易》辭中所謂的「貞凶、貞吝、貞厲、不可貞」之處。既然貞之義爲正，則何以正而爲凶，正而爲吝、爲厲，又何以不可正也？凡此種種，皆爲里堂所必須解決之問題。欲爲此等問題做一解答，則必舉《易》中實例而釋之。《易》辭中稱「貞凶」者有九，分別爲師六五、隨九四、頤六三、恒初六、巽上九、節上六、中孚上九、剝初六、六二等爻辭。以恒卦初六爲例。里堂云：

> 恒初六「浚恒，貞凶」，浚謂四之初成泰。益通恒，恒二之五而益上
> 之三，此可貞也。恒先成泰，則泰二之五而益上之三，此不可貞也，
> 故貞則凶矣！經之言貞必連於利，利而貞則吉，不利而貞則凶耳。（同
> 上）

恒初六爻辭所以謂「貞凶」者，乃因其不知變通而以初、四、三、上先二五而
行之故。里堂謂浚之義為四之初，恒不知變通於益，亦不知二、五先行，而逕
以四先之初，則恒成泰。恒先成泰，再以泰二之五而後益上之三者，此為不合
於卦爻變化法則者，是以謂之為「不可貞」。何謂「不可貞」？蓋即為「不可以
此為正」之意。反之，恒與益旁通，若恒二先之五，而後益上之三，則合於卦
爻變化法則，是以謂之「可貞」，意即「可以此為正」之意。此為「可貞」與「不
可貞」之別。而恒初六所以謂「貞凶」者，亦因其以四先之初而成泰也。初、
四先二、五而行既為「不可貞」，既不可以此為正，則以此（即初、四先二、五
而行）為正者，即為凶，故謂之「貞凶」。是「貞凶」之義乃為「以此為正則凶
矣」！而不論是「不可貞」或是「貞凶」，其於卦爻變化所代表之意義皆為：初、
四、三、上先二、五而行也。是故里堂解《易》，凡遇「貞凶」，皆以初、四、
三、上先二、五而行釋之。如其於同篇中云：

> 節上六「苦節，貞凶」，「苦節」則節成需，賁成明夷，象以為不可
> 貞者也。不可貞而竟貞，此貞凶，與「巽在牀下」同。中孚上九「翰
> 音登于天，貞凶」，與頤六三「拂頤，貞凶」同。「拂頤」者，大過
> 二之頤五，而大過四之初以輔之也。斯時，大過成既濟，頤成益，
> 益不通恒而上之三成既濟，故貞凶也。「音」即「飛鳥遺之音」之「音」，
> 中孚二之小過五，而小過四之初以比之也。斯時，小過成既濟，中
> 孚成益，幹此音必以既濟通未濟為「登于天」，既濟通未濟，則益通
> 恒不變，通而益上之三，故貞凶也。（同上）

里堂以為節之「貞凶」，乃因「苦節」。何謂「苦節」？即節二不先之旅五，而
三先之旅上，節成需也。三、上先二、五而行為不可貞，故節卦卦辭云「苦節，
不可貞」。既不可以此為正而又以此為正，故謂之為凶，此為節卦上六爻辭所以
為「貞凶」之故。而頤卦六三爻辭為「拂頤，貞凶」，何謂「拂頤」？頤與大過
旁通，頤五之大過二，而後大過四之初，則大過成既濟，頤成益。此時益卦二、
五爻均已當位，應先待與其旁通之恒卦二先之五，而後益之三、上方可動，然
此時益不待恒二之五而三先之上，益成既濟。以其三、上先二、五而行為不正，

故謂之「貞凶」。中孚上九爻「貞凶」之因，乃由於中孚二之小過五，而後小過四之初，此時小過成既濟，中孚成益，皆合於卦爻變化之法則。然所謂「翰音登于天」之義乃爲：既濟通未濟，惟有既濟通於未既乃可謂爲「登于天」。既濟通於未濟，則益通恒不變，此時益三又不待二、五而先之上，則爲不正之行，故中孚上爻爲「貞凶」也。此數例可見里堂釋「貞凶」、「不可貞」時，全以初、四、三、上先二、五而行釋之矣！

由「貞凶」之義爲：以此爲正則凶；「不可貞」之義爲：不可以此爲正。知里堂以貞爲正之義，在面對《易》辭所謂「貞凶」、「貞吝」、「貞厲」、「不可貞」等辭句時，並無不可解通之處，而吝與厲之義，將於後文釋之，此處暫不論述。

### 2、經之言貞必連於利，利而貞則吉，不利而貞則凶

里堂將全《易》之辭作一統計後，發現《易經》凡言貞字，必連利字而言之，如屯、蒙、隨、臨、无妄、大畜、恒、離、大壯、損、萃、小過、中孚、渙、兌、漸、革皆稱「利貞」，坤用六「利永貞」，家人象、觀六二「利女貞」，屯初九「利居貞」，明夷象、大畜九三、噬嗑九四「利艱貞」，同人卦辭「利君子貞」，坤卦辭「利牝馬之貞」，歸妹九二「利幽人之貞」，巽初六「利武人之貞」，升上六「利于不息之貞」，遯、既濟卦辭「小利貞」。這些例子顯然並非已包含了全《易》出現貞字之辭句。例如：賁九三爲「永貞吉」、謙六二爲「鳴謙，貞吉」等，此皆貞字不與利字相連而出現者，故里堂「經之言貞必連於利」，實與《易》辭有出入也。然里堂何以如此言之？蓋其欲藉利與貞相連出現的現象，說明利字之義既爲變通，則吾人若欲得正，則必知變通之意，否則，不可爲正也。故其於「經之言貞必連於利」之後乃謂「利而貞則吉；不利而貞則凶」。「利而貞則吉」意謂：以變通爲正則爲吉；「不利而貞則凶」意謂：以不變通爲正者則爲凶。如此觀之，則知里堂所以將利貞連而言之之意矣！〔註8〕

〔註8〕若將里堂在其《易》學中所賦予元、亨、利、貞四字之意義做一綜合分析，可發現此四字在《易》中所代表之意義實爲一貫者。蓋元爲二之五，亨爲二之五，而後初、四、三、上應之，利爲旁通，貞則爲合乎上述三者所成之法者。是以言亨者必含元，而利、貞必連而言之也。故論里堂《易》學元、亨、利、貞之義時，應一以貫之的來看，這樣方能顯示出里堂論《易》之一貫性與系統性。牟宗三先生於《周易的自然哲學與道德函義・清焦循的道德哲學之易學》中，綜合元、亨、利、貞四字在里堂《易》學系統中

## （五）悔

里堂於《易通釋・卷二・悔》開頭即云：

> 循按《易》爻稱悔者二、有悔四、悔亡十八、无悔七，而象辭止革
> 一卦稱悔亡。

可知《易》辭論及悔字有四種情形，一是獨稱悔者，二爲有悔，三爲悔亡，
四爲无悔。然而不論是有悔也罷，无悔也罷，欲知其所蘊含之意義，則必須
先知悔字於《易》中所代表的意義爲何？

### 1、悔者，兩卦經卦爻變化之後而成兩既濟卦時則悔之也

里堂云：

> 總之，悔者，悔其成兩既濟。初、四從二、五，則悔在三、上；三、
> 上從二、五，則悔在初、四；初、四、三、上先二、五而行致成需、
> 明夷，則悔在二、五。悔則不成兩既濟而元吉矣！（《易通釋・卷二・
> 悔》）

由此可知，在里堂的《易》學系統中，所謂悔，其代表的意義爲：凡是某兩
卦經卦爻變化後形成了兩既濟則爲悔。而所謂的卦爻變化，即里堂旁通二法
則之「初與四應，二與五應，三與上應，而二、五先行則爲吉」。此時，若加

---

的含意云：「以上元亨利貞乃四個道德理想底標準範疇，這是終極目的，能
元亨利貞即能旁通、時行、而相錯，也即是保合太和而情通，是謂自我之
實現，亦即社會之實現，亦即『成己成物』、『各正性命』之謂。」（頁281）
牟先生此處所綜合元、亨、利、貞之義，乃專就里堂論此四字時所賦予的
道德函義而言，亦即里堂論利字時所云之「貞僅能成己，必利而及物，然
後各正性命，保合太和，由始而終，元亨貞也。不俟終，舍而有始，變而
通之以盡利也。」（《易學三書》，頁62）利之所以可以成物者，乃因其於卦
爻變化中所代表之意義爲變通也。既爲變通於他卦方可爲利，則利字含有
成物之意亦已明矣！而由於貞僅有正之義，若不與利連而言之，則僅可正
己而無法成物，此與聖人爲世人作《易》之旨不合也，故貞必與利連而言
之，方可由正己而及於物也，也就是所謂「推己及人」。故牟先生以此四字
爲里堂《易》學中之「道德理想底標準範疇」，而因此四字中有成己成物之
思想，故牟先生又謂其爲「自我之實現，社會之實現」也。由此觀之，里
堂乃是將卦爻之變化與《易》辭中所蘊含義理融而言之，其欲使此二者合
而爲一之意亦已明矣！故謂里堂爲「漢易」者固爲非，若以里堂之《易》
乃專論義理者，亦爲不眞也。要之，里堂之《易》學乃欲融合卦爻變化與
《易》辭，以藉此而求得聖人作《易》之旨者也。而所謂「漢易」、「宋易」
者，在里堂看來，皆可被視爲聖人之《易》的某一面，合之則兩益，分之
則兩害。論里堂之《易》，應有此等認識，也唯有如此，方可知里堂何以既
非荀、虞卦變、納甲之說，亦不以王弼掃象爲是之因也。

上悔字之義，則凡由二、五先行而初、四應之成兩既濟時，此二卦之悔在三、上；凡由二、五先行而三、上應之成兩既濟時，則此二卦之悔在初、四；又凡初、四、三、上先二、五而行而成兩既濟時，則此二卦之悔在二、五。此時，有人或許會問：既然旁通法則說二、五先初、四、三、上而行者爲吉，則在此處何以反謂二、五先初、四、三、上而行成兩既濟爲悔呢？這不是自相矛盾嗎？吾人當知里堂所謂的吉與所謂的悔並無相反之意，一般以爲凡是有悔者，則必是其行爲非方爲有悔，否則，又何悔之有？然而在里堂《易》學系統中，所謂的悔並非一價值判斷，反而是一助人趨吉之契機，悔之義既爲「悔其成兩既濟」，既知悔，則變而通於他卦，此時一經變通，則爲利、爲貞，又何悔之有呢？故二、五先行固爲時行、爲吉，然若變成兩既濟時，亦可藉由悔而變通於他卦，則又復爲吉矣！是以悔與吉，並非兩個相反的價值判斷。吉之價值固爲正面，而悔則爲趨向於正面的動力，如此理解方更切合里堂《易》學系統中悔字所代表的意義。

**2、悔亡者，謂改悔不成兩既濟也**

　　《易》中稱悔亡者有十八處，吾人無法一一論之，此處僅舉數例言之，其他各爻凡稱悔亡者，皆可以此例之。里堂云：

> 象辭僅革一卦稱悔亡，繫辭於元、亨、利、貞之下。傳云：「革而當，其悔乃亡。」九四發明其義云：「悔亡，有孚，改命，吉。」改命者，變通於蒙也。乾上九「亢龍有悔」，〈文言傳〉云：「亢之爲言也，知進而不知退，知存而不知亡，知得而不知喪。」亢而能悔則知亡矣！故爲悔亡。亢龍謂乾成家人，坤成屯。家人上之屯三則成兩既濟，革四之蹇初，與家人上之屯三同。革四不之蹇初而改命於蒙，與家人上不之屯三而改命於解同。經於革四稱悔亡，謂改悔不成兩既濟也。革悔而通於蒙，蹇則悔而通於睽，睽初九、六五兩言悔亡，革與蹇不可貞，故貞吉由於悔亡。（同上）

在《易經》卦辭中，僅有革卦「巳日乃孚，元、亨、利、貞，悔亡」有「悔亡」二字出現，其他各卦卦辭皆未嘗見之。何以革卦卦辭會於元、亨、利、貞下繫以「悔亡」呢？里堂以爲由革卦九四爻辭可見端倪。革卦九四爻辭爲「悔亡，有孚，改命，吉」，由此可知，革卦之所以「悔亡」者，乃由於「有孚」及「改命」也。何謂「有孚」？在里堂的《易》學系統中，「有孚」之意即旁通他卦。何謂「改命」？「改命」之意亦爲旁通於他卦。因此，悔之所

以亡者，乃由於知所變通也。故里堂謂「改命者，變通於蒙也」。依旁通原則，革與蒙旁通，是以革卦之「悔亡」乃由於其變通於蒙。乾上九爻辭「亢龍有悔」，亢龍何以有悔呢？蓋亢之義為「知進而不知退，知存而不知亡，知得而不知喪」，若有所悔，則便「知退、知亡、知喪」矣！何謂「亢龍」？「亢龍」者，指乾二之坤五，而後四之坤初，乾成家人，坤成屯。此時，家人六爻僅上爻不當位，而家人與解旁通，故若以家人旁通於解，待解二先之五，而後家人上之解三應之，則為時行，為當位，為吉。然「亢龍」者，意謂知進而不知退、知存而不知亡，故家人只知進而不待與解旁通，便直接以其不當位之上爻通於坤卦所變成之屯卦三爻，如此，則成兩既濟而悔也。就革卦而言，乾二先之坤五，而後上之坤三，則乾成革，坤成蹇。而革與蒙旁通，此時革卦僅第四爻不當位，應先旁通於蒙，待蒙二先之五，而後革四之蒙初應之。然革若不待蒙二之五，而逕以四之蹇初，則又成兩既濟卦，與家人上之屯三情形相同。是以《易》於革九四稱「悔亡」，於乾上九稱「有悔」。由此可知，《易》辭中稱「悔亡」者，其義與稱「有悔」者相同。故革悔其四之蹇初而成兩既濟，一變而通於蒙，蹇亦悔而通於睽，故可於睽卦初九、六五之爻辭中見到「悔亡」二字。何謂「革與蹇不可貞」呢？由上文論貞字中，知在里堂的《易》學系統裏，貞字必與利字合而言之方可為吉。利者，變通之謂；利而貞則為以變通為正之行也。故里堂所謂「革與蹇不可貞」者，即意謂革與蹇不可旁通。是以蹇卦卦辭所謂的「貞吉」，乃是由睽卦初九、六五兩爻爻辭中的「悔亡」而來也。

　　由以上所言可知，《易》辭中凡稱「悔亡」、「有悔」者，其義皆為二卦因知所改悔，變通於他卦，而不致成兩既濟卦之意。既知「有悔」之義，則「无悔」之義明矣！何謂「无悔」？蓋「有悔」既為卦爻因變化而成兩既濟時悔之之義，則所謂「无悔」者，即為兩卦經卦爻變化而不致成兩既濟也。不成兩既濟，是以「无悔」。故里堂云：

　　　　有悔之義明，則无悔之義明。上之三成兩既濟則有悔，上之三不致
　　　　成兩既濟則无悔。（同上）

是以吾人亦可謂「初之四成兩既濟則有悔，不成兩既濟則无悔」也。要之，成兩既濟則六爻皆定，已不可變通，故為「有悔」；不成兩既濟，則卦爻尚可變動，是以為「无悔」也。

　　（六）吝

## 1、吝者，謂不能即合於道，由艱難困殆而後始合於道者也

里堂云：

> 循按：悔者，有因盈而悔，有因消而悔。因消而悔者謂之吝。吝，《說
> 文》作遴，難行也。不能即合於道，由艱難困殆而後得也。〈繫辭傳〉
> 云：「愛惡相攻而吉凶生，遠近相取而悔吝生，情僞相感而利害生。」
> 凡易之情近而不相得則凶，或害之，悔且吝，情實也；僞反乎情，
> 無實也。變而通之爲利，反乎利則爲害，遠近猶言先後緩急。易之
> 謂變而通之，屯易而爲鼎，革易而爲蒙是也。既易，則宜以二之五
> 使有實，故云：「情近、情宜」。近謂二交五不可緩也，情近則相得，
> 而不相得，則是二不之五，而初、四、三、上先行，故凶。何以凶？
> 或害之也。或則不孚，害則不利，如比易爲大有，大有二不之五而
> 上之比三是也。既至於害則情不近，雖能改悔，而且不免於吝，改
> 云「悔且吝」，此悔字屬於吝。蓋近以相取則無悔無吝，遠以相取則
> 悔而且吝，傳之言吝可謂詳矣！（《易通釋・卷二・吝》）

在里堂《易》學系統中，吝與悔是相提並論的。悔者，有因盈而悔，有因消而
悔。何謂因盈而悔呢？在卦爻變化上，即爲二、五先行，而後初、四、三、上
應之而成兩既濟卦者。此類在卦爻變化上，雖合於旁通法則，但由於最終形成
了兩既濟卦，故仍爲悔。何謂因消而悔者呢？即爲初、四、三、上先二、五而
行，以致形成兩既濟卦者。此類卦爻變化，不合乎旁通法則，故謂之因消而悔。
在里堂看來，《易》辭中所謂的吝，其義即爲因消而悔者。兩卦因不合於二、五
先初、四、三、上而行之法則，導致其最後變成兩既濟卦的情況即爲吝，此時
不合於道。然若能知所變通，旁通於他卦，則仍能合於道也。故里堂謂之爲「不
能即合於道，由艱難困殆而後得也」。〈繫辭傳〉以「遠近相取而悔吝生」言吝
字之義，則所謂「遠近相取」之義爲何？在里堂看來，遠近猶言先後緩急也，
故〈繫辭傳〉又謂「凡易之情近而不相得爲凶」，易之者，變通之謂也。如屯易
而通爲鼎，革易而通爲蒙。二卦既已旁通，則旁通之後，仍須以二先之五也。
二、五居上、下卦之中，故二先之五爲「有實」。如鼎九二爻辭謂「鼎有實」是
也。是故「情近」乃謂二交於五不可緩，一緩，則初、四、三、上先行，則爲
無實矣！初、四、三、上先二、五而行，不合於旁通法則，故〈繫辭傳〉乃謂
「易之情近而不相得則凶」。「不相得」者，謂二不先之五。二不先之五而初、
四、三、上先行，故凶。又〈繫辭傳〉於「凡易之情近而不相得則凶」後，接

著又謂「或害之，悔且吝」。何謂「或害之，悔且吝」呢？此又再次說明上文之「凶」也。「或」者，有疑也，故里堂謂爲「不孚」。孚者，信也，不孚則不信也，不信又如何能旁通於他卦呢？不能旁通於他卦以致於有害，害則不利，利之義爲旁通，故不利即爲不知變通也。如比本旁通於大有，然大有二不先之五，上卻先之比三，如此則爲「易之情近而不相得」也。既至於害，則情不近，即二不先之五也。此時雖能改悔，然亦不免於吝矣！故爲「悔且吝」也。是以吝字之意爲：不能即合於道，由艱難困殆而後始合於道也。合於道即爲元、亨、利、貞也。是以里堂乃謂「近以相取則無悔無吝，遠以相取則悔且吝」。近者，謂二、五先行。不以二、五先行，反以初、四、三、上先行者爲遠。雖爲遠而不合於道，然若知悔而變通於他卦，則雖經許多磨難困殆，最終亦合乎道，此謂之吝也。

### 2、悔吝者，原不能元亨利貞，由變而通之以歸乎元亨利貞者也

吝既爲「因消而悔」，吾人若將悔吝之義合而觀之，則所謂悔，所謂吝，其義均爲：由不合於道而至合於卦爻變化之道者也。故里堂云：

> 惟明乎元亨利貞而後明乎悔吝。悔吝者，不能元亨利貞，而變而通之，以歸乎元亨利貞者也。能悔吝則不致有大過，故震无咎者存乎悔。悔吝者，言乎其小疵也。（同上）

前文中既已解釋元亨利貞於卦爻變化中所代表的意義，可知凡合於旁通法則而行者，爲元亨利貞，爲合於道。而所謂的悔吝，則謂某卦在其卦爻變化的過程中，雖有不合於旁通法則者，然而當其一不合於旁通法則，便知變通以合乎旁通法則，則此間雖有艱難困殆，最終仍能合乎旁通，是以能將其原本不爲元亨利貞，不合於道的情形，改而變爲元亨利貞，爲合於道者也。故悔吝者，雖有小疵，亦不掩其最終之元亨利貞。言悔吝者，特以明其變爲元亨利貞的過程中所犯的過錯也。若以人事推之，則亦合於里堂所謂「《易》之爲書也，聖人教人遷善改過」〔註9〕之語。蓋所謂由悔吝而至於元亨利貞者，即如謂人只要知道改過，則不論從前所做之事如何，皆可復爲君子矣！此猶如佛家所謂「放下屠刀，立地成佛」之意。是以里堂《易》學由表面觀之，只見卦爻變化之法，似近「漢易」路數，殊不知其所以言卦爻變化者，乃爲說明人倫道德也。

---

〔註9〕此語見於廣文書局所印行之《易學三書》中，頁96。

　　由此可知，悔吝皆非終極之價值判斷，實乃《易》卦變化過程耳。是以不論其行爲悔、爲吝，只要一知變通，則皆可合於道也。猶如人事之判斷，不應以一事之成敗而論其是否爲英雄，只要知道更改過錯，則人人皆可爲君子矣！〔註10〕

## （七）吉、凶

### 1、元亨利則吉，不元亨利則凶

　　《易》之吉凶該如何判斷呢？在里堂看來，所謂的吉與凶，端視其卦爻變化是否符合於元亨利之條件，符合則吉，不符合則凶。里堂云：

> 傳云：「吉凶者，失得之象也。」元亨利則得，不元亨利則失，故元
> 亨利則吉，而貞則有吉有凶。（《易通釋・卷二・吉凶》）

里堂依〈繫辭傳〉所云「吉凶者，失得之象也」爲基礎，以爲所謂的吉是得，凶是失，得字之義於《易》辭中乃相當於元亨利也。元者，二之五；亨者，二先之五而後初、四、三、上應之；利者，變通之謂也。故所謂得，乃意謂此處之卦爻變化完全符合旁通法則也。凡卦爻變化符合旁通法則，且又知所變通者，其於《易》中必爲吉，故謂「元亨利則得、元亨利則吉」。既然合於元亨利者爲吉，則不合於元亨利者爲凶之義亦明矣！而貞之所以有吉有凶者，吾人已於論貞字之文中詳言矣！蓋貞字之義雖爲正，然某卦爻之所以爲貞凶者，乃因其卦爻變化並不合於元亨利之法則，而又以此不合於元亨利之法爲正，則是以不正之行爲正，其爲凶無疑，故謂之貞凶。貞凶之義明，則貞吉之義亦明矣！貞吉者，以合於元亨利之法則而行之卦爻變化爲正，此爲吉，故謂之貞吉。是以〈繫辭傳〉謂「辨吉凶者存乎辭」，又謂「聖人有以見天下之動而觀其會通，以行其典禮，繫辭焉以斷其吉凶」，又謂「繫辭焉而命之，動在其中矣！吉凶悔吝者，生乎動者也」。吉凶二字可見於《易》之卦爻辭中，然聖人之所以於《易》辭中繫以吉凶者，乃由於觀天下之會通而來，故「吉凶悔吝者，生乎動者也」。動者即指卦爻之變化也。故吉凶二字雖見於

---

〔註10〕里堂於《易通釋》卷二，頁96中云：「《易》之爲書也，聖人教人遷善改過，故吉多於凶，悔吝亦吉也，是吉處其三而凶處其一。説者以悔吝爲凶，非也。」由此可知，里堂並不以爲悔吝含有吉凶判斷之成份，相反的，他認爲悔吝之義仍可視之爲吉也，故謂「吉處其三而凶處其一」。里堂何以認爲悔吝亦可列入吉之行列中呢？蓋所以謂悔、謂吝者，皆有警惕作用。人步入錯誤時，若及時受到警惕而心生悔改，其邁向成功之路雖較一般艱辛，雖不免爲吝，然最終亦可至於成功，是以里堂視悔吝爲吉也。

卦爻辭，但其所以吉、所以凶之因，則藏於卦爻變化中矣！由此可知，《易》中所謂吉凶，全在卦爻變化是否合於元亨利之原則，元亨利則吉，不元亨利則凶矣！

### 2、《易》之為書，聖人教人改過遷善者也。故《易》中言吉之處多於言凶之處

里堂綜全《易》所出現吉凶，發現《易》中言吉者遠多於言凶者，更由此見聖人作《易》之意乃在教人改過遷善也。里堂云：

> 三百八十四爻，言凶者僅五十七，言吉者一百四十四，蓋人性皆善，失可變而為得。始雖凶，一經悔吝，凶仍化而為吉。《易》之為書也，聖人教人遷善改過，故吉多於凶，悔吝亦吉也，是吉處其三，而凶處其一，說者以悔吝為凶，非也。（同上）

里堂以為《易》中之辭所以吉多於凶者，乃是聖人以為人性皆善，是以若有過失，一經改悔，則失可復而為得，凶可變而為吉矣！既然一經改悔則凶可化吉，失可復得，則《易》為聖人教人改過遷善之書亦已明矣！舉例來說，復上六爻辭為「迷復，凶，有災眚。」里堂謂其所以為凶者，乃由於成明夷。復如何成明夷呢？乃由於復五未之姤二，而三先之姤上矣！此時復之卦爻變化不合於旁通二、五先行法則，亦即不為元亨利也。故里堂謂復上六之所以為凶者，乃由於其成明夷矣！又如明夷六爻不言凶，而六二言吉，九三言得，六五言利，里堂皆以為其因乃在於明夷知所變通而旁通於訟，知所變通則吉矣！故訟九五亦言「元吉」，初六、六三言「終吉」，九四言「安貞吉」，九二言「无眚」，此可互見明夷與訟之由於旁通而六爻皆不為凶矣！故里堂云：

> 是凶至於成明夷，一經悔吝，即化為吉也。（同上）

凡卦之吉凶皆寓於其卦爻變動之中，初雖不合於旁通法則而為凶，但亦可經由知所變通復而為吉。如此說來，《易》中是否便無凶之終極判斷了呢？是不是所有的凶都可化而為吉呢？里堂以為《易》中之凶除了一種情形之外，皆可經由變通而化為吉矣！是什麼情況無法再變而為吉呢？里堂云：

> 《易》雖言凶，必言其變通以復於吉，惟成兩既濟則為終凶、為貞凶，乃不可救藥，所謂終止則亂也。（同上）

其以為凡是兩卦經卦爻變化而為兩既濟卦者，則不可再變而為吉，亦即所謂「終凶」矣！「終凶」者，乃里堂所下之終極判斷。何以成兩既濟卦則為終凶，無法再經由變通而復為吉呢？蓋《易》之卦爻變化，凡兩卦經相互變化

之後，最終卻成兩既濟卦者，皆是經過失道而又失道方可成也。既失道而知悔，則雖爲吝，而其終仍不失爲吉。然若一再失道又屢勸不聽，而終至於變成兩既濟卦（兩既濟卦六爻皆已定，不可再相互變化），則其不知變通改悔亦已明矣！故謂之爲「終凶」。譬之人事，猶如一人爲非做歹，而又屢勸不聽，至死仍不知悔改，則其如何可能爲吉呢？是以里堂謂成兩既濟者爲終凶矣！

### （八）厲、无咎

在里堂的釋《易》系統中，厲與无咎是相爲表裏的，是以釋厲字之義必言及无咎，釋无咎之義亦必言及厲，故將厲與无咎並置一處而言。〔註11〕

#### 1、厲者危也，知危而改悔則爲无咎矣

里堂以厲字之義爲危，既爲危，則仍爲一正在發展中的狀態，尚未可給予任何終極判斷，則厲於《易》中之作用相當於悔吝之作用也。里堂云：

> 夬象「孚號有厲」，傳云：「孚號有厲，其危乃光也。」厲之訓危，於此可見。總全《易》而通之，厲與无咎相表裏，未悔吝則厲，既悔吝則无咎。一則因滿盈而危，滿盈而能變通則悔終吉；一則因傷害而危，傷害而能變通則吝无咎。知其危而悔而吝，由悔吝而无咎，此其大略也。（《易通釋・卷二・厲》）

里堂所以訓厲爲危，乃因夬卦卦辭爲「孚號有厲」，而夬〈象傳〉乃以「孚號有厲，其危乃光也」訓之，由此可見，厲之義訓爲危也。而當里堂將全《易》所出現過的厲字作一分析時，發現厲與无咎在《易》中乃爲表裏之辭。其以爲某卦因卦爻變化未能合於旁通法則，而又不知悔吝時，則便是《易》中所謂的厲了。在人事上來說，此時已處於危險的狀態了。如果此時能知悔改，不致變成兩既濟，則仍不爲凶，故謂之无咎。而所謂的危又有兩種分別，一爲因滿盈而危者，一爲因傷害而危者。所謂因滿盈而危，在卦爻的變化上，乃指當位而危者也。當位何以有危？因其當位後即不知變通也，此即〈繫辭傳〉所謂「危者，安其位者也。……故君子安而不忘危」，是以雖當位，然若不知變通則仍爲危。而所謂因傷害而危者，乃指失道而危者。當位而危者，若知悔改而變通於他卦，則由悔而至於終吉；失道而危者，雖已失道，若知

---

〔註11〕里堂於《易通釋》卷二，頁97云：「總全《易》而通之，厲與无咎相表裏。」又於頁125云：「統而測之，无咎與厲相表裏。」

改悔而變通於他卦，則雖吝而无咎。是以屬在《易》中角色，相當於悔吝的角色。此三者皆有警惕作用，爲《易》描述其變化過程狀態用語，皆有助人趨於吉而避於凶之作用。舉實例而言之，里堂云：

> 乾上之坤三成夬，與艮上之兌三同。兌九五「孚于剝，有厲」，即夬之「孚號有厲」，兌成夬，故「有厲」，因其厲而孚于剝，是爲「孚號」。厲而能孚則不厲，故傳云：「其危乃光也。」先言孚，後言有厲，《易》辭每用倒裝，若云：所以孚于剝者，以其有厲也。夬、剝相錯爲大畜、萃，萃初六「若號」，猶夬之「號」；大畜初九「有厲」，猶夬之「有厲」。夬以艮上之兌三而「號」，大畜以鼎四之初而「號」。夬「有厲」，以孚于剝而光；大畜「有厲」，以孚于萃而利。經稱「有厲」者三，其相貫如此。（同上）

夬卦卦辭爲「孚號有厲」，則以夬卦爲中心而論之。首先夬之所以「有厲」者，必因他卦之行不合於旁通法則而來也。在里堂《易》學系統中，各卦皆來自八卦，由八卦之卦爻變化來看，夬之「有厲」可由兩種情形而來：一由乾上先之坤三，不待二、五而先行，此時乾成夬矣！一由艮上先之兌三，不待二、五而先行，此時兌成夬矣！此二者之卦爻變化皆未能合於旁通法則，故夬卦卦辭云「有厲」也。然而，若夬卦知其危而悔，旁通於剝卦，其危乃解，是以傳謂「其危乃光」，此乃兌九五所以言「孚于剝，有厲」也。既孚於剝，則初雖有厲而終爲无咎。夬卦卦辭之「孚號」，其義亦同於兌九五之「孚于剝」。夬、剝二卦相錯則爲大畜、萃，萃初六爻辭有「若號」，此猶夬卦卦辭之「號」。大畜初九爻辭有「有厲」，則又如同夬卦卦辭之「有厲」。夬卦之所以「號」者，以其爲艮上先之兌三，不待二、五而先行；大畜之所以「號」者，以其爲鼎四先之初，不待五之二而來。夬之「光」，乃因其孚于剝；大畜之「利」，以其孚于萃而利。如此看來，《易》辭凡所言相同者，皆應貫通來看，若不知通貫而言，則無法得《易》辭之奧妙，亦無由知聖人作《易》一貫之旨也。

這裏，里堂又提出其論《易》的一項發現，即爲「《易》辭每用倒裝」之觀念。這一觀念在里堂《易》學系統中是極爲重要的，以此處之例言，里堂以爲兌九五爻辭所以言「孚于剝，有厲」者，乃是《易》辭用倒裝語法，其意爲「所以孚于剝者，以其有厲也」，翻成今日之語則爲：夬卦之所以會知道和剝卦相互旁通，乃因其知目前已處於危險狀態。若不以倒裝語法解釋，則既孚于剝，又何以有厲？是里堂由此見《易》辭有用倒裝語法者也。此爲極

重要之發現，若不知《易》辭每用倒裝，則許多卦爻辭將無法順利釋之，亦可能因此而生出許多曲解來。

### 2、貞厲者，為盈之危也，非指成既濟、益，即指成既濟、咸

由上文論貞字，已知貞之義為正，則正又何以為厲？所謂「貞厲」，其義究竟為何？里堂云：

> 夬孚於剝則謙孚於履，謙舍夬而通履，故云「夬履」。夬二之謙五，四之謙初，則成兩既濟，為「貞凶」。履二之謙五，四之謙初，在謙則貞，在履則成益，益上之三為家人上之屯三之比例，故云「貞厲」。一成屯，一成家人，厲而不貞；兩卦皆成既濟，貞凶而不止於厲；一成既濟，一成益，則貞而厲也。履二之謙五，四之謙初，則「貞厲」；夬二之剝五，四之剝初，則亦「貞厲」。（同上）

依旁通原則，夬與剝六爻全異，謙與履亦六爻全異，故夬與剝、謙與履旁通矣！夬既不與謙旁通，則夬二之謙五，四之謙初為不正已可知矣！若依此變化，則此二卦成兩既濟，是其為貞凶明矣！謙與履旁通，履二之謙五，四之謙初，則其行合於旁通法則，故就謙而言，其行為正、為貞。謙成既濟，履成益，此時益之三、上兩爻尚未當位，故益上又之三而成濟既。益上之三正好為家人上之屯三之比例，此時家人、屯皆成既濟卦，故互為比例。然家人並不與屯旁通，是以家人上之屯三不合於旁通法則，其行不正，是益上之三或家人上之屯三之行為危，故謂之「貞厲」，而依此處之卦爻變化，以履二之謙五，四之謙初言，履成益，謙成既濟，而其行為二、五先初、四而行，合於旁通法則。若益上不待恒二之五而先之三，則不合乎旁通法則，是為當位而不知變通者，故謂之為厲。是以里堂乃云：

> 凡經稱「貞厲」者八，非指成既濟、益，即指成既濟、咸，而為盈之危如是。（同上）

所以為盈者，以履、謙之行合於旁通法則；所以為危者，乃因益上先恒二之五而之三，故為「盈之危」。以此例之其他各處言「貞厲」者，則可得其卦爻變化後，非成既濟、益，即成既濟、咸，皆合於里堂之說也。〔註12〕

### 3、无咎者，善補過也，知其過在此而變通以補之

咎者，過也。然咎字在里堂《易》學系統中，所代表的還有什麼意義？

---

〔註12〕里堂於《易學三書》，頁99～103已將《易》中所有出現「貞厲」情形詳言之，讀者可參看。

里堂云：

〈繫辭傳〉云：「二與四同功而異位，其善不同。二多譽，四多懼。近也，柔之爲道，不利遠者，其要无咎，其用柔中也。」遠近猶云緩急，俱指二言。二急之於五而四不先行則利，二緩之於五而四先行則不利，二先之五而四從之，固无咎矣！乃上又之三則仍有咎。要者，約也，謂上之三也。二之五而四從之，其上之三得无咎者，能變通以剛中易爲柔中故也。故云：「其要无咎，其用柔中。」又申言之云：「危者使平，易者使傾，其道甚大，百物不廢，懼以終始，其要无咎，此之謂《易》之道也。」「用柔中」即「易」也；「要」即「傾」也；懼而後要則終而有始，故无咎也；有始而後有終，即「易者使傾」也。傳云：「震无咎者存乎悔。」又云：「无咎者，善補過也。」善補過所以存乎悔，明乎何以爲過？何以爲悔？則所以「存乎悔」，所以「善補過」，可得而知也。(《易通釋·卷二·无咎》)

在傳統經學中，傳本就被視爲解經的一項重要依據，經之言而不明者，可藉傳所言明之。里堂面對《易經》時，其視《易》之經與傳乃爲一體者，其原因乃爲經傳皆爲聖人所作，皆有聖人一貫之旨在其中，此爲里堂論《易》基本觀念。此處，當里堂要解釋《易》中「无咎」之義時，亦藉〈易傳〉以言之。其以爲〈繫辭傳〉所謂「遠近」其義即爲「緩急」，皆指卦之第二爻言。在里堂旁通原則中，二、五本須先初、四、三、上行方爲正，故二急之五則吉，二緩之五而初、四、三、上先行則爲不吉。然二先之五，而後初、四從之固爲无咎，若此時三又之上，則仍爲有咎矣！蓋二、五先行，或初、四應之，或三、上應之，此謂之正行。若二、五先行，而後初、四、三、上皆隨之而行，則不合於旁通原則，故謂「上又之三則仍有咎」。而〈繫辭傳〉中謂「其要无咎」者，明指其所以爲无咎者，乃因「要」也。「要」者，里堂以約字釋之。在《易》之卦爻變化中，乃指上之三也。二、五先行，初即已之四，而後上又之三仍得爲无咎者，其因乃爲知變通也。本卦二、五既已先行，則二、五爻已得位，此時若知變通，則是又變爲二、五爻尚未得位之卦，若三、上待旁通卦之二、五爻先行，而後再行，則可爲无咎，是以〈繫辭傳〉乃謂「其要无咎，其用柔中」也。意即里堂所謂「以剛中易爲柔中」也。〈繫辭傳〉又謂「震无咎者存乎悔」及「无咎者，善補過也」，則某卦爻之所以无咎者，乃因其知改悔。知改悔則變通於他卦以補此過，故謂「无咎者，善補過也」，

是以里堂乃云：

> 咎即過也，知其過在此而變通以補之，凡元亨利貞吉悔吝皆視乎此。
>
> （同上）

凡知其過而能變通者，是爲元亨利貞吉悔吝而不爲凶矣！是以若明某卦爻之何以爲悔？何以爲過？並以其餘者補其不足，只要不成兩既濟，則其終可爲无咎亦明矣！故里堂於論无咎之最後云：

> 咎在三、上之先行，則以三、上之未行者補之；咎在初、四之先行，
>
> 則以初、四之未行者補之；盈則以虧之者補之；害則以補之者補之。
>
> 傳於三、五言危，於二、四言无咎者，互辭耳。（同上）

此即吾人所謂以其餘補其所不足之謂也。〔註13〕

## 二、《周易》卦爻變化之幾個關鍵字

里堂《易通釋》前二卷先論「文王十二字教」，此十二字或作爲終極善惡之判斷，如吉、凶、无咎；或作爲卦爻變化過程之警惕，如悔、吝、厲；或指卦爻之行之正，如元、亨、利、貞。前者固爲終極之價值判斷，而後二者亦皆指涉卦爻變化時好壞之判斷。里堂所以必論及此者，乃與其論《易》之基本觀念有關。里堂確認《易》爲聖人之作，伏羲所以畫卦，乃欲百姓知人倫之道；文王所以繫卦辭，周公所以繫爻辭，孔子所以作〈十翼〉，皆在於懼伏羲畫卦之意因年代久遠而漸不爲人所知，故先後起而言《易》、注《易》。是里堂以爲《易》所寓聖人之意乃爲道德之意涵亦已明矣！而所謂道德與否乃涉及價值判斷，其所涉者爲應然問題，非實然問題。里堂所謂的「文王十二字教」，正是《易》辭中最明顯含有價值判斷意味之十二字，故其論《易》必先釋「文王十二字教」

---

〔註13〕里堂此處所謂「傳於三、五言危，於二、四言无咎者」，乃指〈繫辭傳〉所云「二與四同功而異位，其善不同，二多譽，四多懼，近也。柔之爲道，不利遠者，其要无咎，其用柔中也。三與五同功而異位，三多凶，五多功，貴賤之等也。其柔危，其剛勝邪？」一段。本段中，言二與四爻時，以「柔之爲道」爲「其要无咎」，而言三、與五爻時卻以「其柔危」言之，同爲柔，何以二與四爻爲无咎，三與五爻爲危呢？里堂不以爻之當位與否論之，若以爻之當不當位而論，則二、四爲陰位，陰本爲柔，故爲无咎；三、五爲陽位，本應爲剛，今爲柔，則爲危也。而里堂卻更進一步的以動態方式解釋之，他以爲〈繫辭傳〉之所以言三、五之柔爲危，二、四之柔爲无咎者，乃是互辭之故也，是聖人欲吾人明若知危而悔則仍可以爲无咎也。倘已危而猶不知改悔，則成兩既濟而終凶矣！是以里堂乃謂「傳於三、五言危，於二、四言无咎者，互辭耳。」

也。此亦爲牟宗三先生特以「道德哲學」的角度論述里堂《易》學之故。

里堂爲了進一步證明其論《易》之法及觀念可運諸全《易》而無所滯礙，遂進而以《易》辭中與卦爻變化有密切關係之字爲所釋重點，並置於「文王十二字教」之後，此即本節所欲討論之問題。

## （一）交、遇、易

### 1、交者，遇也，指二之五也

在里堂的《易》學系統中，《易》中的交字、遇字，皆指二之五也。此二者在《易通釋》中，雖分別放在卷三和卷六，然實應將此二字置於一處討論，方得以知此二字在里堂釋《易》系統中的涵義。里堂云：

> 易與交義同而有異。交者，二、五相交，如乾二之坤五，歸妹二之五是也。（《易通釋·卷三·易》）

由此可知里堂以交爲二、五相交，凡《易》辭出現交字，皆爲二、五相交之義。里堂又云：

> 循按〈繫辭傳〉贊易上九云：「君子安其身而後動，易其心而後語，定其交而後求。」〔註14〕又云：「无交而求則民不與也。」損二之五成益，則易而通於恒。恒二交於五成咸，益上乃可求之。無交則恒二不之五，而益上遽求於三，所謂「立心勿恒，凶也」。益五本剛，易其心爲恒，五則柔，柔在五不定，交而後定，故云「定其交」，此贊交、易二字至爲明析，有交則利，无交則害。大有初九「无交害」是也。（《易通釋·卷三·交》）

〈繫辭傳〉以「君子安其身而後動，易其心而後語，定其交而後求」解釋「莫益之，或擊之，立心勿恒」之義，而「莫益之，或擊之，立心勿恒」乃益卦上九之爻辭，是以里堂以益卦爲例，釋交字於《易》中之義矣！益與恒旁通，損二之五成益，益之五已爲剛，此時若旁通於恒，恒之二、五爻仍不定，故以恒

---

〔註14〕里堂此處謂「循按〈繫辭傳〉贊易上九云……」，初視之，不知其所謂「易上九」所指爲何？蓋《周易》六十四卦，無「易」卦也。進而觀〈繫辭傳〉之文，則知此處所謂之「易上九」者，乃「益上九」之誤也。〈繫辭傳〉此段之文爲子曰：「君子安其身而後動，易其心而後語，定其交而後求，君子脩此三者，故全也。危以動則民不與也，懼以語則民不應也，无交而求則民不與也，莫之與則傷之者至矣！」《易》曰：「莫益之，或擊之，立心勿恒，凶。」而此處之「《易》曰」中之「莫益之，或擊之，立心勿恒，凶」者，乃爲益上九之爻辭也。是以知里堂此處所謂「易上九」，應爲「益上九」之誤也。

二交於五而成咸也。此時益上乃可隨恒二之五而之於三，如此方合於旁通二、五先行法則。若益不知變通於恒，待恒二之於五，而後上乃之於三，遽以益上進於三，則是三、上先二、五而行也，故爲凶也。交之義在里堂釋《易》系統中，既爲二之五之義，則益上先之三，不待恒二之五，是「无交而求」，此即益卦上九所以謂「立心勿恒，凶」之故也。「立心勿恒」者，謂益之三、上不待恒二先之五，是以〈繫辭傳〉乃謂「无交而求，則民不與」。而〈繫辭傳〉所謂「君子定其交而後求」者，乃謂恒二之五，而後益上之三，恒二先之五則交，交而後益上乃求之於三，是謂「交而後求」。恒五本爲柔，不定，與二交後爲剛乃定，故謂「定其交」，如此，則交之義爲二之五明矣！又，交與遇之義同爲指卦爻變化中的二之五。里堂云：

> 睽九四「遇元夫，交孚」，交必由於孚，不孚而交，不可爲遇也。（同
> 上）

其以睽卦九四爻「交孚」二字連言，而謂交必由於孚。交之義爲二之五，孚之義則爲旁通，是以里堂之意乃謂：卦爻之所以交者，乃因其相互旁通；不相互旁通而其卦爻卻相交，則不可謂爲遇也。以旁通之法來看，里堂所謂卦爻變化之爲當者、正者，皆指相互旁通之卦二、五先行，而後初、四、三、上應之者也。不相互旁通之卦，其爻則不可互之，否則即爲凶，是以里堂乃謂「交必由於孚，不孚而交，不可爲遇也」。交既必由於孚，不孚而交則不可謂之爲遇，則交之義等於遇之義明矣！由此知里堂《易》學中，交字之義與遇字之義相同，皆謂二之五也。

## 2、易者，既交之後，易而變通之謂也

里堂云：

> 循按《易》以「易」名書，〈繫辭傳〉云：「生生之謂易。」生生不已，所以元亨利貞。故《易》之一書，元亨利貞四字盡之；而元亨利貞四字，一易字盡之。易爲變更反復之義，即一陰一陽之謂也。易與交義同而有異，交者，二五相交，如乾二之坤五，歸妹二之五是也。易者，既交之後，易而變通，如乾成同人，易而通師；坤成比，易而通大有；歸妹成隨，易而通蠱。既交之後，兩五皆剛，上下應之則不能一陰一陽，兩兩相孚，必易而後成一陰一陽之道，此交、易之殊也。（《易通釋・卷三・易》）

〈繫辭傳〉既然以「生生」二字解釋「易」字之義，則在《易》中，「生生」

所代表的含義也就極爲重要了。什麼是「生生」呢？在里堂看來，「生生」者，
所以循環不已也。就《易》之卦爻變化言，只要能遵循著旁通法則，皆可生
生不已。里堂所以謂「《易》之一書，元亨利貞四字盡之；而元亨利貞四字，
一易字盡之」者，乃因元爲二之五；亨爲二先之五，而後初、四、三、上應
之；利爲變通之謂；貞爲正，以元亨利貞之行爲正也。而所謂元亨利貞，在
《易經》卦爻變化上所代表的涵義，不正與旁通法則相同嗎？「易」之義爲
既交之後，變而通之，與旁通法則同，則亦與元亨利貞之義相通矣！是故里
堂乃謂「《易》之一書，元亨利貞四字盡之；而元亨利貞四字，一易字盡之」
也。何謂「既交之後，變而通之」？舉例而言，乾二之坤五，乾成同人，此
爲「交」。此時再以同人旁通於師，此之謂「既交之後，變而通之」矣！蓋初、
四、三、上不能同時應二、五而行，故當初、四應二、五而行後，若知先旁
通於他卦，則三、上又可隨旁通卦之二、五而行矣！如此，則皆可合於旁通
法則而爲吉。若是三、上應二、五而行，則初、四亦可因變通於他卦而復隨
旁通卦之二、五而行爲吉，此之謂「既交之後，易而變通」。亦惟有如此變通
不已，方能使《易》之變化生生不已，而合於〈繫辭傳〉所謂「生生之謂易」
之義也。今再以卦爻變化配合卦爻辭之例，言「易」字在《易經》中之功用
及涵義。里堂云：

> 睽二不之五而上之三成大壯，大壯旁通於觀爲易，故大壯六五「喪
> 羊于易」。離不畜牝牛，而以四之坎初成節。節旁通於旅爲易，故旅
> 上九「喪牛于易」。此由失道而易者也。易而交則爲喪羊之无悔，易
> 而不交則爲喪牛之凶；交而不易則盈不可久，易而不交則消不久也。
>
> （同上）

睽二不先五而逕以上之三則成大壯，大壯再旁通於觀則爲「易」。故大壯六五
爻辭爲「喪羊于易」，此爲「易而不交」者也。「易而不交，消不久也」，是以
大壯二又之五，由不交而爲交也，此大壯六五之爻辭爲「喪羊于易，无悔」
之故也。其喪羊之所以无悔者，以二交於五也。離卦〈彖傳〉爲「柔麗乎中
正，故亨，是以畜牝牛，吉也」。離之「畜牝牛」爲吉者，因其「柔麗乎中正」。
何謂「柔麗乎中正？」離之第五爻爲陰爻，故爲柔，不當位。此時若以離五
之坎二，則離五變而爲陽，是故謂之「中正」。因離五之坎二使離之第五爻由
不正變而爲正，故謂之吉也。是以里堂乃謂「離不畜牝牛，而以四之坎初成
節」。其所以謂「離不畜牝牛」爲四之坎初者，乃由於離之畜牝牛之吉爲二之

坎五也,則不畜牝牛爲初、四先行矣!離四之坎初成節,節旁通於旅,此謂之爲「易」。由於離二不之坎五而由四之坎初成節而旁通於旅,是以旅之上九爻辭爲「喪牛于易」。其所以謂「喪牛于易」者,乃因節之通旅乃失道而易者也。失道者,謂初、四、三、上先二、五而行,失道故喪牛。而旅上九爻辭謂「喪牛于易,凶也」,其所以爲凶者,乃因節易而爲旅,然旅五不知先之節二,反以初、四、三、上先行,此爲「易而不交」者,故凶,是以里堂謂之爲「易而不交則爲喪牛之凶」。變通之後本有由不正化而爲正之契機,然而尙不知改悔,以至於以初、四、三、上先二、五而行,此必爲凶無疑矣!

吾人將「易」之義配合卦爻變化及卦爻辭來看,則更可知里堂以「易」爲「既交之後,易而變通」之意者,乃爲:若知「既交之後,易而變通」,則當然爲吉;若不交而易,雖爲不當,若能在易而變通於他卦後而與之相交,則不論其從前之行爲如何,皆可復爲无悔,是以里堂乃謂「易而交則爲喪羊之无悔」。反之,若先前已爲不交而易者,變通於他卦之後,又不知與之相交,而仍以初、四、三、上先二、五而行,則一錯再錯而不知悔改,其爲凶亦無疑矣!是以里堂乃謂「易而不交則爲喪牛之凶」也。其他《易》辭中論及「易」字者,皆可以此例之。

### (二)當、應、求

**1、當,謂二、五先於三、四;不當,謂三、四先於二、五,指爻之行也**

一般人皆以所謂當位乃指初、三、五爻爲陽,二、四、上爻爲陰,然則《易》之當位、不當位之義眞是如此嗎?如果是,則噬嗑六五〈象傳〉何以謂「貞厲无咎,得當也」?五爲陽位,今以陰爻居之,以一般所謂當位、不當位的解釋來看,根本無法說通,故里堂並不以這類俗解爲是。其云:

> 循按未濟傳云:「雖不當位,剛柔應也。」既濟傳云:「既濟亨,小者亨也,利貞,剛柔正而位當也。」說者謂既濟六爻皆正,爲當位;未濟六爻皆不正,爲不當位。若然,則終止何以道窮?未濟六三「征」何以凶?何以爲位不當?是宜從經傳中測之。(《易通釋・卷三・當》)

里堂以爲一般人謂〈易傳〉所以云未濟之不當位,既濟之當位者,乃由於既濟初、三、五爻爲陽,二、四、上爻爲陰,故爲當位;而未濟則因其六爻皆

不爲正，故不當位，這種說法爲非。里堂所持之據爲：既濟〈彖傳〉雖謂「剛柔正而位當」，然隨後則云「終止則亂，其道窮也」。若謂既濟所以爲當位，乃因其六爻皆正，則六爻既皆已正，則何以傳辭又謂之爲「終止則亂，其道窮也」呢？既爲正，則何以爲亂？又何以會窮？未濟六三既以陰爻居陽位爲不當，則以不當之位而之他爻，使不正之爻易而爲正，又何以爲凶？若如《易程傳》所云：

> 三征則凶者，以位不當也。

則位不當之爻不能與他爻相易轉而爲正，則爻之凶者恒凶，吉者恒吉矣！因爲照《易程傳》這種說法，是凶者因其爲凶而不可動，吉者則將因其已吉而不必動矣！若然，則人一犯過錯，豈不永無改悔爲正之日？如此豈合於人事之理？亦與里堂謂「《易》爲聖人教人改過之書」之意相違背。一般俗說既不可通，無法解釋既濟、未濟〈彖傳〉之言，則里堂必尋出其他方法將當位、不當位之義解說清楚。其以爲要解釋經傳文字之義，則仍須由經傳中的變化求之，里堂云：

> 「剛柔正而位當」六字，既濟傳用以釋經文「利貞」二字。既濟六爻皆正，宜旁通於未濟，用一小字加利貞上，謂未濟也。傳且以小字屬亨，明既濟通未濟乃得亨利貞，未濟二之五成否，初之四應之成益，是亨也。益又通於恒，恒二之五而後益上之三成既濟則利貞。貞是剛柔正，利是當位，未濟二先之五爲初吉。初、四、三、上先行成泰，而後二之五爲終亂，初吉則當位，終亂則剛柔正而位不當，當位則亨利而貞，終亂則貞而不亨不利，此傳文之明白可見者。（同上）

其以爲既濟〈彖傳〉「剛柔正而位當」乃是用來說明既濟卦辭之「利貞」，此吾人可由既濟〈彖傳〉所云之「利貞，剛柔正而位當也」得知。既濟六爻皆已得位爲正，若不知變通，則六爻皆不可行，是以其〈彖傳〉乃謂「終止則亂，其道窮也」。何以「終止則道窮」呢？蓋〈繫辭傳〉既謂「生生之謂易」，則《易》之所以名「易」者，以其生生不已也。若既濟不知旁通未濟，則其行已止，止則無法生生不已矣！如此則與《易》之所以名「易」相違背矣！故卦爻變化一旦終止，則道亦窮，是以里堂乃謂之「宜旁通於未濟」。亨字在里堂《易》學系統中爲二之五而後初、四、三、上隨之之謂，既濟卦辭所以謂「亨小」，〈彖傳〉所以謂「小者亨也」，正是用以指既濟通於未濟，而後方可能有卦爻之行。是以里堂乃謂「用一小字加於利貞之上，謂未濟也。傳且

以小字屬亨，明既濟通未濟乃得亨利貞」。利者，變通也。唯有既濟先旁通於未濟爲利，方可有未濟二先之五，而後初、四、三、上應之之亨也。以此合於旁通法則而行之卦爻，變化之爻必各得其位爲正、爲貞。是以既濟卦辭之「初吉」，乃指旁通未濟後，未濟二先之五也。二、五先行則爲吉矣！未濟二之五成否，初之四應之則成益，此爲亨。益又旁通於恒，恒二之五，而後益上之三成既濟，則各爻皆因益之旁通於恒而二、五先行，三、上應之而得其位之正，是以謂之利貞，此乃既濟卦辭所謂「亨小、利貞，初吉」之義也。若不如此，當既濟旁通未濟後，未濟之初、四、三、上先行而成泰，而後二方之五，如此雖亦成既濟，六爻雖皆當位，然因其行不合於旁通法則，故既濟卦有「終亂」之辭也。是以「初吉」謂未濟二、五先行位當；「終亂」則指未濟之初、四、三、上先二、五而行而成既濟，其爻位之剛柔雖正而不當。故里堂乃謂「終亂則剛柔正而位不當」，剛柔正而位當則亨利而貞，剛柔正而位不當則爲「終亂」，亦爲貞而不亨不利，是其位雖正而其行不當也。此亦可與里堂論貞字時所謂「利而貞則吉，不利而貞則凶」合看，則更可明白里堂所謂「不利而貞則凶」之意。

由此觀之，位之正與不正乃指爻之剛柔與爻位之陰陽是否相配，而當與不當，則指爻之行也。二、五先初、四、三、上而行則爲當，初、四、三、上先二、五而行則爲不當。當不當位非僅指爻之剛柔是否爲正，更指卦爻變化是否合於旁通法則也。是以里堂乃云：

> 當謂二、五先於三、四，不當謂三、四先於二、五，斷然無疑。（同上）

### 2、應即求也，二、五先交，而後初之四，三之上從之謂之應。初、四應之爲下應，三、上應之爲上應

一般解《易》中應字，以初與四、二與五、三與上，一剛一柔爲相應，然里堂以此說爲非。其云：

> 循按解者本《乾鑿度》以初、二、三與四、五、上，一剛一柔爲應，若然，則乾、坤、坎、離宜不得言應矣！乃乾則云：「同聲相應」，坤則云：「應地无疆」，艮則云：「上下敵應」，兌則云：「順乎天而應乎人」。中孚二、五兩剛，傳稱「應乎天」，與大畜、大有同。虞仲翔說乾、坤，以爲震、巽「雷風相薄」，坤陽正於初，則乾四應坤初。若然，則本卦無應，即以旁通之卦爲卦，則是無卦不應，無爻不應，

而未濟之「剛柔應」，何別於諸卦，而特表而出之邪？（《易通釋‧卷三‧應》）

傳統上解應字之義，乃是依照《乾鑿度》所言，指初與四，二與五，三與上若一為剛、一為柔，則為應。然則若依《乾鑿度》之說，則乾卦六爻全為陽，坤卦六爻皆為陰，坎卦初、四皆陰，二、五皆陽，三、上又皆陰，而離之初、四皆陽，二、五皆陰，三、上皆陽，艮卦初、四皆陰，二、五皆陰，三、上皆陽，兌卦初、四皆陽，二、五皆陽，三、上皆陰，震卦初、四皆陽，二、五皆陰，三、上皆陰，巽卦初、四皆陰，二、五皆陽，三、上皆陽，此八卦之爻皆不可言應也。然何以乾卦〈文言傳〉九五卻謂「同聲相應」？坤卦〈象傳〉則為「應地无疆」？艮卦〈象傳〉則謂「上下敵應」？兌卦〈象傳〉則有「順乎天而應乎人」之語？是故若以《乾鑿度》說應字義來看，則無法解釋乾、坤、坎、離之言應也。中孚、大有、大畜三卦〈象傳〉皆謂「應乎天」，大有、大畜二為陽，五為陰，以其二之五固可合於《乾鑿度》應字之義，然則中孚二、五皆為陽爻，又如何亦言「應乎天」呢？此為以《乾鑿度》說應字之義而無法解釋者。虞仲翔說乾、坤之所以為震、巽者，乃因乾、坤之初、四爻相應，此為乾、坤之所以言應。然而如果真照虞仲翔之言來看，則本卦無應，即以旁通之卦為應，則六十四卦何卦不應？何爻不應呢？若本卦之初、四，三、上，二、五爻不應，便可與旁通卦之爻應，而且只要彼此剛柔相異即可謂之為應，則未濟之言「剛柔應」者，豈不廢話一句？故里堂以為應字，絕非指初與四，二與五，三與上爻之一剛一柔者即為應。應字之義究竟指何？里堂云：

> 應者，初、四、三、上應二、五也，謂初應四、二應五、三應上者，非也。凡二、五已定，旁通於彼卦謂之感；二、五未定，以二之五，以五之二謂之交；二、五先交，而後初之四，三之上以從之謂之應。乾九五〈文言傳〉云：「同聲相應，同氣相求。」分言之為求、為應，合言之，應即是求。蒙象云：「匪我求童蒙，童蒙求我。」傳云：「志應也。」明以應贊求。无交而求即无交而應，二、五先交而後聲應氣求。聲應者，乾二之坤五，而四之坤初應之，乾成家人，坤成屯。家人上巽，屯下震，「雷風相薄」而同聲也。氣求者，乾二之坤五，而上之坤三應之，乾成革，坤成蹇。蹇下艮，革上兌，「山澤通氣」而同氣也。（同上）

其以爲應字乃指二、五先交,而後初之四,三之上以從之者也。如乾九五〈文言傳〉「同聲相應,同氣相求」,分開看則一爲求,一爲應;合起來看,則應即是求也。何以知之?蓋蒙卦卦辭爲「匪我求童蒙,童蒙求我」,而蒙〈象傳〉贊之爲「匪我求童蒙,童蒙求我,志應也」。其以應字贊求字甚明,故應即是求也。而所謂「同聲相應」,乃謂乾二之坤五,而後初之坤四應之,乾成家人,坤成屯。家人上卦爲巽,屯下卦爲震,震爲雷,巽爲風,所謂「雷風相薄」也。雷風皆有聲,故謂之「同聲相應」。乾二先之坤五,而後三之坤上應之,乾成革,坤成蹇。蹇下爲艮,革上爲兌,艮爲山,兌爲澤,所謂「山澤通氣」,是以謂之「同氣相求」。如此觀之,則《易》中凡言應、言求者,皆謂二先之五,而後初之四、三之上以從之也。〔註15〕

### (三) 乘、承

**1、乘、承者,非謂爻之上下對待關係**

在一般《易》學家的解釋中,皆謂上爻對下爻曰乘,下爻對上爻曰承。如里堂云:

> 循按王弼《略例》謂:「辯順逆者存乎承乘」,邢璹注云:「陽乘於陰,逆也,師之六二『師或輿尸,凶』。陰承於陽,順也,噬嗑六三『小吝无咎』,承於九四『雖失其正,小吝无咎也』。」〔註16〕又云:「陰

---

〔註15〕 此處所謂「震爲雷、巽爲風、艮爲山、兌爲澤」者,皆引自〈說卦傳〉也。而所謂「雷風相薄,山澤通氣」者,亦引自〈說卦傳〉「天地定位,山澤通氣,雷風相薄,水火不相射,八卦相錯,數往者順,知來者逆,是故《易》,逆數也」一段。吾人既已在第三章中詳論里堂論《易》之基本觀念爲「經傳皆爲聖人所作」,則其引〈易傳〉而言之者,皆爲無疑者也。又,里堂此處所以言「家人上巽,屯下震,蹇下艮,革上兌」者,乃由於此處乾卦九五〈文言傳〉所云之「同聲相應,同氣相求」正符合於〈說卦傳〉之「雷風相薄,山澤通氣」之語。而震恰爲雷,巽恰爲風,艮恰爲山,兌恰爲澤。而〈說卦傳〉既云「八卦相錯」,則所謂「雷風相薄」者,雷之聲大者也,狂風亦有巨聲也,是以正合於「同聲相應」。而所謂「山澤通氣」,不又正合於「同氣相求」?此正足以證明〈說卦傳〉與〈文言傳〉相通也。此亦可作爲里堂所以堅信《易》爲聖人之作,而有一貫之旨之佐證。是以里堂研《易》愈深,信《易》有聖人一貫之旨愈力。

〔註16〕 里堂此處所引述邢璹注王弼《略例》之語云:「陽乘於陰,逆也。師之六二『師或輿尸,凶』。陰承於陽,順也。噬嗑六三『小吝无咎』,承於九四,雖失其正,小吝无咎也。」此語有些問題。首先,師之第二爻爲陽爻,非陰爻也,故應作師之九二。又「師或輿尸,凶」爲師六三爻辭,非九二之爻辭也,此爲須更正者。其次,師之六三爻辭爲凶者,依邢璹所言之乘、承關係,則應

承陽則順，陽承陰則逆，故小過六五乘剛，逆也，六二承陽，順也。」
此以爻之在上者於下爲乘，爻之在下者於上爲承，乃核之經之所謂
乘、承者，則不爾也。（《易通釋·卷三·乘、承》）

里堂以邢璹注王弼爲例，指出前人解《易》中乘、承之義時，多以乘爲上爻
對於下爻言，承爲下爻對於上爻言。若是陰承陽則爲順，陽承陰則爲逆；而
陰乘於陽則爲逆，陽乘於陰則又爲順，此乃以爻之上下關係言乘、承之義。
然里堂以《易》辭所有出現過乘、承二字之處核諸此說，發現這種解釋是無
法通貫全《易》的。如屯卦六二、六四、上六皆云「乘馬」，依邢璹之說，乘
爲上爻對下爻之關係，則六二之「乘馬」乃是針對初九而言；六四之「乘馬」
則是針對六三而言；上六之「乘馬」則是針對九五而言。六二、上六皆乘陽，
六四卻乘陰，則乘剛、乘柔皆謂之「乘馬」可乎？又承字之義既爲下對上而
言，則上爻居於一卦之最上位，不可言承也。而師上六爻辭乃謂「開國承家」，
這又要如何解釋呢？〔註17〕再者，乘、承之義若指爻之上下關係，則除了初、
上兩爻之外，二、三、四、五爻皆有上爻、下爻，吾人究應謂其爲乘，或者
爲承呢？是以謂乘、承爲爻之上下關係者，實有許多無法自圓其說之處。

### 2、乘者，凡初、四、三、上先行，初、三先有剛而五以柔在上爲乘，即爲柔乘剛

里堂以《易》中所有出現乘字之處爲例，一一研究其所代表的涵義，發
現乘者乃指初、四、三、上與二、五間之變化關係，凡初、四、三、上先行，
而初、三先有剛，此時五又以柔在上，則謂之乘也。里堂云：

屯六二、六四、上六皆云「乘馬」，傳於六二贊云：「六二之難，乘
剛也。」以「乘剛」贊「乘馬」，而特用一難字貫之。馬，乾也。知
其下成乾，而五以柔乘之，謂鼎二不之五，而初、四、三、上有以
乘之也。在六四言之，謂四之初成大畜；在上六言之，謂上之屯三

---

是由於六三陰爻乘於九二之陽爻之故也。因師之第四爻亦爲陰，六三之陰爻
承於六四之陰爻，無所謂凶矣！故其以「師六三『師或輿尸』，凶」爲證，而
云「陽乘於陰，逆也」，應改作「陰乘於陽，逆也」，或以九二爻爲主體而改
作「陽承於陰，逆也」方是。否則，依邢璹對於乘、承所下定義，陽爻本應
在陰爻之上方得爲順，則「陽乘於陰」又何逆之有呢？

〔註17〕師上六爻辭，里堂作「開國承家」，孔穎達《周易正義》亦作「開國承家」。《周
易正義》引王弼注亦云：「開國承家，以寧邦也。」是以《易程傳》雖作「開
國成家」，不作「承家」，可知「成家」應改作「承家」

成恒。鼎成泰，猶歸妹成泰。歸妹〈象傳〉云：「无攸利，柔乘剛也。」
「女承筐无實，士刲羊无血」，則歸妹成泰。此爻云「无攸利」，即
發明象之「无攸利」。傳於「乘剛」上加一柔字，明五柔未進而初、
三先動也。（同上）

屯卦六二、六四、上六爻辭皆有「乘馬」，而傳又於六二贊之謂「六二之難，
乘剛也」，乍視之，則以爲此正爲屯六二爻乘初九爻之謂，故謂之「乘剛」。
然屯六二、六四、上六爻辭何以謂爲「乘馬」？又無法解說矣！里堂依〈說
卦傳〉知乾爲馬，乾既爲馬，則屯之爻辭稱「乘馬」者，必與乾有關也。里
堂循此路線，發現屯與鼎旁通，而鼎之第五爻爲陰，若鼎之初、四、三、上
先二、五而行，則與旁通法則相反而爲逆。在屯六四言「乘馬」，正所以謂鼎
四之初成大畜，大畜下卦爲乾，是以謂之「乘馬」。在上六言「乘馬」，正所
以謂鼎上之屯三，鼎成恒，而鼎先以初之四，後以上之屯三從之，則鼎成泰
矣！泰之下卦亦爲乾，故屯上六亦謂之「乘馬」。鼎之成大畜、成泰者，皆以
初、四、三、上先二、五而行；而大畜、泰之第五爻皆爲陰爻，其下卦又皆
爲乾，爲馬，爲純陽之卦，故傳贊屯六二之「乘馬」爲「六二之難，乘剛也」。
所謂「乘剛」，即謂五柔乘下卦之乾也，故亦可謂爲「乘馬」。歸妹〈象傳〉
謂「无攸利，柔乘剛也」，此指歸妹第五爻爲陰，本應二、五先行，則不爲乘。
然若其二不先之五，而以四之漸初，再以三之漸上從之，則歸妹成泰，泰之
下卦爲乾，純陽之卦，而歸妹五爻柔，是以〈象傳〉贊之爲「柔乘剛也」。歸
妹之成泰與鼎之成泰皆爲初、四、三、上先二、五而行之卦，其卦第五爻又
爲陰爻，且此二卦之〈象傳〉又皆以「乘剛」贊之，故里堂乃謂「凡初、四、
三、上先行，初、三先有剛，而五以柔在上爲乘，即爲柔乘剛」。是以《易》
中凡言乘，言乘剛，言柔乘剛者，皆可以依此釋之。而所謂乘者，乃指卦爻
變化中，初、四、三、上先二、五而行，而五又爲陰爻之謂，是一動態之辭，
用以代表某種卦爻變化的過程，非靜態的指爻之上對下也。其實里堂論《易》
皆以變動狀態言之，絕不以靜態觀之，蓋其以爲《易》本生生不已之謂，若
以靜態的方式去論《易》，則與《易》之本意已相違背，又如何可得《易》之
眞義哉？〔註18〕

<hr>

〔註18〕梁啓超先生於《中國近三百年學術史》，云：「焦里堂所著書，有《易章句》十
　　　　二卷，《易通釋》二十卷，《易圖略》八卷，統名《雕菰樓易學三書》。阮芸臺說
　　　　他「石破天驚，處處從實測而得，聖人復起，不易斯言」，王伯申說他「鑿破混

3、承者，在初、四先從二、五，則三、上為承；在三、上先從二、五，
則初、四為承；此以德承德。或三、上先二、五，則初、四從，二、
五承之；初、四先二、五，則三、上從，二、五承之。以變通而為
補救，則是吉相承；若先已失道，又失道以承之，如「承虛筐」是
矣

里堂以為《易》辭所謂承，並非指下爻對上爻，乃與一卦中各爻之變動有關。
一卦共有六爻，其中最後變動的兩爻便是所謂的承。如二、五先行，初、四
從之，則三、上之行為承；若二、五先行而三、上從之，則初、四之行為
承；倘若是三、上、初、四先行，而後二、五方行，則二、五之行為承。前
二者因合於旁通法則，所以里堂謂為「以德承德」。後者起初雖以初、四、三、

沌，掃除雲霧，可謂精銳之兵」。阮、王都是一代大儒，不輕許可，對於這幾部
書佩服到如此，他的價值可推見了。里堂之學不能叫做漢學，因為不並不依附
漢人。不惟不依附，而且對於漢人所糾纏不休的什麼「飛伏」、「卦氣」、「爻辰」、
「納甲」……之類一一辨斥，和黃、胡諸人辨斥陳、邵「易圖」同一推陷廓清
之功……。我細繹里堂所說明，我相信孔子治《易》確實用這種方法。我對於
里堂有些不滿的，是嫌他太鶩於旁象而忽略本象。「旁通」、「相錯」等是各卦各
爻相互變化孳衍出來的義理，是第二步義理，本卦本爻各自有其義理，是第一
步義理。里堂專講第二步，把第一步幾乎完全拋棄，未免喧賓奪主了。……《易
經》本是最難懂的一部書，我們能否有方法徹底懂他，很是問題。若問比較可
靠的方法嗎，我想焦里堂帶我們走的路像是不錯，我們應用他以本書解本書法，
把他所闕略的那部分，即本卦本爻之意義，重新鉤稽一番，發現出幾種原則來
駕馭他，或者全部可以真懂也未可知。這便是我對於整理《易經》的希望及其
唯一方法了。」（頁 179、180）梁先生此段所云，雖已將其所認識到的里堂《易》
學精銳處說了出來。又藉阮芸臺、王伯申二位不輕許人的大儒對里堂《易學三
書》學大表折服為例，說明了里堂《易》學實與前人《易》說不同。其不同處
在於里堂以實測說經，而前人解《易》多以模擬兩可之言，混沌釋之也。然其
終亦不免就里堂專以旁通之法說《易》，甚少言及卦爻之本義而略表不滿，並以
此為里堂《易》學所闕略的部分。然此實因梁先生尚未真知里堂研《易》之基
本觀念也。蓋里堂論《易》首言「《易》為聖人之作」，故其認為《易》中確有
聖人一貫之旨，吾人了解聖人一貫之旨的唯一方法，便是自《易》卦爻變化找
出端倪來，也唯有在《易》辭及其卦爻變化配合來看時，方可知聖人作《易》
之意。何況《易》之所以以《易》名之者，本為聖人欲以此告訴吾人《易》之
一書全以變通為旨也。若如前代《易》家只言某卦某卦之義為何者，則不又與
前人以混沌說《易》之法同矣！蓋前人說《易》之所以混沌者，乃因其不知《周
易》一書全主旁通也。今既由里堂替吾人指出此一解《易》之路，當循此途而
更充之，豈可再走回從前《易》家所走之混沌道路呢？梁先生雖已能知里堂《易》
學之精，惜其未能從里堂何以專以旁通論《易》中，窺出里堂之深義。蓋只有
不斷的變通，不拘執於一卦一爻之象，方有生生不息之可能。

上先行而違旁通法則，然其後知以二、五之行補之，是知以變通補救從前之失者，故里堂謂之爲「以變通而爲補救，則是吉相承」。然若起初之行已不合於旁通法則，而後又不知變通以補救，則里堂謂爲「失道以承之」，是以失道之行而承從前之行，此則爲凶。《易》中言承者有三處，今舉一例言之。里堂云：

> 經之言承者三，一爲師上六「開國承家」。「開國」謂師二之五，「承家」謂同人四之師初，同人成家人。是時，師成屯，屯三承之而行，是爲「承家」，必鼎二之五而屯三乃可承之，若鼎二未之五爲小人則不可承，故云「小人勿用」。鼎二之五而屯三承之爲「王三錫命」，師九二傳云：「在師中吉，承天寵也。」寵即龍，謂屯下震以承同人之成家人爲「承家」，以承師之成屯爲「承天寵」。〈文言傳〉云：「坤道其順乎，承天而時行。」「承天」即「承天寵」，而以時行二字明之。時行，謂變通也。在前初、四應二、五成家人、屯，則家人、屯變通而承之是爲承也。（同上）

在里堂看來，所謂「開國」，乃指師二之五。「開國」是何等大事，故於卦爻變化中，必爲二、五先行方可譬之。「開國」而後謂「承家」者，乃二、五先行，而後初、四、三、上從之之謂也。其在《易》之卦爻變化中，必爲合於旁通法則方可謂之「開國承家」，否則，其行已失道，又如何能「開國承家」呢？那麼「承家」究竟是指三、上之行，還是初、四之行呢？里堂以爲《易》既言「承家」，則其卦爻之行必與家人有關，而師又與同人旁通，此時若以師初之同人四，則同人成家人。故里堂以爲師上六所言之「承家」，乃指師初之同人四。此時，師則成屯，屯與鼎旁通，屯三尚未當位，然既爲「開國承家」，則必先以鼎二之五，而後屯三乃可之鼎上而承，若鼎二未先之五則不合於旁通二、五先行之道，故師上六爻辭於「開國承家」之後云「小人勿用」。「小人勿用」，即指此三、上先二、五而行也。若鼎二先之五，而後三、上承之，則合於旁通法則，爲師九二之「王三錫命」矣！師九二〈象傳〉謂「在師中吉，承天寵也」，何謂「承天寵」？里堂以爲寵即龍，〔註19〕寵既與龍通，而

---

〔註19〕里堂所以直謂「寵即龍也」，乃依訓詁中「同聲多同義」及「聲義同源」之原則也。《説文解字》云：「寵，尊居也，从宀龍聲。」寵字既以龍爲其聲符，則此二字可互通亦明矣！而《説文解字》又云：「龍，鱗蟲之長，能幽能明，能細能巨，能短能長，春分而登天，秋分而潛淵……凡龍之屬皆从龍。」《説文》既直謂「凡龍之屬皆从龍」，而言寵字之義時又明云：「从宀龍聲」，則寵

在〈說卦傳〉中已言「震爲龍」，是以此處之言乃與震卦有關。屯之下卦正好爲震，同人四承師二之五而之師初，同人成家人，故爲「承家」。師此時成屯，屯之下卦爲震，震爲龍，龍又與寵之義通，是以謂之「承天寵」也。何以云「天」？蓋其行所承者爲師二之五之故，承二、五而行，故爲「承天」。〈文言傳〉又謂「坤道其順乎，承天而時行」，此處所謂「承天」，其義與「承天寵」同。何以知此二者同呢？蓋〈文言傳〉將「承天」與「時行」並言之，則可知「承天」之義爲「時行」矣！「時行」者何？即二、五先行而初、四、三、上從之也。欲合乎此原則，則又必知旁通之理方可能也，此與「承天寵」之爲同人四從師二之五而之師初，師成屯，同人成家人，而屯又旁通於鼎，屯三待鼎二先之五而後才之鼎上之義同。是以里堂乃謂「承天即承天寵」也。由此觀之，《易》中所謂承者，非謂下爻對上爻之關係，乃爲各爻之先行、後行之關係也。即里堂所謂「在初、四先從二、五，則三、上爲承；在三、上先從二、五，則初、四爲承」也。

## （四）通、往、來、至、幾

### 1、通者，變通之謂也，知變通則不窮

在里堂的釋《易》系統中，首重旁通之說。旁通者，變通之謂也，凡《易》辭中言通字者，皆作變通、旁通之義解。里堂云：

> 循按〈繫辭傳〉云：「一闔一闢之謂變，往來不窮之謂通。」又云：「化而裁之謂之變，推而行之謂之通。」變通二字不煩言而解。而〈序卦傳〉以泰爲通，〈雜卦傳〉以井爲通，〈繫辭傳〉則云：「困窮而通。」井與困互明，困成需則窮，需孚於晉則窮而通，泰孚於否猶需孚於晉，泰之通亦窮而通者也。（《易通釋·卷三·通》）

其言通字之義全依〈易傳〉，此乃由於里堂論《易》時，將經傳合而觀之，皆謂爲聖人所作之故也。今觀此段論通字之文，里堂引〈繫辭傳〉所云「一闔一闢之謂變，往來不窮之謂通」及「化而裁之謂之變，推而行之謂之通」之語，以爲〈繫辭傳〉既已將變通二字合而言之，且謂通爲「往來不窮」、「推而行之」，而在卦爻變化中能使各卦變化往來不窮者，惟有合於旁通之旨者方有可能，故通字在卦爻變化中的含義便是旁通。[註20] 而〈繫辭傳〉既已將

---

與龍之義可相通矣！故里堂乃直謂「寵即龍也」。

〔註20〕窮字之義在里堂的釋《易》系統中有著其特殊的含義。在《易通釋》卷九中，里堂專闢一文論窮字之義。其以爲在《易》中，窮字所代表的意義可由〈序

變、通二字合而言之，則所謂通，亦即變通之謂也。里堂又以〈序卦傳〉言「泰者通也」、〈雜卦傳〉言「井通而困相遇也」及〈繫辭傳〉言「困窮而通」爲例，謂通字之義爲旁通。一般見〈序卦傳〉言泰爲通，而〈雜卦傳〉卻言井爲通，〈繫辭傳〉又以困窮而爲通，則必言此爲〈易傳〉非一人所作之證。然里堂卻由此更證明了〈易傳〉確有其一貫之旨也。蓋〈繫辭傳〉所以謂「困窮而通」者，乃欲告訴吾人此正與〈雜卦傳〉之以井爲通，〈序卦傳〉之以泰爲通互明之。困如何會窮？必是因其不知變通方爲窮也。是以困初先之四而後又以三之賁上成需，此時未能合於旁通二、五先行之旨，故爲窮。困既已窮，必變通於他卦方可不至於凶。困成需而窮，若以需旁通於晉，則又不爲窮，是以〈繫辭傳〉乃謂「困窮而通」。此與井之爲通、泰之爲通者何干呢？泰既爲通、則謂泰旁通於否也。里堂謂孚字即指二卦旁通，何以「泰孚於否猶需孚於晉」？蓋泰之通亦與需同爲窮而通者也。泰何以爲窮而通者？乃因乾二之坤五，坤成比，比與大有旁通。若大有二先之五而後比初、四、三、上乃行，則其行爲當。然若大有二不先五，而初、四、三、上逕行之，則大有成泰，比成既濟矣！此爲不當之行，故里堂乃謂「泰之通亦窮而通者也」。大有之成泰爲初、四、三、上先二、五之行而成者，此爲不合於旁通之行而成之者，故泰若能知變通於否，亦爲窮而通之例，與需由困之不合於旁通法則之行而爲窮，若能知變通於晉，則亦爲窮而通者同，是以〈序卦傳〉以泰爲通。而井之所以爲通者，亦與困由窮而通之例同也。井如何會窮？以初、四、三、上先二、五而行，不合於旁通法則而爲窮。故若井二不先之噬嗑五，而以初之噬嗑四，則井成需矣！井成需而窮，正與困成需而窮同。由此觀之，〈序卦傳、雜卦傳、繫辭傳〉之言通處雖不同，然若以旁通法則觀之，則不僅不謂其矛盾，反可以此證明《易》中確有聖人一貫之旨也。

**2、往者，初、四、三、上從二、五而往也，其不從而往者匪也**

里堂解《易》中往字，皆以初、四、三、上從不從二、五而行言之。從

---

卦傳〉及〈雜卦傳〉中窺之。里堂云：「〈雜卦傳〉云：『未濟，男之窮也。』〈序卦傳〉云：『物不可以終窮』故『受之以未濟終焉。』窮指既濟，既濟五剛故爲男，因既濟窮，故變而通之爲未濟。〈序、雜〉兩傳互相發明。」里堂於此明言窮字之義指某卦經卦爻變化而成既濟也。成既濟何以爲窮？蓋既濟六爻皆定，若不旁通於未濟，則六爻皆不可動，故謂既濟爲窮也。是以知變通則不窮，不知變通則爲窮也。故里堂雖指成既濟爲窮，實則凡不知變通者皆可謂之窮也。是以〈繫辭傳〉乃云：「《易》窮則變，變則通。」也。

二、五而行為「往有功」、「往有慶」、「往有事」，不從二、五而行為「往吝」、「往未得」。是以所謂往者，以初、四、三、上四爻為主體，從二、五而行則往為吉，不從二、五而行亦謂之往，然為不吉也。是以里堂乃云：

> 大抵從二、五而往則「往有功、往有慶、往有事」，不從二、五而往則「往吝、往未得」，《說文》「數，計也，自一十百千萬順而計之，不更端而起，是之謂數。」二、五先定，由二、五而次第數之，以及初、四、三、上。往則指初、四、三、上，而實以二、五之先定言。（《易通釋·卷三·往》）

其以初、四、三、上之行為往，於《易》中是否有所依據？其能否合於《易》辭中所有言往字之義呢？里堂於〈易圖略敍目〉中嘗云：

> 本行度而實測之，天以漸而明；本經文而實測之，《易》亦以漸而明，非可以虛理盡，非可以外心衡也。

既強調《易》之真義須以實測經文乃可得，則其立任一《易》例時，必已將《易》文中所有出現此字之例核之矣！今略舉一例，觀里堂以初、四、三、上之行為往之義，是否能通暢的解釋《易》中之說。里堂云：

> 遯初六「遯尾厲，勿用，有攸往」，此與无妄「不利，有攸往」互明。同人上之師三成升，同人四之師初成臨，臨通遯猶升通无妄，升二不之五而无妄四之升初成泰，猶臨二不之五而遯上之臨三成泰。遯上之臨三所云「遯尾厲」也，无妄成益則三不可往上，「不利，有攸往」者，謂三、上也。遯成咸則初不可往四，「勿用，有攸往」者，謂初、四也。无妄成益，行則有眚；遯成咸，往則有災，故傳云：「不往何災也。」（同上）

此處以遯初六爻辭與无妄卦辭中皆出現「有攸往」三字為例，以其初、四、三、上之行為往之定義，解此二卦中之「有攸往」，何以一為「厲，勿用」？一為「不利」？遯初六既云「厲」，則其行不合於旁通二、五先行原則明矣！可參見本文論厲字處。遯與臨旁通，遯之初、四、三、上不待臨二之五，而逕行之。遯初之四成家人，遯上之臨三則臨成泰、遯成咸。无妄與升旁通，无妄既云「不利」，則其爻之行亦為初、四、三、上先二、五而行者也。无妄不待升二之五而四之升初，无妄成益，升成泰。无妄三不待升二之五而先之上，无妄成革。遯上先臨二之五而之臨三而臨成泰，與无妄四先升二之五而之升初，升成泰者同，皆為不合旁通二、五先行法則成泰者也。遯上之臨三

成咸，已爲由不當之行而成咸者，此時若不知改悔，又以初之四而成既濟，則六爻皆定而不動，故謂之爲「遯尾厲，勿用，有攸往」。无妄四之升初成益，此已爲由不當之行而成益者，倘不知改悔，又以三之上，則益亦成既濟，此與遯之成咸而成既濟者同矣！是以謂之爲「不利，有攸往」。此二處所謂「有攸往」而爲「不利」、爲「厲」者，皆由於其卦爻之行以初、四、三、上先二、五而行之故也。是以遯初六〈象傳〉謂「遯尾之厲，不往何災也」，不以初、四、三、上先二、五而往者，又何災之有呢？而无妄〈象傳〉謂「其匪正有眚，不利，有攸往」，眚者災也，其所以爲「匪」，所以「有眚」者，亦由於其卦爻之行爲初、四、三、上先二、五而行故也。故里堂以遯初六與无妄卦辭中之「有攸往」爲例，言往指初、四、三、上之行也。而此二卦之「有攸往」爲「厲」、爲「不利」者，皆由於其卦爻不合於二、五先行之旨。亦即里堂所謂：

> 凡言往，謂初、四、三、上從二、五而往也，其不從而往者匪矣！
>
> （同上）

### 3、來者，謂二、五先初、四、三、上而來也，其不先而來者慢矣

里堂以二、五之行言來字之義。二、五先行則爲來，二、五不先行則爲不來，今觀其所舉之例以論其說是非。里堂云：

> 循按〈雜卦傳〉云：「萃聚升不來也。」蒙二不之五而上之三成升而謂之不來。是來指二、五也。蹇云：「來譽、來反、來連、來碩」，皆以升二之五言之。九五「大蹇朋來」，即西南所得之朋，升二之五成蹇則「朋來」，「升不來」所以贊蹇卦五「來」字，至精至微也。於是以蹇之「朋來」例復之「朋來」。无妄、升相錯爲姤、復，升二之五爲蹇，即姤二之復五爲屯。復之「朋來」即蹇之「朋來」也，於是以復之「來復」例解之「來復」。姤二之復五猶小畜二之豫五，故小畜稱「牽復」、稱「復自道」。小畜二之豫五成萃，解二之五亦成萃，故解二之五爲小畜二之豫五比例，亦即姤二之復五之比例。解之「來復」即復之「來復」也。（《易通釋‧卷三‧來》）

其所以謂來爲二、五先行之義，乃得自〈雜卦傳〉啓示。〈雜卦傳〉謂「萃聚而升不來也」，升何以爲「不來」呢？里堂既謂來爲二、五先行之義，則不來者，即初、四、三、上先二、五而行之謂也。在六十四卦中，蒙二不先之五而上之三則成升，如果此即爲〈雜卦傳〉所云「升不來」之義，則《易》中

所有稱來者，皆須可以二、五先行解之。

里堂依升之不來爲蒙二不之五而上先之三言《易》之來字，發現蹇卦六爻有五爻皆提及來字，故遂以蹇卦爲其實驗之首要目標。來字之義既爲二之五，而升二之五竟成蹇，是以里堂遂謂蹇卦爻辭所謂「來譽、來反、來連、來碩」皆指升二之五也，而蹇九五之「大蹇朋來」者，亦即指升二之五而成蹇也。升二之五成蹇，故蹇九五方云「朋來」。由此觀之，〈雜卦傳〉所以云「升不來」者，正欲贊蹇之來也。升不來則不成蹇，升來則成蹇，故蹇方有五爻同時云來之辭出現也。至此，里堂深覺傳之贊經至精至微。其再以蹇九五之「朋來」例復卦卦辭之「朋來」，欲證來字之義爲二、五先行者，實能通貫全《易》而無所窒礙也。升與復又有何關係呢？蓋依相錯之法則，〔註21〕升與无妄既相互旁通，則其亦爲相錯之卦也。无妄與升相錯則成姤與復，升二之五成蹇，蹇九五爻辭爲「朋來」，與姤二之復五成屯，而復卦卦辭云「朋來」者同。由相錯之關係而見復之「朋來」與蹇之「朋來」同，皆謂二之五也。再以復卦卦辭之「來復」例以解卦卦辭之「來復」，復卦與解卦之關係爲何？初視之，此二卦似無啥關係，然里堂見小畜初九爻辭云「復自道」，九二爻辭云「牽復」，則小畜必與復卦有關。復之義爲何？據《易通釋》卷十八解復字，乃以二之五爲復，〔註22〕是以小畜初九、九二爻辭之謂「復自道、牽復」者，皆謂二之五也。小畜與豫旁通，是以小畜之復乃謂小畜二之豫五也。小畜二之豫五成萃，而解二之五亦成萃，是以小畜二之豫五爲解二之五之比例也。由此觀之，解卦卦辭之「來復」與復卦卦辭之「來復」，其義之關連乃存於小畜初九、九二爻辭之「復」。不知《易》中有一貫旨，則無法知解之「來復」與復之「來復」之關連也。

4、至者，二之五也。凡稱括、假、懷、祭，義與至同，皆指二之五

里堂解《易》之至字，皆以二之五言之。里堂云：

---

〔註21〕相錯者，指兩卦之初、二、三、四、五、上六爻正好陰陽互異，此時若將此二卦之上卦或下卦互易而形成另外兩卦，則此種卦爻互易之變化即爲里堂所謂相錯也。讀者可參看本文第二章〈易圖略分析〉第二節論相錯法之處。

〔註22〕里堂於《易通釋》卷十八中解「復」字之義云：「復者，復其五也，有反斯有復。坤五反乎乾，乾二之坤五則復。坤成屯，屯反爲鼎，鼎二之五則復。」由此觀之，里堂所云之「復」字之義乃爲二之五也。是以乾二之坤五則復，鼎二之五則復也。

　　循按坤〈象傳〉云：「至哉坤元」，此至字即用「履霜堅冰至」之至。
坤成謙通於履，履二之謙五是為「堅冰至」。謙、履相錯為臨、遯，
臨通遯而臨二之五，為謙通履而履二之謙五之比例。臨六四「至臨
无咎」，「至臨」之至即「履霜堅冰至」之至。（《易通釋・卷三・至》）
其以坤卦〈象傳〉所云「至哉坤元」之至，坤初六「履霜堅冰至」之至，與
臨六四「至臨无咎」之至為例，以證明其說至字之義為二之五也。坤之初六
爻辭為「履霜堅冰至」，里堂以為《易》有聖人一貫之旨，則坤初六言「履」
與履卦應有某種關係。里堂循此路線而究之，發現坤三先二、五而之乾上，
坤成謙，而謙與履旁通。此時里堂又發現臨卦六四爻辭為「至臨无咎」，便再
循此路線而探究之，發現依相錯之法，謙與履相錯正好是臨與遯，是以謙通
履而履二之謙五，為臨通遯而臨二之五之比例。〔註23〕由此可知坤初六所云

〔註23〕臨二之五與履二之謙五為比例之因，里堂已於《易通釋》卷十八論履卦時言之
　　　矣！其云：「經以履明旅，傳即以睽明旅，皆詳析無疑者也。又明其義於歸妹。
　　　《說文》『眇，一目小也』，『蹇，跛也』，凡卦成既濟則有兩離，為兩目。履成
　　　革，止有一目，是為『眇能視』。履二之謙五蹇為跛，是為『跛能履』。歸妹
　　　則分『跛能履』於初九，分『眇能視』於九二。歸妹何以稱履？謂四之漸初，
　　　歸妹成臨也。臨通於遯猶謙通於履，於初明四之漸初乃有臨，於二明臨二之五
　　　乃為履二之謙五之比例。若漸上之歸妹三成大壯、蹇，大壯通觀，則不能相錯
　　　為謙、履。故傳於大壯贊云『君子以非禮弗履』，言歸妹成大壯與成臨同一『非
　　　禮』。大壯通觀則『弗履』，臨通遯乃履，以大壯之『弗履』，乃知歸妹之『跛能
　　　履』，指其不成大壯而成臨。傳之贊經，造乎微矣！」
　　　里堂此處云「凡卦成既濟則有兩離，為兩目」，此說於《周易》經傳中無所根據。
　　　〈說卦傳〉雖云「離為目」，然既濟為上坎下離之卦，坎為耳不為目，則既濟又
　　　豈有兩目呢？此處所謂「凡卦成既濟則有兩離，為兩目」者，若非將既濟與其
　　　旁通之未濟合而言之，則是用互卦之說而釋既濟。以與既濟旁通之未濟合而言
　　　之，未濟為上離下坎之卦，亦有一離為一目，二者合之則有兩目。依里堂旁通
　　　之說，凡成既濟則與未濟旁通，故以此說「凡成既濟則有兩離」可通。若以互
　　　體言之，既濟下卦本為離，而三、四、五爻合而觀之又為一離，故謂既濟有兩
　　　離。然里堂已於《易圖略》中論卦變之非，而互體便是卦變的一種方式，是以
　　　里堂言「凡成既濟則有兩離」者，必非以互體言之，否則則自壞其例矣！
　　　吾人既已將「凡成既濟則有兩離，為兩目」之說解釋了，接著則來看臨二之五
　　　何以與履二之謙五為比例？履二先之謙五而後三之上成革，革為上巽下離之
　　　卦，僅有一離為一目，而與其旁通之蒙為上艮下坎之卦，無離則無目，故革僅
　　　有一目，此乃履六三所以謂「眇能視」之故也。蓋《說文》訓眇為一目也。又
　　　履二之謙五則謙成蹇，《說文》訓蹇為跛，是以履六三乃謂「跛能履」。而里堂
　　　又發現歸妹爻辭亦有云：「眇能視，跛能履」者，以《易》有一貫之旨言之，則
　　　歸妹與履卦同謂「眇能視，跛能履」，其間必有關係。首先，歸妹初九何以謂「跛
　　　能履」呢？蓋歸妹與漸旁通，歸妹四先二、五而之漸初則歸妹成臨，臨旁通於

「履霜堅冰至」之至與臨六四「至臨无咎」之至義同,皆爲二之五也。

　　除此例外,里堂尚舉所有《易》中言至字之例而詳述之,讀者可依其論《易》之法而詳究,則可見里堂說至字之不誣也。是故里堂乃云:

> 故《易》之稱至皆指二之五,凡稱括、假、懷、祭,義與至同,皆指二之五,可推而通也。……惟二、五先行得眾,則至爲元;二、五不先行,雖同是至而有凶。(同上)

是故至雖謂二之五,然至字之義並無好壞吉凶判斷在裏面,端看此至之二、五是否先行。若先行,則爲至而當者;若不先行,則爲至而不當也。至而當者爲吉,至而不當者則爲凶,是以雖同是至而有吉凶之別也。

### 5、幾者,變通之謂也。知幾者,知變通也

　　里堂以爲《易》中幾字之義爲變通,此與其釋利爲變通之義同。其云:

> 知幾、見幾,不外變通而已。傳又於復初九贊云:「顏氏之子,其殆庶幾乎,有不善未嘗不知,知之未嘗復行也。」《易》曰:「不遠復,无祗悔,元吉。」「庶幾」,謂庶乎其知幾也。乾二不之坤五而四之坤初成復,失道而不善矣!若不變通則不善不能改,自知不善即是知幾,變而旁通於姤,是爲「反復其道」。傳即先之云「天行也」,天行即乾行,又於乾九三贊云:「終日乾乾,反復道也。」然則由當位而變通爲知幾,爲反復道;由失道而變通亦爲知幾,爲反復道。(《易通釋‧卷三‧幾》)

里堂謂幾字爲變通於他卦,故知幾、見幾則爲知變通也。〈繫辭傳〉謂「顏氏

---

遯,臨與遯相錯則爲謙、履,是以歸妹初九乃云「跛能履」。此所以明歸妹四之漸初方可成臨而與遯相錯,此時乃能成履,故謂之「跛能履」。若不以四之漸初,而以三之漸上則歸妹成大壯,大壯與觀旁通,則不能相錯爲履、謙,故大壯〈象傳〉乃謂「君子以非禮弗履」。非禮者,謂歸妹以三之漸上成大壯,或以四之漸初成臨,皆先初、四、三、上先二、五而行,故爲非禮。而傳特於此贊「弗履」者,乃爲明歸妹成大壯而通觀則不能成履卦,其須成臨方可爲履。故由大壯〈象傳〉之「弗履」而知歸妹之「跛能履」乃指歸妹成臨不成大壯也。而歸妹九二所以言「眇能視」,與履六三爻辭同者,乃欲藉此明歸妹成臨之後,臨二之五正好爲履二之謙五之比例也。比例者,《易》辭相同或相近而可由卦爻變化窺出其辭之所以同者,乃互爲比例也。臨二之五與履二之謙五之爲比例即屬此者也。由此觀之,臨二之五所以爲履二之謙五之比例者,乃存乎歸妹卦之連繫與相錯之法也。是故不知《易》辭有一貫之旨,又不知《易》有相錯之法者,如何能解歸妹爻辭與履六三爻辭相同之因?又如何知臨二之五與履二之謙五之互爲比例?此所以證里堂於旁通之外,再言相錯之法乃有其必要也。

之子，其殆庶幾乎？有不善未嘗不知，知之未嘗復行也」，里堂即以此為例，言傳所謂「庶幾」者，即為「庶乎其知幾也」，而傳於此段後云「《易》曰『不遠復，无祇悔，元吉』」，此乃復初九之爻辭，故里堂謂〈繫辭傳〉所以云「顏氏之子」者，乃欲釋復卦初九爻辭之義也。乾二不之坤五而四之坤初，則坤成復，復卦即由此而來。〔註24〕復卦乃為初、四先二、五而來者，是為失道而來者也。既已失道，若不知變通則不善不能改；若知變通於他卦，則是自知不善而改者。復知其不善而變通於姤，此為復之知幾也。故復卦卦辭乃謂「反復其道」，而復卦〈象傳〉則謂「反復其道，七日來復，天行也」。是傳以「天行」贊「反復其道」也。何謂「天行」？依〈說卦傳〉可知乾為天，則「天行」即乾行也。此時再觀乾卦之辭，可發現乾卦〈象傳〉謂「終日乾乾，反復道也」，此所以贊乾九三爻辭之「終日乾乾」；而所謂「反復道」者，不正與復卦卦辭之「反復其道」相同？復乃由乾、坤失道之行而成者，若其不知變通於他卦而行之，則是失道而又失道；既是失道而又失道，則如何能謂其為「反復其道」呢？必是先有失道之行，故能謂為反，反即返也。由失道而變通於他卦，則由失道而復得其道，是故復卦卦辭乃云「反復其道」也。傳又於乾九三贊之者，蓋欲吾人明復之失道乃由乾、坤失道之行而來。復既由乾、坤之失道而來，則何以復初九爻辭卻謂「元吉」呢？必是其知變通之故也。而〈繫辭傳〉又於此謂「庶幾乎」，是以里堂乃云所謂幾者，正是變通之義。是以傳乃贊之云「顏氏之子，其殆庶幾乎，有不善未嘗不知，知之未嘗復行也」。由此觀之，知幾者，知變通者也；知幾者，亦為反復道也。由失道而變通謂為知幾，由當位而變通亦為知幾矣！

### （三）《易》辭中幾組相對概念之詮釋

《易》中有許多相對性的字，如吉與凶，往與來等，已於前文中討論過，所以不置於此小節中，在此節中專論其他《易》辭相對概念較強的幾組字詞。

### 1、剛與柔

### （1）剛柔者，指爻之陽與陰也

里堂解剛與柔與一般《易》家同指爻之陽與陰，其根據全在〈易傳〉。里堂云：

---

〔註24〕里堂於《易圖略‧卷六‧原卦第一》中已云：「乾、坤生六子，六子共一父母，不可為夫婦，則必相錯焉，此六十四卦所以重也。」則六十四卦之所由來為乾、坤二卦矣！故可謂復卦乃由乾、坤而來也。

循按〈雜卦傳〉首稱「乾剛坤柔」，〈說卦傳〉云：「立天之道曰陰與陽，立地之道曰柔與剛，立人之道曰仁與義。」仁即元也，利即義也，元而利即一陰一陽之道也。陰陽、剛柔、仁義，其義一也。傳又云：「分陰分陽，迭用柔剛。」又云：「發揮於剛柔而生爻。」乾傳云：「六爻發揮，旁通情也。」由旁通而有發揮，兩卦旁通，故分陰分陽，惟乾純陽，坤純陰，故乾剛坤柔，其餘六十二卦兩兩旁通，以此爻之陰對彼爻之陽，亦陰陽兩分，乃不純乎陰陽，則視五之陰陽以爲剛柔。剛通於柔，柔進爲剛，剛又通於柔，是爲迭用剛柔。自柔而剛則爲元、爲仁，自剛而柔則爲利、爲義。（《易通釋・卷四・剛柔》）

〈雜卦傳〉何以稱乾爲剛、坤爲柔，里堂以爲此乃因乾爲純陽之卦，坤爲純陰之卦，而其他六十二卦之爻皆有陽有陰，故〈雜卦傳〉以乾、坤言剛柔。如此說來，其他六十二卦是否無剛柔可說？那又不然。乾之爲剛，坤之爲柔，乃因其爻全爲陽、全爲陰，而其他六十二卦或剛或柔，則端看各卦之第五爻。第五爻爲陽者爲剛，第五爻爲陰者爲柔，而卦爻變化全在爻之陰陽互易，故里堂乃謂「剛通於柔，柔進爲剛，剛又通於柔」者，即爲〈說卦傳〉所謂「分陰分陽，迭用剛柔」與「發揮於剛柔而生爻」之意也。剛柔之相通有如陰陽之互異，就人事上言，〈雜卦傳〉既謂「立天之道曰陰與陽，立地之道曰柔與剛，立人之道曰仁與義」，則陰陽剛柔乃天地自然變化，呼應於人事則爲仁義之道。又《易經》首稱「元亨利貞」，元者善之長也，故元即爲仁；利者義之和也，故利爲義。元字於《易》之卦爻變化中乃爲二之五之義，利字於卦爻變化中乃爲變通於他卦之謂，而元即爲仁，義即爲利，則仁與義在《易》中亦即爲陰陽剛柔互易互通之變化，故聖人將陰陽、剛柔、仁義三者並立爲立天、立地、立人之道。是以陰陽、剛柔、仁義於《易》中爲卦爻變化之道，於自然中爲萬物變化之理，於人事中則爲行事之準則，是以里堂謂此三者之義一也。至於爻之所生既由剛柔之發揮而來，那麼剛柔之發揮又爲何義呢？里堂引乾卦〈文言傳〉「六爻發揮，旁通情也」云：發揮者，旁通之謂也。旁通者，卦爻變化之道也。則〈說卦傳〉所謂「發揮於剛柔而生爻」，不正是言卦爻變化嗎？是以剛柔在里堂看來，是指爻之陰陽，而剛柔、陰陽之變化則端視於旁通之法也。

（2）剛中、剛得中、柔得中者，爲剛在五之義；柔中則爲柔在五之義也

《易》有所謂「剛中、剛得中、柔中、柔得中」者，里堂求諸經傳言及此四者之辭句，將其與其爻所居之位，所變化之道，並而觀之，依此得「剛中、剛得中、柔得中」爲剛在五之義，「柔中」則爲柔在五之義。里堂云：

> 剛在五爲剛中，柔在五爲柔中，柔中必更變爲剛中，故云「其用柔中」，用即更變也。惟柔中乃須更變，若已剛中則靜而不動矣！傳稱剛中者十二（蒙、師、比、小畜、臨、无妄、坎、萃、升、困、井、兌），稱剛得中者四（訟、漸、節、中孚），皆以剛居五而言。姤傳云「剛遇中正」，乾傳云「剛健中正」，履傳云「剛中正，履帝位而不疚」，柔中則失，剛中則得。凡傳稱柔得中，謂五本柔，變爲剛中，自柔而變爲剛爲柔得中，自剛言之即爲剛得中。剛得中謂剛中，柔得中亦謂剛中，唯剛中乃稱得中也。（同上）

里堂遍查傳稱剛中之卦有十二，而此十二卦第五爻皆爲陽爻；稱剛得中者四，此四卦之第五爻亦皆爲陽爻，由是而知，凡《易》所謂剛中、剛得中者，皆指第五爻爲陽爻。較麻煩的是柔中與柔得中的問題。柔中可謂爲卦之第五爻爲陰爻，此依剛中第五爻爲陽爻之例可推得。然第五爻爲陽位，應以陽爻居之方可謂爲得，傳卻謂柔得中，若柔得中之意爲陰爻居五位，則爲矛盾之說矣！是以里堂乃轉而求之於他。柔居五爲失位，傳既云「迭用剛柔」，則柔失位而更變爲剛，由失位而變爲得位矣！柔本失位，今一經變更爲剛，是合於得中之說也。如此看來，則所謂柔得中者，豈非指第五爻本爲陰爻，一經變更而爲陽爻之謂，蓋唯有剛中乃可謂之得中。然此僅爲初步認定，須核之於經文方可確定其無誤，故里堂舉例而證之。其云：

> 何以明之？「未濟亨，柔得中也」，既濟初吉亦云「柔得中也」。未濟五本柔中，二之五則剛中，是爲柔得中。本柔而得剛中所以亨，所以初吉。初吉者，三、四不先行，先以二之五成否爲吉也。得字即作剛字，柔得中則小者亨，既濟之柔得中，正與未濟之柔得中相貫。解者以未濟柔得中指五（荀爽），既濟柔得中指二（虞翻），非其義也。（同上）

未濟〈彖傳〉云「未濟亨，柔得中也」，與未濟旁通的既濟〈彖傳〉則謂「初吉，柔得中也」，何以既濟與未濟皆云「柔得中」呢？里堂以爲未濟第五爻爲陰爻，爲柔中；而以二之五後，由柔中一變而爲剛中，是以其〈彖傳〉乃謂「柔得中」，本爲柔而後得剛，故爲亨也。既濟〈彖傳〉所以云「初吉」者，

必是二、五先初、四、三、上而行方可爲吉。既濟六爻已定，須旁通未濟方可再行。既濟旁通於未濟而後未濟二先之五成否，此即既濟〈彖傳〉謂「初吉」之故。而其所以謂「柔得中」者，亦即指既濟旁通於未濟而後未濟二之五，是以既濟〈彖傳〉之「柔得中」，正與未濟〈彖傳〉之「柔得中」相互呼應也。荀爽以爲未濟之「柔得中」乃指未濟第五爻爲陰，虞翻以爲既濟之「柔得中」乃指既濟卦第二爻爲陰，此等言論在里堂看來，皆非的論。蓋同一「柔得中」，可指第五爻，亦可指第二爻，則卦爻豈爲可隨意而說之矣！在里堂的《易》學觀念中，《易》爲聖人之作，有一貫之旨，故凡《易》中出現「柔得中」，在其釋《易》系統中，皆爲第五爻本柔，後由柔變爲剛之謂也。

由此觀之，「剛中」與「柔中」皆指一已成之卦爻狀態，而「剛得中、柔得中」指的是卦爻變化的意思，二剛之於五柔爲「剛得中、柔得中」。那麼「剛得中」與「柔得中」又有什麼差別呢？里堂以爲「剛得中」與「柔得中」雖同是代表二剛進於五柔之義，然其所以稱名不同者，在於言此卦爻變化角度之不同也。以第二爻爲主的角度來看，二剛進於五柔謂之「剛得中」；以第五爻爲主的角度來看，二剛進於五柔謂之「柔得中」。雖同爲二剛進於五柔，然由於角度之不同，其稱謂亦有所差別。是以里堂乃云：

> 得中即得位，在五言之爲柔得中，在二言之爲剛得中。若五本是剛，不必言得，惟五以柔進而爲剛斯爲得中，可稱柔得中，亦可稱剛得中。剛得中，剛本在二而得中於五也；柔得中，五本是柔而得進爲剛也。剛中即是剛得中，柔中與柔得中迥別。剛而中即是得，柔而得，則中已不柔也。（同上）

故所謂得，必是剛中，亦即爲第五爻由柔進而爲剛也。

### 2、大與小、新與舊

#### （1）大即剛，小即柔，齊大小者，剛柔互通，亦即旁通之謂也

里堂言《易》辭大小與剛柔之義同，大即剛，小即柔也。剛柔既須互通，則大小亦得互易。所謂剛柔互通、大小互易者，即旁通之謂也。里堂云：

> 循按〈繫辭傳〉云：「齊大小者存乎卦」，齊者，整齊之也。陽剛爲大，陰柔爲小，一陰一陽所爲齊也。乾剛坤柔，乾二之坤五，乾成同人，坤成比，兩卦皆剛中，不齊矣！以同人孚師，以比孚大有，則又齊矣！是謂齊小大也。齊則大通於小，小進爲大；不齊則大不孚於小，小不進於大。小不進於大，則小而又小以至於匪也。故凡

> 卦以剛通柔爲孚，既孚，則以柔進爲剛乃爲利，齊亦利也。（《易通
> 釋・卷四・大小》）

〈繫辭傳〉既已直謂「齊大小者存乎卦」，則大小之義在卦而不在爻明矣！陽剛爲大，陰柔爲小，剛柔既須互通，則大小亦必互易，如此方可合於《易》生生不已之義。故〈繫辭傳〉所謂「齊大小者」，即齊剛柔也。一剛一柔則齊，兩剛兩柔則不可謂之齊矣！如乾二之坤五，乾成同人，坤成比，同人與比之第五爻皆爲陽爻，爲剛，不可通，亦不可齊矣！若以同人旁通於師，以比旁通於大有，則一爲剛，一爲柔，如此則又可通矣！是以謂之齊。故齊則大孚於小，小進於大；若不齊，則小不進於大，而又至於小，是小而又小以至於匪也。故齊字在卦爻變化上的意義即爲所謂旁通，而利字在里堂的釋《易》系統中，亦爲旁通，故里堂乃謂「齊亦利也」，亦即當《易》言齊言利時，在里堂看來皆指變通也。變通者，謂卦與卦間的關係，此又合於〈繫辭傳〉所謂「齊大小者存乎卦」。以此論經之言大小，亦可通之無礙。如里堂云：

> 故乾剛通於坤柔，坤五以小爲大則「大哉乾元」，坤成屯通於鼎，鼎
> 五小，以孚屯五之大，而必以鼎二之五爲「利見大人」。經稱大人者
> 十二（乾九二、九五、訟象、否六二、九五、蹇象、上六、萃象、
> 升象、困象、革九五、巽象），皆謂小進於大。小進於大爲大人，小
> 不進於大則爲小人；大不孚於小則盈不可久，孚於小即大中而上下
> 應之乃可用。（同上）

乾爲剛，坤爲柔，乾二之坤五則坤五由小爲大，故乾卦〈象傳〉乃謂「大哉乾元」。乾二之坤五而四之坤初，坤成屯，屯通於鼎，鼎五爲陰爲小，必通於屯五之陽之大，而以鼎二之五，此乃爲乾九二、九五兩言「利見大人」之故。乾二之坤五固爲「利見大人」，爲大孚於小也；而屯旁通於鼎，鼎五爲陰，必旁通於屯五之陽，而後方可以鼎二之五，此亦爲大孚於小，小進爲大之例，亦即爲「利見大人」也。《易》中凡稱「大人」者，皆謂小進於大。小進於大方可謂爲「大人」，若小不進於大，大不孚於小，則爲「小人」。如泰卦〈象傳〉「內君子而外小人，君子道長，小人道消」之謂。泰之「小人」乃由大有二、五不行，而先以四、上行之之故也。

**（2）新者即食，變更之謂也；舊者即前，不知變更者也**

里堂論《易》中新舊之義，以知不知變通分之，知變通爲新，不知變通

則為舊。里堂云：

> 循按訟六三「食舊德」，井初六「舊井无禽」，傳於鼎稱「取新」，於
> 大畜稱「日新其德」，兩新字正用以贊兩舊字，此傳之贊經最為微妙
> 者也。井與噬嗑旁通，即為屯、鼎之相錯。坎二不之離五而離上之
> 坎三成豐，井失道矣！井宜舍豐而通噬嗑，乃井不通於噬嗑而仍與
> 豐係，豐四之井初，所為「井泥不食」也。舍豐而通噬嗑，則以能
> 更變而為新，不能更變故為「舊井」也。井更變於噬嗑，井二之噬
> 嗑五為鼎二之五之比例。〈雜卦傳〉云「鼎取新也」，謂屯通於鼎也。
> 屯通於鼎則「取新」，井通於噬嗑則「取新」，井不通噬嗑而仍與豐
> 係，是不能「取新」矣！不能「取新」則「舊井」矣！豐四之井初，
> 井成需，豐成明夷。明夷通訟，訟二之明夷五則「食舊德」，井以不
> 食而舊，舊而能變通則仍食矣！此「舊德」之舊即「舊井」之舊也。
>
> （《易通釋・卷四・新舊》）

《易》中言舊字者有二，一為訟六三「食舊德」，一為井初六「舊井无禽」。
而傳之言新字者亦有二，一為〈雜卦傳〉之「鼎取新也」，一為大畜〈象傳〉
之「日新其德」。因里堂認為《易》有聖人一貫之旨，故以此四者間藏有聖人
之微言大義。

　　首先由井卦「舊井无禽」著手。井與噬嗑旁通，而井與噬嗑又為屯、鼎
相錯之卦。〈雜卦傳〉於鼎云「取新」，似為贊井初六之舊也。再依此線索追
下去，井卦乃由坎二不之離五而離上先之坎三所成，此時坎成井，離成豐，
是由失道而成之卦。既已失道，則井宜舍豐與噬嗑旁通，若井仍不旁通於噬
嗑而與豐係，則豐四之井初為井初六之「井泥不食」。若知舍豐而旁通於噬嗑，
以井二之噬嗑五，此正為鼎二之五之比例（因屯、鼎相錯正為井、噬嗑之旁
通也）。而〈雜卦傳〉又贊鼎為「取新」，由此可知，井初六之「舊井」乃為
其不知變通於噬嗑之故，若知變通，則與鼎二之五互為比例，是為「取新」
也。故新者，乃知變通之謂；舊者，不知變通者。再看井由不知變通而以初
之豐四的情形。井初之豐四，井成需，豐成明夷，此又為失道之行。若知變
通，則明夷通於訟，訟二之五則為訟六三之「食舊德」，知變通則為「食舊德」，
不知變通則仍為「舊井」，故食字亦為變通之義。訟六三之「舊德」者，乃由
不知變通的豐、井二卦而來，故訟之「舊德」即井之「舊井」，此二者之舊同
也。一知變通於訟，則為「食舊德」，故食與新字同為變通於他卦也。

### 3、遠與近，內與外

#### （1）凡卦爻之行初即合於旁通二、五先行法則者為近，其初失道，後知改悔者為遠

里堂解《易》辭皆以旁通法則言之，此處亦不例外。其釋《易》中遠近二字，亦以卦爻是否合於旁通法則言，其爻之行開始即合於二、五先行法則者爲近。若其卦爻之行，起初未能合於旁通二、五先行法則，其後能知悔改，旁通於他卦，則前雖失道，然亦知改悔，雖已繞了一圈，最終卻仍合於道，則謂之遠。里堂云：

> 循按〈繫辭傳〉三言遠，兩言邇，由復初九「不遠復」一言贊之也。乾二之坤五而初、四應之，在四則懼，在二則譽，不煩改而變通，故爲近。若乾二不之坤五而四之坤初，乾成小畜，坤成復。復若不能改變，又以小畜上之復三成明夷，明夷雖能通訟，已輾轉艱難而後得，故爲遠，所謂「柔之爲道，不利遠者也」。惟復即孚於姤，姤四不之初，即以二之復五，雖不能如乾二之坤五得中無失，而隨失隨復，故「不遠復」，成明夷而後復則「遠復」矣！（《易通釋・卷四・遠近》）

其謂〈繫辭傳〉言遠字有三，言邇字有二，且皆可與復初九爻辭「不遠復」相互觀之。〈繫辭傳〉言遠近二字者有：

> 夫《易》，廣矣！大矣！以言乎遠則不禦，以言乎邇則靜而正。

> 是以君子將有爲也，將有行也，問焉，而以言其受命也如響，无有遠近幽深，遂知來物，非天下之至精，其孰能與此。

> 近取諸身，遠取諸物，於是始作八卦，以通神明之德，以類萬物之情。

> 服牛乘馬，引重致遠，以利天下，蓋取諸隨。

> 《易》曰「不遠復，无祗悔，元吉」。

> 《易》之爲書也不可遠，爲道也屢遷，變動不居，周流六虛，上下无常，剛柔相易，不可爲典要，唯變所適。

> 二與四同功而異位，其善不同，二多譽，四多懼，近也。柔之爲道，不利遠者，其要无咎，其用柔中也。

> 遠近相取而悔吝生。

凡《易》之情近而不相得則凶。

此中言遠字有八處，就算扣掉復初九「不遠復，无祇悔，元吉」一條，其所言者尚有七處。又，言近字有五處，言邇字有一處，皆非里堂所謂「言及遠者有三，邇者有二」，此為里堂之誤，今於此正之。

　　里堂既言〈繫辭傳〉所云遠近二字皆可由復初九「不遠復」釋之，則其必以復之卦爻變化著手解遠近所表之義。復卦乃由乾二不之坤五而四之坤初所成，是為失道而成之卦。此時乾成小畜，坤成復，若仍不知改悔，而又以三之小畜上，則復成明夷，又為失道之行。此時即使明夷知改悔而旁通於訟，也已繞了一大圈，雖由失道而復於道，然行之已遠，故為「遠復」。若乾、坤失道成復時，復即知改悔而旁通於姤，以五之姤二，則雖非如乾二之坤五得中無失，然亦為一經失道即知改悔而復於道，是以復初九爻辭乃為「不遠復」，即指復一經失道立即悔改而復於道也。所謂近者，則如乾二之坤五而初、四應之，卦爻之行，初即合於旁通二、五先行之道，故為近。如此觀之，里堂言遠近之義，實以卦爻之行合於旁通法則之早晚而定。始即合於旁通法則者為近；一失道即知改悔而旁通他卦則為不遠；若已失道而尚不知改悔，其行又失道之後乃知改悔者則為遠矣！

　　（2）內者，五已正位者也；外者，五未正位者也

　　《易》中每有言內外者，〈雜卦傳〉直謂「睽外也，家人內也」，李鼎祚引虞仲翔以為《易》之內外專以指離，故謂「離女在上故外，家人女內故正乎內」。〈雜卦傳〉云「睽外」者，乃因睽之上卦為離；云「家人內」者，乃因家人之下卦為離，里堂則以為此說非也。其云：

　　　　循按〈雜卦傳〉云：「睽外也，家人內也。」李鼎祚引虞氏義云：「離女在上故外，家人女正乎內故內。」內外專以指離，未切於《易》義。一卦六爻，下卦稱內，上卦稱外，固也。此以家人與睽分屬內外，則以旁通之兩卦言之，睽與蹇旁通，睽為外則蹇為內；家人與解旁通，家人為內則解為外。大抵五已正位者為內，五未正位者為外。（《易通釋・卷四・內外》）

里堂雖亦以下卦稱內，上卦稱外，然其以為內外專指離之說為非。里堂認為《易》辭所謂內外，是指旁通之卦而言，凡旁通之卦，其第五爻已正位為陽，則為內；其第五爻尚未正位，則為外。依旁通定義可知，凡兩旁通之卦六爻必定全異，故若以第五爻為《易》所謂內外之分判，則似無不可。是以〈雜

卦傳〉雖僅謂「睽外，家人內」，然亦可由此推知與睽旁通之蹇爲內，與家人旁通之解爲外。依此原則，六十四卦每卦之爲內爲外皆可得也。然此尚爲一假設之說，須驗之以《易》辭也。今以里堂所舉之例觀之，其云：

> 睽二之五成无妄，則外變爲內。无妄傳云：「剛自外來而爲主於內。」无妄五自睽來而云「外來」，明睽爲外。既成无妄，則爲主於內，明以无妄爲內。无妄五剛，睽五柔，內外之義莫詳於此。（同上）

〈雜卦傳〉既直謂睽爲外，依旁通法則，睽與蹇旁通，睽二先之五成无妄，睽五爲陰爻，二爲陽爻，今以二之五而成无妄，則无妄之五爲陽。无妄〈象傳〉謂「剛自外來而爲主於內」，則所謂「剛自外來」者，豈不正謂睽二之五成无妄。蓋无妄之五剛乃自睽而來，故謂「剛自外來」。无妄又謂「爲主於內」，是无妄之剛雖自睽外而來，然其第五爻既已正位，則自可稱之爲內，故爲「爲主於內」。是以睽第五爻爲陰，故〈雜卦傳〉謂之爲外，无妄第五爻爲陽，乃自睽二之五來，是以无妄〈象傳〉謂其「剛自外來而爲主於內」也。里堂以睽與无妄之關係，加上〈雜卦傳〉、〈象傳〉之言，證明了「凡卦之第五爻已正位者爲內，尚未正位者爲外」之說合於《易》義。

4、上與下，進與退，得與喪，存與亡

（1）上與下，謂爻之行也。爻之往上行爲上，爻之往下行爲下

在里堂的釋《易》系統中，《易》中所出現的上下，乃專指爻之所行，向上則爲上，向下則爲下。而所謂上下又有兩種不同的類型：一爲上下專指二、五爻之行者，二之五爲上，五之二則爲下；一爲上下專指初、四、三、上之應乎二、五者，初、四應二、五而行則爲宜下；三、上應二、五而行者爲宜上。是以在里堂釋《易》系統中，上下雖僅指爻之所行方向，然亦有不同之差別。

里堂以上下專指二、五之行者，舉乾、坤二卦爲例，其云：

> 循按乾九五〈文言傳〉云：「本乎天者親上，本乎地者親下。」「乾爲天」，本乎乾，則是乾二之坤五也，乾二之坤五而親在坤上。「坤爲地」，本乎坤，則是坤五之乾二也，坤五之乾二則親在乾下也。（《易通釋・卷四・上下》）

〈說卦傳〉謂「乾爲天」、「坤爲地」，而乾九五〈文言傳〉則謂「本乎天者親上，本乎地者親下」，「本乎天者」指的即是本乎乾也。乾二不當位，坤五亦不當位，依旁通法言，乾與坤旁通，乾二先之坤五。二之五爲爻之向上而行，

故乾九五〈文言傳〉所謂「本乎天者親上」，乃指乾二之坤五也。又坤既爲地，本乎地即本乎坤也。以坤言之，乾二之坤五變爲坤五之乾二矣！二之五、五之二，其義雖同，然自上下言之，二之五爲上，五之二則爲下，是以乾九五〈文言傳〉於「本乎天者親上」之後乃謂「本乎地者親下」也。蓋以坤言之，是坤五之乾二，故爲下；以乾言之，是乾二之坤五，故爲上。

《易》辭上下之義除指二、五之行外，亦指初、四、三、上與二、五相應之關係。里堂以爲凡初、四隨二、五而行者爲下，亦即下應；凡三、上隨二、五而行者爲上，亦即上應。若初、四已應二、五而行，而三、上又應之，是爲上下敵應，爲有咎，是以《易》辭乃謂「宜下不宜上」也。里堂云：

> 蓋初、四從二、五爲下，三、上從二、五爲上。初、四從則三、上不從，是不宜上宜下也；三、上從則初、四不從，是已上也。不宜上則宜下，不宜下則宜上，經自示其例如此。凡初、四從二、五爲下應，三、上從二、五爲上應，上應則下不可應，下應則上不可應，是爲上下順。下應而上又應，則下順而上逆；推之上應而下又應，則上順而下逆矣！此上下以初、四、三、上言者也。（同上）

此爲里堂以爲《易》辭所謂上下的第二種含義。今以里堂所舉之例，證此說之合於《易》義。里堂云：

> 損〈象傳〉云：「損下益上，其道上行。」謂二上行於五成益。益〈象傳〉云：「益，損上益下，民說无疆，自上下下，其道大光。」謂益上之三成既濟，必通於恒。恒二先之五成咸，咸上兌，故「民說而无疆」也。何爲「自上下下」？上指益上之三，下指咸四之初。損二之五成益，益上不遽之三，讓咸四之初，然後通於恒，俟恒二之五而益上乃之三，是上應下於下應，如是，道乃廣大而不窮矣！（同上）

損卦〈象傳〉謂「損下益上，其道上行」，依里堂謂上下之第一種意義，則損〈象傳〉所謂之「其道上行」乃謂：損二上行於五，此時損成益。而益卦〈象傳〉謂「損上益下，民說无疆，自上下下，其道大光」者，乃謂益與恒旁通，恒二先之五，而後益上乃之三應之。二、五先三、上而行，故「其道大光」。恒二之五成咸，咸之上卦爲兌，〈序卦傳〉謂「兌者說也」，是以益〈象傳〉乃謂「民說无疆」。何謂「自上下下」呢？蓋自損卦觀之，損與咸旁通，咸四必待損二之五而後乃之初也。初、四應二、五而行，故謂之下。自益卦觀之，益與恒旁通，益上必待恒二先之五而後乃之三。三、上應二、五而行，故謂

之上。「自上下下」者,即指損二之五成益,益上不馬上之三,先讓咸四之初應損二之五而行,之後,益乃應恒二之五而行也,此謂之「自上下下」也。上何以下於下?蓋下先行而上後行也。不論是上也好,是下也好,皆是初、四、三、上應二、五而行者,皆合於旁通法則,故謂之爲「其道大光」。

由此觀之,《易》辭所謂上下者,或指二、五之行而言,或指初、四、三、上之行而言,里堂以此定義《易》辭中上下之義,實可證之《易》中而無誤矣!

### (2)進者,本卦第五爻未得位,而以二之於五者也;退者,本卦第五爻已得位,而旁通於他卦者也

里堂解《易》所謂進退之義,仍以卦爻之行言之。凡本卦第五爻尚未得位,則須以二之於五,此之謂進;凡本卦第五爻已得位,旁通於他卦者,此之謂退。里堂云:

> 循按〈序卦傳〉云:「晉者,進也;遯者,退也。」又云:「漸者,進也。」〈雜卦傳〉云:「遯則退也,需不進也。」需不進,以二不可之明夷五也。通於晉,則二可之於晉五,故晉進。進者,謂二進於五也。〈說卦傳〉云:「巽爲進退。」經文稱進退,一見於巽初六「進退,利武人之貞。」一見於觀六三「觀我生,進退。」乾九四〈文言傳〉云:「進退无恒,非離羣也。」〈文言傳〉既進退並稱,而九四傳則云:「進无咎也。」〈文言傳〉又云:「乾道乃革。」又云:「亢之爲言也,知進而不知退,知存而不知亡,知得而不知喪。」所以發明進退之義者詳矣!喪亡,謂五不得位也;得存,謂五得位也。喪亡者宜進,得存者宜退。坤成屯而通鼎,鼎五喪亡則宜進;鼎二之五成遯,又宜退而通臨,故遯則退。坤成屯,乾成家人,不知退則成兩既濟爲窮之災。(《易通釋·卷四·進退》)

里堂先以〈序卦傳〉、〈雜卦傳〉所云進退之卦爲例,以此爲探索進退二字在《易》中所代表含義的主要線索,再配合以旁通之法,成功的賦予了進退二字既合於其理論系統,又合於《易》辭之意義。〈序卦傳〉既謂晉爲進,遯爲退,又謂漸爲進;而〈雜卦傳〉則謂遯爲退,需爲不進,則傳謂此諸卦之或爲進,或爲退,必有其含義。依旁通法可知需與晉旁通,而傳乃謂晉爲進,需爲不進,就進退之義而言,兩旁通之卦必一爲進一爲退矣!里堂在論剛柔之義時,已謂卦之剛柔端視其第五爻之陰陽,陽者爲剛,陰者爲柔。此處欲

解經傳何以謂某卦為進，某卦為退者，亦以第五爻觀之。晉之第五爻為陰，傳則謂之為進；需之第五爻為陽，而傳則謂之為退。晉之第五爻為陰，不得位，則須以與其旁通之需卦之二進於晉五，而需之第五爻既已為陽得位，若不知變通，則需、晉最終必成兩既濟卦而終止不行，終止不行則與《易》生生之本義相違背，故需必變通於他卦也。需之第五爻為陽而變通於他卦，傳則謂之不進，是以凡卦之第五爻已得位而旁通於他卦者則為不進，不進即退。以晉卦來看，則凡卦之第五爻為陰不得位，則必以二之於五，此則為進也。

再者，需之不進與明夷何干？何以里堂乃謂需不進指需二不可之於明夷五也？蓋《易經》諸卦皆由乾、坤而來，需、明夷者，正為乾四之坤初，而後上之坤三所成之卦也。此時乾、坤因失道之行而成需、明夷，而需、明夷並不互相旁通，故不可遽以需二之明夷五也，否則即不合於旁通法成兩既濟而窮矣！是以里堂乃謂傳所謂需不進者，乃指需二不可之於明夷五也。

再由此觀乾卦〈文言傳〉所云，則又可知《易》中得存喪亡之義矣！乾卦九四〈文言傳〉既並稱進退而謂「進退无恒，非離群也」，其〈文言傳〉又謂「亢之為言也，知進而不知退，知存而不知亡，知得而不知喪」，則其欲發明進退之義詳矣！依〈文言傳〉所云，則知進、知存、知得三者為一組，知退、知亡、知喪三者為一組，進之義既為第五爻為陰爻而以二進於五，則亢之只知進而不知退者，即為只知二之於五，而不知在第五爻已得位時須退而旁通他卦之義矣！不知退而旁通他卦，則由知進而變為亢、為喪、為亡矣！反之，若既知進而又知退，則知於第五爻為陰時，須以二之於五而為進、為得、為存也。又知於第五爻已為陽時為得位，須退而變通於他卦，以求生生不息矣！於第五爻為陽時，須退而旁通於他卦，如此則又為知退、知亡、知喪。否則只知進而不知退則為喪亡，只知退而不知進亦為喪亡矣！是以得存者，指第五爻得位；喪亡者，指第五爻不得位。知喪、知亡則二進於五，知得、知存則退而旁通他卦。如此，則進退、存亡、得喪之義明矣！故里堂乃云：

> 進退之義明，則得喪存亡之義明。五正位為得，五不正位為失，得
> 則吉，失則凶。(《易通釋‧卷四‧得喪、存亡》)

然漸之第五爻為陽，已得位，何以〈序卦傳〉乃謂「漸者進也」？蓋傳之所以言漸為進者，乃指漸成蹇而通於睽也。睽之第五爻為陰，第二爻為陽，故以睽二之於五為進也。此傳所以言「漸者進也」，漸之進在睽也。里堂云：

> 傳以進贊漸，即謂漸成蹇通於睽。何以明之？漸〈象傳〉云：「漸之

進也，女歸吉也。進得位，往有功也；進以正，可以正邦也。」「往
有功」，即蹇〈彖傳〉之「往有功」，「可以正邦」即蹇〈彖傳〉之「以
正邦」，連用「往有功、以正邦」兩言，顯與蹇〈彖傳〉相鈎貫。明
以此，漸之進即蹇通睽，「柔進上行」之進，傳之贊經極爲神妙者也。
（《易通釋・卷四・進退》）

里堂何以知漸與蹇有關？蓋肇因於漸、蹇二卦〈彖傳〉之辭極相似矣！漸〈彖
傳〉謂「進得位，往有功也；進以正，可以正邦也」；蹇〈彖傳〉則謂「利見
大人，往有功也；當位貞吉，以正邦也」。兩卦〈彖傳〉同謂「往有功」、「以
正邦」，則傳所以如此者，必暗指此二卦間有某種關係。里堂依此究之，發現
漸與歸妹旁通，歸妹二之五而後漸上之歸妹三則漸成蹇，此傳所以贊漸、蹇
二卦之辭所以重出之因也。蹇之二、五爻已定，與蹇旁通之睽則二、五爻皆
未定，睽卦〈彖傳〉所謂「柔進而上行，得中而應乎剛」者，正所以指睽二
之五。五爲柔，二爲剛，五未得位，二之於五，則五爲剛，二爲柔，皆得位，
故爲「得中而應乎剛」。是以所謂進者，乃指五爻不得位而二之於五也。由此
可知，傳之所以贊漸爲進，非指漸，乃以此示吾人睽二之五爲「柔進而上行」
也。

### （3）得喪、存亡

得喪、存亡之義，已在論進退時略言之，今再專就得喪、存亡而論。在
里堂的釋《易》系統中，得與存，喪與亡表示著同樣的意義，皆指第五爻之
得位與否。第五爻得位爲得、爲存，不得位則爲喪、爲亡。里堂云：

五正位爲得，五不正位爲失，得則吉，失則凶，故〈繫辭傳〉云：「吉
凶者，失得之象也。」然失而不得固凶，而非失則無以爲得。比九
五傳云：「舍逆取順，失前禽也。」「失前禽」爲「取順」者，知得
而知喪也。坤五本喪則宜「得朋」，西南、坤也，故「西南得朋」。
蹇五已得則宜「喪朋」，東北、蹇下艮也，故「東北喪朋」。「得朋」
固爲「與類行」，「喪朋」亦爲「終有慶」。喪而得，交也；得而喪，
易也。得而喪，反也；喪而得，復也。反復其道，一即一陰一陽之
道。（《易通釋・卷四・得喪、存亡》）

里堂以卦之第五爻得位爲得、爲存，失位爲失、爲喪、爲亡，其舉比、坤、蹇
三卦爲例而言之。比卦九五〈彖傳〉謂「舍逆取順，失前禽也」，里堂以爲其所
以「失前禽」乃爲「取順」，是由失而知得，故里堂謂「失而不得固凶，而非失

則無以爲得」，此即由失而知得之例。再者，依里堂所謂「五得位則爲得，失位爲喪」言，坤五爲陰爻失位，故爲喪。知喪則二進於五爲得，是以坤卦卦辭乃謂「西南得朋」。西南者，依〈說卦傳〉說八卦之方位，可推知坤爲西南之卦，是以坤卦卦辭謂「西南得朋」。以蹇卦來說，蹇之第五爻爲陽，已得位，故須知喪而變通於睽，方得生生不息。而蹇之下卦爲艮，依〈說卦傳〉可知艮爲東北之卦，是以蹇卦卦辭乃謂「不利東北」。又蹇爲乾二之坤五而後上之坤三所成之卦，而蹇第五爻已得位，其下卦又爲艮，爲東北之卦，已得位則宜知喪，故坤卦卦辭乃謂「東北喪朋」。「得朋、喪朋」皆爲吉，蓋知得則知退而旁通於他卦，故吉；知喪則知進而二之於五，亦爲吉行。由喪而得爲復，即失而復得；由得而喪則反，一反一復則《易》道生生不息，故爲反復其道。凡知得、知喪、知喪、知存、知亡皆爲无咎，若不知得喪、存亡、進退之理則其行有咎矣！

### 5、生與死

#### （1）生謂中未亡，死謂中亡，中者、第五爻也

《易》辭中有謂生，有謂死，里堂以爲生死二字在《易》中所代表的意義是第五爻的得位與否，及卦爻之行是否合於旁通法則。卦爻之行合於旁通則生生不息，故爲生；卦爻變化不合於旁通，則終止道窮而爲死矣！里堂云：

> 經之稱生者二卦，觀六三、九五「觀我生」，上九「觀其生」，大過九二「枯楊生稊」，九五「枯楊生華」是也。經之稱死者二卦，離九四「突如，其來如，焚如，死如，棄如」，豫六五「貞疾，恒不死」是也。乾二之坤五，成家人、屯則通解、鼎，成蹇、革則通睽、蒙，是生而又生，故生生之謂《易》。故二之坤五爲大生，屯、蹇通鼎、睽爲廣生，大生故資始，廣生故資生，觀爲蒙二之五之卦，經於此明生生之義。（《易通釋·卷四·生死》）

言及生者有觀與大過，言及死者有離與豫。何謂生？凡卦爻之行合於旁通法則者，因其卦爻互易可變化無窮，合於生生不息之義，故爲生，反之則爲死。今先觀此段所言，《易》卦皆由乾、坤而來，則其卦爻之始生必自乾、坤起。乾二之坤五而初、四應之成家人、屯，依旁通法可知家人、屯通於解、鼎。乾二之坤五而三、上應之則成蹇、革，依旁通法可知蹇、革旁通於蒙、睽。如此，則卦爻之變化生生不息矣！而《易》之所以於觀卦特言生者，乃觀爲蒙二之五所成之卦也。蓋乾、坤成蹇、革則通於睽、蒙，若依旁通法行，則蒙二須先之五，成觀卦，是以經乃於觀卦特言生也。「觀我生」者，言觀卦乃

由乾二之坤五而後三、上應之成蹇、革，而蹇、革又旁通於睽、蒙。蒙二之五而成觀，此時觀又旁通於大壯，而大壯以二之五則成革，此乃合於旁通法之行而生生不息者，故謂之「觀我生」，觀由觀卦自己本身依旁通法所成之卦而生生不息矣！若要生生不息，則觀初之大壯四必須應大壯二之五而行，此時觀則成益。依旁通法益旁通於恒，為了要繼續生生不息，則恒二必先之五，故所謂「觀其生」者，乃指由觀成益，益旁通於恒，而恒二又先之五之行也，故謂之「觀其生」，觀由觀卦所衍生出他卦之變化也。是以所謂生者，即指卦爻變化合於旁通法而生生不息者。大過之「枯楊生華、枯楊生稊」，其所以為生者，皆同於觀卦之所以為生，此不再贅述。今再論里堂言《易》之所謂死。其云：

> 豫六五傳以「中未亡」贊「恒不死」，然則死謂五亡也。坎二不之離五而離四之坎初，離成賁，坎成節。與旅四之初同。「焚如」即「旅焚其次」之焚，旅傳云：「旅焚其次，亦以傷矣！」傷謂成明夷。旅成明夷即離成明夷，是賁上之節三，如是則「死如」。故賁上之困三，困成大過，賁成明夷，傳贊之云：「死期將至。」將至者，大過四又之初，即離上先之坎三而四又之坎初也。（同上）

里堂何以直謂生之義為五未亡，死之義則為五亡呢？此乃由〈易傳〉而得知矣！豫六五謂「貞疾，恒不死」，其〈象傳〉則贊之「恒不死，中未亡也」。其贊「恒不死」以「中未亡」，可知「中未亡」則「不死」，而死者，則中亡矣！里堂深信經傳皆為聖人之作，故其以傳所贊經之言而謂生死之義。而所謂中者，便是指每卦之卦主第五爻也。由此觀離之「死如」，死既為中已亡，則第五爻不正。是以坎二不之離五而離四先之坎初，離成賁，坎成節。而離九四言「死如」前，有「焚如」二字，旅九三又言「旅焚其次」，離之成賁正與旅五不之節二而四之初成賁同，二者之成賁皆由不合旁通法則而成，故皆言「焚」。旅九三〈象傳〉贊之云「旅焚其次，亦以傷矣」，而〈序卦傳〉則謂「進必有所傷，故受之以明夷。夷者，傷也」，〈雜卦傳〉亦謂「明夷誅也」，而王弼注之為「誅，傷也」，是以所謂傷者，指明夷也。故旅九三〈象傳〉既謂「旅焚其次」乃因傷，則謂其所以焚者，因成明夷也。旅之「焚」既如離之「焚」，而旅之成賁亦同於離之成賁，則賁上之困三成明夷矣！此乃旅初之四而上之節三成明夷，與離四之坎初而上之坎三成明夷同也，二者皆為初、四、三、上先二、五而行。故離九四謂「死如」，而傳乃贊之云「死期將至」，

蓋其行失道而又失道之故也。由此可知,凡《易》所謂死者,則指五未正位而其行又不合於旁通法則者也。

### (2) 死生非指形軀生命之存亡,乃指道德生命之延續

一個人的生命結束曰死,反之則曰生,這本是極簡單明瞭的事。然而在里堂的釋《易》系統中,他並不認爲人的有形身軀一旦不能呼吸,停止運轉,便叫死亡。他以爲《易》既爲聖人所作,則聖人所賦予生死的定義必與一般俗義有所不同,否則人的形體一旦停止呼吸便叫死亡,那麼人之不論爲善、爲惡皆歸於一死字,與其所謂「《易》爲聖人教人改過之書」的概念便不能相通了。蓋人之終點既皆爲死亡,則爲善爲惡,改不改過又有何差別呢?是以其謂《易》中所謂生死,必與一般僅以身軀的存在與否有所不同。然而其於《易》中又無法找到專論生死之處,故退而求其他諸經。里堂對於群經皆嘗用力,亦有《群經補疏》一書,故當其求於《易》以外諸經論生死之義時,發現《禮記‧檀弓》所言生死之義似乎最符合聖人教人改過之義,〔註25〕故里堂乃云:

> 循按〈繫辭傳〉云:「原始反終,故知死生之說。」以經文觀之,死
> 與終不同。〈檀弓〉「君子曰終,小人曰死」,此《易》義也。(同上)

其見《禮記‧檀弓》謂君子生命結束叫終,小人生命結束叫死,富有十足的道德義涵,故以此爲《易》之所謂終,所謂死的差別。《禮記》既謂「君子曰終,小人曰死」,而《易》亦有言曰「終則有始」,若終即爲死,則既已死又如何有始呢?故終與死必有差異。然則終與死之差別究竟在那裏呢?爲什麼君子生命的結束叫做終,小人生命的結束叫做死呢?里堂曰:

> 有子以承父德,父雖終而不可爲死。父有子則終而始,死而不死
> 矣!……如死而棄,則眞死矣!……積善有餘慶則生,積不善有餘

---

〔註25〕里堂對於《禮記》的看法,可從《雕菰集‧卷十六‧群經補疏自序》中〈禮記鄭氏注〉一文得知。里堂云:「『三禮』之名,自漢有之。或以《儀禮》爲經,《禮記》爲偉,或斥《周官》而疑《儀禮》,以爲非聖人作。以余論之,《周官、儀禮》一代之書也,《禮記》萬世之書也。必先明乎《禮記》,而後可學《周官、儀禮》。《禮記》之言曰『禮以時爲大』,此一言也,以蔽千萬世制禮之法可矣!《周官、儀禮》固作於聖人,乃亦惟周之時用之。」其於「三禮」中,以爲《禮記》最重要,爲萬世之書,而《儀禮、周官》爲一時之書。其既直謂《儀禮、周官》爲聖人所作,則他所認爲在「三禮」中最重要的《禮記》,亦必爲聖人之作無疑。《易》既爲聖人所作,《禮記》亦爲聖人所作,則以聖人於《禮記》中所解死生之義釋聖人於《易》中所言死生者,其可通也無疑。

殃則死，死非謂形喪也，謂中亡也；生非謂形在也，謂中未亡也。
中未亡，故終則有始，顏子短命而不可爲死，所謂原始要終者如是，
所謂死生之說如是。不以形之存亡爲生死，而以善不善之積爲死生，
此《易》言死生也。（同上）

何謂君子？君子乃指有德之人。何謂小人？小人乃指無德之人。有德之人則
積善而有餘慶，無德之人則積不善而有餘殃，積善有餘慶者雖死，而子孫承
其德以行之，於是身軀雖死而德行不死，故不謂之死而謂之終。其有形生命
雖已終止，然無形生命（道德）卻綿延不絕，是以《易》乃謂「終則有始」。
然能使無形之生命於有形之軀毀壞後仍綿延不絕者，唯有德之君子矣！故《禮
記・檀弓》乃謂「君子曰終」，而里堂亦謂「此《易》義也」。無德之小人，
平時既已積不善而有餘殃，則其生命在形軀結束呼吸活動時，所有生命亦告
結束，其既無德，則如何能有不朽之生命綿延下去呢？是以里堂乃謂「有子
以承父德，父雖終而不可爲死；父有子則終而始，死而不死矣！」此處所謂
「終而始」者，非指形軀生命之延續，乃指道德生命之承繼也。是以乃謂「死
非謂形喪，生非謂形在，不以形之存亡爲死生，而以善不善之積爲死生」，在
里堂的《易》學系統中，死生非指形軀，乃指道德明矣！

# 第三節 結 語

里堂《易通釋》內容繁多，爲了將《易經》不可解、不能解之處通貫起
來，以成就其求得聖人之旨的目的，遂逐字逐句將《易》解釋清楚。又爲了
避免如前人隨己意言《易》，導致前後矛盾毫無體例的缺失，故於《易通釋》
全書，皆以所謂旁通、相錯、時行諸法論之，無一處超出所言方法，如此，
方完成其《易》學體系。

然亦因《易通釋》卷秩實在太多，內容也實在太繁，故雖欲在此細解里堂
《易通釋》，論其是非對錯，亦不可能也。僅能舉其中談《易》辭最重要者論之，
以觀其是否有誤，至於其他，便無法處理了。然吾人既已將里堂《通釋》所言
《易》辭重要者細論之，則里堂解《易》中其他辭句，亦可以同樣的方法檢視
其是非矣！故雖無法從頭到尾細論里堂《易通釋》，然亦可由此處所言諸例，推
而得見其他矣！要之，由上述所討論《易通釋》之內容可知，里堂論《易》全
依所謂旁通、相錯、時行、當位失道、比例諸法，絕無出此範圍之外者。其既

謂《易》爲聖人所作，其中有聖人一貫之旨，則既通釋全《易》之文，亦必爲
《易》立例。《易》有例，方可使之有一貫之旨。不論是術數家之不言義理，或
是義理家不談卦爻變化，其於《易》義皆無法全得。是以里堂兼採二者之說，
以卦爻變化配合《易》中文字，既言卦爻變化含義，亦論聖人作《易》之寓意，
在《易》學史中，實爲兼採「漢易」、「宋易」之長者也。其論元、亨、利、貞、
吉、凶、悔、吝、厲、无咎、易、交、當、應、乘、承、通、往、來、至、幾、
剛柔、大小、新舊、遠近、內外、上下、進退、得喪、存亡、生死等字之義，
皆以旁通諸法言之。其所以爲吉、爲凶者，所以有咎、无咎者，全在於卦爻之
行是否合於旁通法則。由此可知里堂爲《易》立例，是要將《易》辭一以貫之，
解《易》辭何以於不同卦中，卻有相同辭句出現之因。其最低限度，已如梁啓
超所言「爲吾人開出一條釋《易》的可行之路矣！」不論里堂所言是否合於《易》
之原義，然其以一定方法，從頭至尾將《易》實測於經文無誤，則其所言在其
方法論下，是絕對可以成立的。而《易通釋》一書便是里堂爲《易》立例，通
貫全《易》之實驗處也。是以吾人可謂里堂之《易》學全在《通釋》，而《圖略》
爲其大綱，《章句》則爲其傳統注經模式之作也。

# 第五章 總 結

　　吾人對里堂《易學三書》之《易圖略》與《易通釋》做細部檢視後，確認在「《易》爲聖人之作」的前題下，以其所提出的治《易》理論，加以假借說《易》之法，的確能通貫全《易》而無所滯礙。以下將總結前面各章所論里堂之《易》學特色，並對其在中國《易》學史中所具有之地位及意義加以說明。

　　綜合前面四章所論，可得以下幾點結論：

一、以里堂論《易》之動機與目的論，其幼年及中年之經歷決定了治《易》
　　方向。

　　在〈易通釋釋目〉中，里堂自己這樣說：

　　　循承祖父之學，幼年好《易》。憶乾隆丙申夏，自塾中歸，先子問曰：
　　　「所課若何？」循舉小畜彖辭，且誦所聞於師之解。先子曰：「然所
　　　謂『密雲不雨，自我西郊』者，何以復見於小過之六五？童子宜有
　　　會心，其思之也。」循於是反復其故，不可得。推之同人、旅人之
　　　「號咷」，蠱、巽之「先甲、後甲、先庚、後庚」，明夷、渙之「用
　　　拯馬壯，吉」，益憤塞鬱滯，悒悒於胸腹中，不能自釋。聞有善說《易》
　　　者，就而叩之，無以應也。

由此可知里堂幼年時，父親對他所提出「《易》辭何以重複出現於不同卦爻辭中」的疑問啓發了他的研《易》興趣，也隱隱的影響了他日後治《易》方向。里堂自己左思右想不得其解，又問於其他以《易》聞名者，亦不得其解。其父雖提出此問，且本是《易》學世家，但其祖父與父親恐亦未能解釋《易》

辭重複之因。此後，里堂雖一直用力於《易》（可參看〈易圖略自序〉），然皆未能提出《易》辭何以重複出現的答案。丁卯年三月一場大病中的經歷，更使他下定決心，將所有精力全用於《易》，也因爲這樣，他完成了《易學三書》。里堂於〈易通釋敘目〉中說：

> 丁卯春三月，邁寒疾，垂絕者七日，昏瞀無所知，惟〈雜卦傳〉一篇往來胸中。既甦，遂壹意於《易》。明年，以訟事伺候對薄，改訂一度。己巳，佐歸安姚先生秋農、通州白先生小山修葺郡志，稍輟業。庚午，又改訂一度，終有所格而未通。身苦善病，恐不克終竟其事。辛未春正月，誓於先聖先師，盡屏他務，專理此經，日坐一室，終日不寐，又易稿者兩度。癸酉二月，自立一簿，以稽考其業，歷夏迄冬，庶有所就，訂爲二十卷，皆舉經傳中互相發明者，會而通之也。

他雖在丙寅年間已將《易通釋》草稿完成，且已被王伯申、汪孝嬰、王實齋諸人大爲讚賞，卻又於丁卯年、戊辰年、庚午年三度改訂此書，並於庚午年改訂時猶云「終有所格而未通」。最後，在他恐懼自己可能因健康不佳而導致《易通釋》無法完成的壓力下，終於下定決心，在先聖先師面前發誓，要用全心全力於《易經》中，不再涉於他務，一直到所著《易》書有所成就爲止。然而里堂爲什麼要先聖先師面前發誓專心於《易經》呢？此可追溯到丁卯年大病一場時，曾經瀕臨死亡境地七日之久，而這七天的昏迷中，他什麼都不記得，只清楚的記著〈雜卦傳〉往來於腦海中。這種情境對他的影響之深，恐非外人所能體會的了。我想，在里堂心中，是以爲他之所以能夠在七天的昏迷後醒來，甚至痊癒，乃是聖人要他專心於《易》，要借他的手將聖人作《易》之目的表達出來，讓千百年後的子孫能夠因之而得聖人作《易》之旨，所以才讓他在昏迷之中仍能清晰的記著〈雜卦傳〉吧！所以在《易學三書》中，隨處可見的中心觀念便是「《易》爲聖人之作」，且《易》中充滿了聖人教化人民之意。最重要的是，《易學三書》從頭到尾都絕對相信〈易傳〉爲孔子所作，故《易通釋、易圖略、易章句》三書一再證明《易》中經傳相互呼應貫通的事實。由此觀之，里堂《易學三書》之所以成，其治《易》時所以堅定不移的相信「《易》爲聖人之作」，與其幼年父親所提的疑問，中年患病昏迷七日而〈雜卦傳〉卻一直往來於胸中的經歷，有著極重要的關連。此爲吾人論里堂《易》學時，首先應有的認知。

二、由里堂治《易》方法與目的來看,其與所謂「漢易」一派絕不相同。

在里堂身後,許多學者都以「漢易」論其《易》學(可參看本文第三章註16),然而以本文所討論出來的結果,可發現里堂之《易》,不論就治《易》之目的,或就治《易》之方法言,皆與所謂「漢易」有不小的差別。前人以「漢易」視里堂者,乃未能深究里堂之《易》,僅憑其以旁通、相錯、時行諸法言《易》,近漢魏以來卦變之說,便遽而定其派別,殊不知雖同以卦爻變化論《易》,然里堂釋《易》之法乃為有系統、有條理,且一以貫之,皆非漢魏以來荀爽、虞翻之輩所能比擬。而里堂以卦爻變化言《易》之動機與目的,亦全在說明《易》為聖人之作,且因之而申明聖人作《易》目的全在為百姓說明人倫之道也。是以《易》雖能前民知,雖有卜筮之道,卻非聖人作《易》之最大目的。就里堂看來,聖人之所以為聖,並不是聖人有任何神通,或是有什麼異於常人之處,乃是因為聖人替生民百姓立下人倫之道,使人能異於禽獸而有文化之發展也。然漢魏以來以卦變言《易》者,僅謂《易》為聖人之作,卻不追問卦爻變化與聖人作《易》之道有何關連?亦不問卦爻變化與《易》辭之間的關係為何?是故漢魏諸家雖亦以卦爻變化言《易》,然其研《易》之法不僅如里堂在《易圖略》所言,有許多矛盾不合理之處;彼等之所以言卦爻變化之目的,亦與里堂以卦爻變化言《易》目的截然不同矣!是以謂里堂為「漢易」一派者,實非的論也。

三、里堂論《易》,乃以道德文化的角度為中心,對於《易》有卜筮之道雖不加否認,然僅以附加價值觀之。

里堂作《易學三書》,全以《易》為聖人之作的觀點貫穿全書,並特重聖人道德教化的作用,故在《易圖略》卷六之〈原卦、原名、原序、原象象、原辭、原翼、原筮〉諸篇中,一再論及聖人作《易》之目的,乃在人倫教化。如〈原卦〉云:

> 方人道未定,不能自覺,聖人以先覺覺之,故不煩言而民已悟焉。民知母不知父,與禽獸同。伏羲作八卦而民悟,禽獸乃不悟也,此人性之善所以異乎禽獸,所謂神明之德也。民之性在飲食男女,制嫁娶,使民各有其偶也;教漁佃,使民自食其力也。聖人治天下不過男女飲食,為之嫁娶,教漁佃矣!人倫正而王道行,所以參天地而贊化育者,固無他高妙也。(《易圖略·卷六》,頁130)

由此可知,里堂所以特別強調聖人作《易》者,乃在言聖人並非如一般人所

以爲的那麼玄妙，也並非有什麼特別的能力，僅因聖人比一般老百姓先覺人道之重要，而爲尚未知覺人道的百姓們立下人倫之道也。所謂的人倫之道亦非什麼特別深奧的理論，亦只是男女嫁娶及飲食之道。雖說聖人所立之人倫之道僅爲日常生活行爲，然而人類卻也因爲這些日常生活方式的改變而與禽獸有所差別矣！是故里堂乃謂「所謂參天地而贊化育者，固無他高妙也」。

　　既然聖人畫卦作《易》目的全在人倫教化，無啥高妙之處，則《易》又何以有卜筮之道？《易經》的算命功用又自何而來？里堂在這個問題上也做了解釋。其云：

> 然則筮《易》之法與聖人作《易》之旨一以貫之矣！聖人作《易》非爲卜筮而設，故《易》有聖人之道四，卜筮僅居其一而已。君子居則觀其象而玩其辭，動則觀其變而玩其占，所謂以言者尚其辭，以動者尚其變，不必卜筮而自合乎《易》之道。惟是百姓日用而不知，未可以道喻也。而人謀、鬼謀，百姓與能，其所欲者吉與利，其所忌者凶與災，欲與忌交錮於胸而不能無疑。聖人神道設教，即以所作之《易》，用爲卜筮，因其疑而開之，即其欲而導之，緣其忌以震驚之，以趨吉避凶之心，化而爲遷善改過之心，此聖人卜筮之用所以爲神而化也。（《易圖略・卷六・原筮》頁 158～159）

里堂不否認《易》有卜筮與預測未來之用，然則若深究里堂作《易學三書》之目的，則可知《易》既被認爲是爲了立人倫之道，要教人改過而作，則人亦有智愚高下之分，對於有道德，天賦高的君子，說道理即可，是以謂「君子居則觀其象而玩其辭，動則觀其變而玩其占，不必卜筮而自合乎《易》之道」。然而對於一般老百姓，說道理是沒有作用的，百姓在古代既無法受到良好的教育，每日又爲三餐奔波不已，其心中所想要的無非是吉與利，所害怕的無非是凶與災，是以聖人爲了要達到教人改過之目的，遂特別爲了教育這些百姓，將《易》附入卜筮作用，藉《易》有預測未來的功用，使人民相信《易》中所講道德教化的道理，因而將百姓本來趨吉避凶之心，逐漸轉化爲遷善改過之心也。故《易》雖有聖人之道四，而卜筮居其一。是以卜筮之道所以在《易》中，乃爲權宜之計，爲了教育百姓而設也。我們不應易客爲主，反若漢魏以來《易》家，多強調《易》之預測功用。此亦正可看出里堂以卦爻變化與《易》辭相互配合言《易》之道德教化意義，與從前《易》家有所差別矣！是故爲了要達到教人改過之目的，不特別強調聖人神妙之處，而僅

以能自覺人倫教化與否為聖俗之差別。否則，一強調聖人神妙之處，而人心既為欲利而避害，則其所欲者，必為聖人神妙之能事，而不理會道德教化。是以里堂所以特別強調聖人異於常人者僅為道德教化一事，是有其苦心的。

四、里堂為《易經》建立一個有條理、有中心義旨的詮釋系統，而其以例論《易》，實乃「《易》為聖人之作」此一中心觀念的實行。

縱觀秦漢以來整個《易》學發展過程，不論是專以卦爻變化言《易》者，如鄭氏爻辰、荀爽、虞翻卦變；還是專以義理論《易》者，如王弼《易注》、程頤《易程傳》等，皆在《易經》原本形式下打轉，不敢有所變動。而里堂《易通釋》所採的方式卻是先將《易經》打散，然後再依其論《易》之法重新組合。是故其論元字時，必將《周易》經傳所有元字並論，且賦予相同的卦爻變化與道德教化之意義；其論亨字時，亦必將《周易》經傳所有亨字並論，而賦予相同的卦爻變化與道德教化之意義。里堂在論其他《易》中辭句，亦完全依此方式行之，因而成《易通釋》一書。此書既成，則里堂釋《易》系統亦同時完成。其所以如此者，目的無非是為了貫徹實行「《易》為聖人之作，有聖人一貫之旨」的中心觀念。《易》既有聖人一貫之旨，則以例言《易》，再適合不過了。若《易》不可以例言之，則又何來的聖人一貫之旨呢？故雖有人謂里堂以例言《易》為一大缺失（見第三章註 16），然吾人卻謂此正是其特殊價值也。里堂為《易經》建立了一個有系統、有組織的詮釋方法，且避免了傳統解《易》方式所易造成的支離破碎的缺失。清人惠棟所作《易例》，本亦有此優點，然因其專以漢人言《易》之法為是，不將荀、虞以來卦變之失糾而正之，遂不若里堂建立一套前後一致的方法學以通貫全《易》，證明自己《易》學的價值。

五、以動態觀點釋《易》為里堂《易》學最大特色。

在解析里堂《易》學的過程中，我們發現其不論是在解釋《易經》辭句，還是在說自己對《易經》的觀念，都是站在一個動態的觀點上討論。如他解釋元字，以二之五言；解釋亨字，謂二先之五而後初、四、三、上應之；解釋利字，以變通於他卦言；解釋貞字，以卦爻之行合不合於二、五先行的法則言；解釋吉字，以合於二、五先行的旁通法則言；解釋凶字，謂其為不合於二、五先行，不知旁通於他卦者；解釋悔字，謂此乃卦爻變化初不合於旁通法則，而後自悔其失，變通於他卦者；解釋吝字、厲字，亦皆謂其行初不合於二、五先行法則，而後因改悔變通於他卦，又合於道者；其解釋交字、

遇字，則謂二之於五；解釋易字，則謂既交之後，變通於他卦；解釋當字，則謂二、五先行爲當；解釋應字，謂二、五既行，而後初、四、三、上隨二、五而行爲應；通者、幾者，亦爲變通於他卦之義；至者爲二之於五，至於往、來、乘、承，皆卦爻變化之謂。是以里堂不論是解釋字句，或是要判斷卦爻何以爲凶、何以爲吉？皆以卦爻之行言之。合於二、五先行，且知變通於他卦者爲吉，否則爲凶。而一卦一爻之吉凶亦非靜止不動，吉隨時可因其過於自滿而忘了旁通他卦，只知進而不知退，只知得而不知喪，一變爲凶；凶亦可因旁通於他卦，以轉而爲吉矣！故吉凶之間，存乎一線，其要皆在於卦爻之行也。由此觀之，里堂在解析《易經》時，所採的乃是一變動不已的觀點。故其論《易》專主旁通，並不論某卦、某爻之本義，此乃因其以爲卦爻之所以爲吉、爲凶、爲悔、爲吝者，並不在於這個卦爻的位置爲何，而在於這個卦爻之行是否爲正。雖有人以里堂不言卦爻本義爲憾（如梁啓超），然此實里堂《易》學之大特色也。「易」既爲生生不已之義，則卦爻之義應自變動不已中求之，那有卦爻本義可謂。若有本義，豈不謂一卦爲吉，則終爲吉矣；一爻爲凶，則終爲凶矣！如此，則與里堂所謂「《易》爲聖人教人改過之書」之意不合矣！

　　由上述之言，可知里堂《易》學之所成，乃在其「《易》爲聖人所作，有聖人一貫之旨」觀念的提出與貫徹；（用更現代的話來說，是焦循所尋找的聖人訊息）而爲了貫徹其治《易》基本理念，遂對前人論《易》之法加以重新研究、整合，去除前人的缺失，保存前人的優點，建立了旁通、相錯、時行、比例、當位失道等治《易》方法；復加之以清代所盛行的聲韻訓詁之學，建立假借說《易》之法，在一個變動不已的觀點上，將《周易》經傳之辭配合卦爻變化，完成了一個有組織、有條理的《易》學詮釋系統。這是里堂《易》學在《易》學史中的價值，也是我們討論里堂之《易》所應具有的基本認識。

# 引用及參考書目

## 一、焦循著作

1. 《易學三書》，清焦循撰，廣文書局，民國 81 年三版。
2. 《雕菰樓經學叢書》，清焦循撰，清代稿本百種彙刊、經部（一～五），文海出版社，民國 63 年出版。
3. 《焦循之易學》，清焦循撰，鼎文書局，民國 64 年初版。
4. 《周易補疏》，清焦循撰，新文豐出版公司大易類聚初集第二〇冊，民國 72 年初版。
5. 《易餘籥錄》，清焦循撰，新文豐出版公司，民國 78 年臺一版。
6. 《雕菰集》，清焦循撰，鼎文書局，民國 66 年初版。

## 二、易學類

1. 《孟氏章句》，漢孟喜撰，成文出版社無求備齋易經集成第一七三冊，民國 65 年出版。
2. 《焦氏易林》，漢焦延壽撰，藝文印書館，民國 48 年初版。
3. 《京氏易傳》，漢京房撰，中國子學名著集成第九八冊。
4. 《易緯八種》，蒼頡、鄭康成注，新興書局，民國 52 年初版。
5. 《周易正義》，魏王弼、梁韓康伯注，藝文印書館十三經注疏本，民國 78 年十一版。
6. 《周易集解纂疏》，唐孔穎達正義、唐李鼎祚集解、清李道平纂疏，廣文書局，民國 78 年再版。
7. 《易童子問》，宋歐陽修撰，成文出版社無求備齋易經集成第一四一冊，民國 65 年出版。
8. 《易程傳、易本義》，宋程頤、朱熹撰，世界書局，民國 74 年八版。

9. 《筮宗》，宋趙汝楳撰，成文出版社無求備齋易經集成第一五四冊，民國 65 年出版。

10. 《漢上易傳》，宋朱震撰，廣文書局，民國 63 年初版。

11. 《周易來注》，明來知德撰，成文出版社無求備齋易經集成第六三～六六 冊，民國 65 年出版。

12. 《船山易學》，清王夫之撰，廣文書局，民國 70 年三版。

13. 《周易象數論》，清黃宗羲撰，成文出版社無求備齋易經集成第一一五冊， 民國 65 年出版。

14. 《周易象辭》，清黃宗羲撰，臺灣商務印書館四庫全書本第四○冊，民國 75 年初版。

15. 《周易函書約存‧約注‧別集》，清胡煦撰，臺灣商務印書館四庫全書本 第四八冊，民國 75 年初版。

16. 《仲氏易》，清毛奇齡撰，成文出版社無求備齋易經集成第七七～七八冊， 民國 65 年出版。

17. 《易圖明辨》，清胡渭撰，成文出版社無求備齋易經集成第一四五冊，民 國 65 年出版。

18. 《周易姚氏學》，清姚配中撰，成文出版社無求備齋易經集成第九二冊， 民國 65 年出版。

19. 《經義考》（易經部分），清朱彞尊撰，世界書局四庫全書薈要，史部第一 五一冊，民國 77 年初版。

20. 《周易述》，清惠棟撰，臺灣商務印書館四庫全書本第五二冊，民國 75 年 初版。

21. 《易漢學》，清惠棟撰，廣文書局，民國 70 年再版。

22. 《易例》，清惠棟撰，成文出版社無求備齋易經集成第一五○冊，民國 65 年出版。

23. 《周易鄭氏義》，清張惠言撰，成文出版社無求備齋易經集成第一七六冊， 民國 65 年出版。

24. 《先秦漢魏易例述評》，屈萬里撰，學生書局，民國 74 年三版。

25. 《先秦諸子易說通考》，胡師自逢撰，文史哲出版社，民國 78 年三版。

26. 《周易鄭氏學》，胡師自逢撰，文史哲出版社，民國 79 年文一版。

27. 《先秦易學史》，高懷民撰，中國學術著作獎助委員會，民國 75 年再版。

28. 《兩漢易學史》，高懷民撰，中國學術著作獎助委員會，民國 72 年三版。

29. 《易學源流》，徐芹庭撰，國立編譯館，民國 76 年初版。

30. 《虞氏易述解》，徐芹庭撰，五州出版社，民國 63 年出版。

31. 《漢魏七家易學之研究》，徐芹庭撰，成文出版社，民國 66 年初版。

32. 《學易筆談》，杭辛齋撰，廣文書局，民國 76 年再版。

33. 《周易的自然哲學與道德函義》，牟宗三撰，文津出版社，民國 77 年出版。

34. 《雕菰樓易義》，程石泉撰，臺灣商務印書館，民國 64 年臺二版。

35. 《易學通論》，王瓊珊撰，廣文書局，民國 51 年初版。

36. 《易經研究論集》，林尹等撰，黎明文化事業公司，民國 71 年再版。

37. 《周易全解》，金景芳、呂紹綱撰，吉林大學出版社，1991 年第六次印刷。

38. 《周易研究論文集》（第一輯），黃壽祺、張善文編，北京師範大學出版社，1988 年第二次印刷。

39. 《周易研究論文集》（第二輯），黃壽祺、張善文編，北京師範大學出版社，1989 年第一次印刷。

40. 《周易研究論文集》（第三輯），黃壽祺、張善文編，北京師範大學出版社，1990 年第一次印刷。

41. 《周易研究論文集》（第四輯），黃壽祺、張善文編，北京師範大學出版社，1990 年第一次印刷。

42. 《周易古經今注》，高亨撰，綜合出版社，民國 76 年初版。

43. 《周易古經通說》，高亨撰，華正書局，民國 66 年初版。

44. 《周易通義》，李鏡池撰，北京中華書局，1986 年一版。

45. 《易學論著選集》，黃沛榮撰，長安出版社，民國 77 年再版。

46. 《易學哲學史》，朱伯崑撰，北京大學出版社，1986 年一版。

47. 《周易卦爻辭釋義》，李漢三撰，中華叢書編審委員會，民國 58 年出版。

## 三、經史類

1. 《周禮注疏》，漢鄭玄注、唐賈公彥疏，藝文印書館十三經注疏本，民國 78 年十一版。

2. 《儀禮注疏》，漢鄭玄注、唐賈公彥疏，藝文印書館十三經注疏本，民國 78 年十一版。

3. 《禮記正義》，漢鄭玄注、唐孔穎達等正義，藝文印書館十三經注疏本，民國 78 年十一版。

4. 《春秋左傳正義》，晉杜預注、唐孔穎達等正義，藝文印書館十三經注疏本，民國 78 年十一版。

5. 《四書集註》，宋朱熹集註，世界書局，民國 66 年二十二版。

6. 《經學通論》，清皮錫瑞撰，臺灣商務印書館，民國 78 年臺五版。

7. 《經學歷史》，清皮錫瑞撰，臺灣商務印書館，民國 73 年臺四版。

8. 《群經平議》，清俞樾撰，世界書局，民國 73 年二版。

9. 《經義述聞》，清王引之撰，臺灣商務印書館，民國 68 年臺一版。

10. 《讀經示要》，熊十力撰，洪氏出版社，民國 71 年初版。

11. 《中國經學史的基礎》，徐復觀撰，學生書局，民國 71 年初版。

12. 《中國經學史》，馬宗霍撰，臺灣商務印書館，民國 81 年臺一版第七次印刷。

13. 《中國經學史》，日人本田成之撰，學海出版社，民國 74 年初版。

14. 《中國經學發展史論》（上），李威熊撰，文史哲出版社，民國 77 年月初版。

15. 《經書淺談》，楊伯峻等撰，國文天地雜誌社，民國 78 年初版。

16. 《說文解字》，漢許慎撰、清段玉裁注、魯實先正補，黎明文化事業公司，民國 75 年增訂版。

17. 《中國聲韻學通論》，林尹撰、林師炯陽注釋，黎明文化事業公司，民國 76 年六版。

18. 《訓詁學概要》，林尹編著，正中書局，民國 78 年臺初版第十四次印行。

19. 《宋本廣韻》，宋陳彭年等重修、林尹校訂，黎明文化事業公司，民國 77 年十版。

20. 《文字學概說》，林尹編著，正中書局，民國 75 年第十二次印行。

21. 《音略證補》，陳新雄撰，文史哲出版社，民國 77 年增訂十一版。

22. 《聲類新編》，陳新雄編，學生書局，民國 77 年第三次印刷。

23. 《訓詁學概論》，齊佩瑢撰，華正書局，民國 77 年版。

24. 《說文類釋》，李國英撰，書銘出版公司，民國 78 年修訂五版。

25. 《史記會注考證》（學人版），日人瀧川龜太郎撰，洪氏出版社，民國 75 年出版。

26. 《新校漢書集注》，漢班固撰、唐顏師古注，世界書局，民國 67 年三版。

27. 《新校後漢書注》，劉宋范曄撰、唐李賢等注，世界書局，民國 70 年四版。

28. 《宋史》，元托托等撰，鼎文書局，民國 75 年三版。

29. 《明史》，清張廷玉等撰，鼎文書局，民國 64 年臺一版。

30. 《清史稿》，趙爾巽、柯紹忞等撰，新文豐出版公司，民國 70 年出版。

31. 《中國近三百年學術史》，梁啟超撰，臺灣中華書局，民國 76 年臺十一版。

32. 《中國近三百年學術史》，錢穆撰，臺灣商務印書館，民國 69 年臺七版。

33. 《中國思想史》，錢穆撰，學生書局，民國 77 年第六次印刷。

34. 《新編中國哲學史》（一），勞思光撰，三民書局，民國 77 年增訂四版。

35. 《新編中國哲學史》（二），勞思光撰，三民書局，民國 76 年增訂三版。

36. 《新編中國哲學史》（三上），勞思光撰，三民書局，民國 76 年三版。

37. 《新編中國哲學史》（三下），勞思光撰，三民書局，民國 76 年增訂四版。

38. 《宋明理學史》，侯外廬等編，人民出版社，1987 年第一版。

39. 《中國人史綱》，柏陽撰，星光出版社，民國 78 年再版。

## 四、子集類

1. 《荀子集解》，清王先謙撰，藝文印書館，民國 77 年五版。

2. 《周牌算經》，漢趙君卿注，臺灣商務印書館四庫全書第七八六冊，民國 75 年初版。

3. 《九章算術》，晉劉徽注，臺灣商務印書館四庫全書第七九七冊，民國 75 年初版。

4. 《文心雕龍讀本》，梁劉勰撰、王更生注釋，文史哲出版社，民國 77 年三版。

5. 《朱子語類》，宋黎靖德編，文津出版社，民國 75 年出版。

6. 《宋元學案》，清黃宗羲撰、清全祖望補修，華世出版社，1987 年臺一版。

7. 《明儒學案》，清黃宗羲撰，華世出版社，1987 年臺一版。

8. 《龔自珍全集》，清龔自珍撰，華洛出版社，民國 64 年臺影印初版。

9. 《中國學術思想變遷之大勢》，梁啓超撰，臺灣中華書局，民國 78 年十版。

10. 《清代學術概論》，梁啓超撰，臺灣中華書局，民國 78 年十一版。

11. 《原儒》，熊十力撰，明文書局，民國 77 年初版。

12. 《中國哲學十九講》，牟宗三撰，學生書局，民國 78 年第三次印刷。

13. 《先秦兩漢之陰陽五行學說》，李漢三撰，鐘鼎出版社，民國 56 年初版。

14. 《歷史與思想》，余英時撰，聯經出版事業公司，民國 76 年第十二次印行。

15. 《焦循研究》，何澤恒撰，大安出版社，1990 年第一版。

16. 《清代樸學大師列傳》，支偉成撰，藝文印書館，民國 59 年初版。

17. 《在中國發現歷史》，美人柯文撰、林同奇譯，稻香出版社，民國 80 年初版。

18. 《文學理論與比較文學》，鄭樹林撰，時報文化出版公司，民國 75 年初版二刷。

## 五、學位論文

1. 《漢易闡微》，徐芹庭撰，師大國文研究所民國 62 年博論。

2. 《孔穎達周易正義研究》，龔師鵬程撰，師大國文研究所民國 68 年碩論。

3. 《朱子易學研究》，江弘毅撰，師大國文研究所民國 74 年碩論。

4. 《易爻指例》，朱介國撰，師大國文研究所民國 74 年碩論。

5. 《伊川易學研究》，江超平撰，師大國文研究所民國 75 年碩論。

6. 《易數研究》，劉遠智撰，文大國文研究所民國 76 年博論。

7. 《易經卦象初探》，南基守撰，師大國文研究所民國 76 年碩論。

8. 《惠棟易例研究》，江弘遠撰，師大國文研究所民國 77 年碩論。

## 六、期刊論文

1. 〈江都焦里堂先生年表〉，戴培之撰，師大學報第 2 期。

2. 〈焦循易學三書探析〉，何澤恒撰，國立編譯館館刊第十三卷第 2 期。

3. 〈焦里堂先生評傳〉，李承祜撰，新文豐出版社大易類聚初集第二十冊附錄。

4. 〈焦循學述〉，苟生撰，鼎文書局《焦循之易學》附錄。

5. 〈焦循學記〉，仰彌撰，鼎文書局《焦循之易學》附錄。

6. 〈緯論〉，姜忠奎撰，新民月刊第一卷第 6 期。

7. 〈易緯中的河圖洛書〉，黎凱旋撰，中華易學第一卷第 3 期。

8. 〈易緯乾鑿度初探〉，李煥明撰，中華易學第四卷第 7 期。

9. 〈河圖洛書的本質及其原來的功用〉，戴君仁撰，文史哲學報第 15 期。

10. 〈周易卦爻辭成於周武王時代考〉，屈萬里撰，文史哲學報第 1 期。

11. 〈易象探原〉，高仲華撰，孔孟學報第 15 期。

12. 〈易經占筮性質辨說〉，季旭昇撰，中國學術年刊第 4 期。

13. 〈周易與陰陽五行思想〉，林金泉撰，孔孟月刊第十二卷第 1 期。

14. 〈周易繫辭傳的十二蓋取〉，李周龍撰，孔孟學報第 42 期。

15. 〈周易繫辭傳的三陳九卦釋義〉，李周龍撰，孔孟學報第 49 期。

16. 〈論馬王堆帛書易經之卦序〉，黃沛榮撰，書目季刊第十八卷第 4 期。